Minimalist Syntax

최소주의 통사론

X⁰에서 CP까지

홍성심·김양순·김연승 지음

글로벌콘텐츠

글머리에

> 언어는 참 재미있다.
> 자세히 보아도 재미있다.
> 오래 보아도 사랑스럽다.
> 언어는 그렇다.

"풀꽃" 시인 나태주 선생의 시를 패러디 해보았다. 언어는 참 재미있지만 많은 사람들에겐 그저 의사소통의 도구일 뿐, 모국어는 당연하게 여겨지고, 영어는 일부의 사람들만이 관심을 갖는 것 같다. 그래도 자세히 살펴보면 언어는 재미있다.

세상에는 몇 개나 되는 언어가 있을까? 여러 가지 자료에 의하면 7,000 여개의 언어가 있다고 한다. 유네스코는 약 2010년에 한반도에는 '한국어' 이외에 '제주어'가 있고 제주어는 '소멸위기의 언어'라고 지정하였다. 구석기 시대 인간들이 돌을 날카롭게 깨뜨려서 연장으로 쓰다가 돌을 갈아서 쓰기 시작한 변화는 200만년이라는 긴 시간이 필요했다고 하는데 요즘의 변화는 어떠한가? 3개월을 1웹이어*one web year*로 정의하는 최근 AI 정보 사회의 급속한 변화의 흐름과 더불어 생성문법도 이에 못지않은 변화와 업그레이드를 요구하고 있다.

한편, 4차 산업혁명의 시대를 운운하는 요즈음, '언어학'이란 학문도 변화를 선도하고 있다. '파파고'와 '알파고'가 고등학교 이름이라고 생각하는 사람은 없을 것이라 믿지만, 파파고를 EFL/ESL 수업시간에 활용하는 많은 대학생들이 있다는 사실은 언어로서 영어의 "실용적"인 측면에 대해 여러 가지를 생각하게 한다. 영어를 공부할 필요가 없어지는 자동번역의 시대, Sci-Fi 영화에 심심 찮게 등장하는 '만국어 번역기'*universal translator*는 이제 먼 이야기가 아닐지 도 모른다. 그렇더라도 언어공부는 인문학적 과제이다. 하버드 대학에서 소멸 된 외래어인 라틴어 교과목이 없어지지 않는 이유가 무엇이겠는가.

로마를 중심으로 1,000여년 전에 유럽에서 번성하던 라틴어는 6세기부터 9 세기 즈음에 이태리어, 불어, 스페인어, 포르투갈어, 로마니아어 등의 로만스 언어로 분화되면서, 라틴어를 모국어로 사용하는 화자가 더 이상 없어 소멸된 언어로 취급받는다.

6세기부터 9세기 사이라면, 백제가 멸망하고, 통일신라시대 경이다. 신라사 람들과 백제사람들 사이에는 통역사가 필요했을까? 신라어와 백제어는 어느 정도 가까웠을까? 심지어, 일부 학자들의 논문에 의하면, 8세기 경 신라에서 일본으로 건너간 사신단 일행에는 역관이 따로 없을 만큼 상호 이해도*mutual intelligebility*가 높았다는 논문도 있다. 역시 언어는 재미있다.

문법은 *grammar*인데 그 어원이 *glamour*이었던 시기가 있었다. 그러다가 glamour는 '화려함, 매력'이라는 의미로 살아남았다. 그러나, *grammar*는 '문 자의 아름다움'*arts/beauty of letters*라는 의미를 가지고 있었는데, 보통 사람들 은 문법을 싫어하는 경향이 있다. 그러나 문자, 언어, 외국어, 문학, 말을 사용 해서 표현하는 모든 의사소통의 방식의 아름다움과 편리함과 체계성에 대해 관 심이 있는 사람들이라면, '문법을 좋아하는' 사람이라고 말해도 된다.

우리 저자 3인은 오랜 기간 영어라는 언어를 공부하고, Chomsky로부터 시 작된 상당히 "과학적인" 변형생성문법을 공부하고, 영어전문가 양성을 위해 노력해온 언어 연구자들이다. 생성문법은 지난 70년 동안 Chomsky 자신도 많은 이론적, 경험적 변화를 거치면서, 그 문법의 틀이 바뀌어왔다. 1950-70년 대 사이에는 변형규칙이 매우 풍부하고 상대적으로 어휘부가 약했던 초기변형 문법의 시기였다. 한편 1970년대 말부터 1990년대까지, 보편문법(UG)적 원리와 더불어, 다양한 언어의 매개변항을 찾아내려는 많은 시도를 한 LGB (Principles and Parameters) 문법틀이었고, 그리고 1995년경부터 오늘날에 이르는 최소주의 문법틀까지 개념적, 경험적 진화는 계속되어 오고 있다.

우리 세 연구자는 가능한 한 영어구문 자료를 많이 포함시키고, 많은 수형도를 제시해서, 시각적으로 명쾌하게 도움이 되는 통사론의 세계를 추구하였다. 이 책의 1장부터 6장까지는 공주대 김연승 교수가, 7장부터 11장까지는 충남대 홍성심 교수가 그리고 12장부터 15장까지는 한밭대 김양순 교수가 맡아 집필을 하였다.

이 책이 학부 학생들과 대학원생들에게 좋은 지침서가 되고 생성문법과 최소주의 통사론을 이해하는 데 조금이나마 도움이 되기를 바란다. 우리의 작업을 묵묵히 지켜봐 준 가족들과, 우리의 학생들, 그리고 대학에 깊이 감사를 드린다. 마지막으로 어려운 상황임에도, 학술서적인 이 책의 출간을 맡아주신 ㈜글로벌콘텐츠출판그룹 홍정표 대표이사님과 김미미 편집이사님 등 여러분들께 깊이 감사를 드린다.

2020년 8월
저자들

차 례

Minimalist Syntax

최소주의 통사론

X⁰에서 CP까지

제1장 | 언어와 언어이론

1.1 언어와 마음

언어학이란 언어연구를 목적으로 하는 학문 분야이다. 그러면 왜 우리는 언어를 연구하는가? 인간을 동물과 구별짓는 가장 두드러진 특징이 무엇인지 질문 받을 때 대부분의 사람들은 언어라고 대답할 것이다. 비록 동물들도 의사소통의 체계를 갖고 있기는 하지만 이 체계의 어떤 것도 인간의 언어만큼 풍부하고 다기능적이지 못하다. 언어란 인간에게만 고유한 것이고 따라서 인간의 언어를 연구하는 것이 인간을 동물로부터 구별짓는 본질적 특성을 밝히는 지름길이라고 생각된다. 결국 언어연구는 인간 마음에 대한 통찰력을 제공하는 것이다. Chomsky(1972)에서 인용한 다음 글은 바로 이러한 언어연구에 대한 일반적인 생각을 잘 반영한다.

(1) "우리로 하여금 언어연구에 착수하도록 이끄는 여러 의문들이 있다. 내 개인적으로 언어연구에 흥미를 느끼는 이유는, 언어연구로부터 인간 마음의 내적 특성들을 밝혀줄 무언가를 배울 수 있다고 보기 때문이다."

There are a number of questions that might lead one to undertake a study of language. Personally, I am primarily intrigued by the possibility of learning something, from the study of language, that will bring to light inherent properties of the human mind. (Chomsky, *Language and Mind* (1972:103))

즉, 언어연구를 통해서 인간 마음의 내재적 특성을 밝히고자 하는 것이다. 그것은 언어가 인간 마음의 저변에 깔려 있는 원리에 토대를 두고 있다는 것을 전제로 한다.

언어란 학파에 따라 다르게 정의될 수 있겠지만, 생성문법에서의 언어는 모국어화자가 남과 의사소통하기 위해 자신의 생각을 표현할 수 있도록 하는데 알고 있는 지식을 가리키는 것으로 이해된다. 그러면 모국어화자가 알고 있는 언어지식이 무엇인지 보다 구체적으로 살펴보자. 예를 들어 영어의 모국어화자는 단어가 어떻게 발음되는지, 단어들이 어떤 식으로 결합되어 문장을 형성하는지, 형성된 문장이 어떤 뜻을 갖는지 등에 대한 지식을 갖고 있다. 이러한 언어에 관한 모든 지식을 개별 언어의 문법이라고 한다. 문법은 넓은 의미에서는 발음에 대한 정보(음운론), 형태소가 모여 어떻게 단어가 이루어지는지에 대한 정보(형태론), 단어들이 모여 어떻게 문장을 이루는지에 대한 정보(통사론), 그리고 이렇게 이루어진 문장이 어떻게 해석되는가에 대한 정보(의미론)를 모두 포함하지만, 좁은 의미에서는 형태론과 통사론만을 의미하는 것으로 여겨지기도 한다. 이 책에서는 문법이란 용어를 좁은 의미로 사용하므로 문법적 능력이란 주로 단어와 문장을 형성하는 능력을 가리킨다.

모국어화자가 갖고 있는 언어지식은 인간의 뇌 속의 어느 부분인가에 자리잡고 있을 것이다. 이것은 교통사고로 인해 뇌를 다친 사람이 실어증에 걸리는 사례로부터 입증되기도 한다. 언어학자는 연구를 통해 모국어화자가 갖고 있는 개별언어의 언어지식(=문법)을 밝혀내는 것을 목표로 하는데, 이러한 연구는 언어자료의 분석을 통해 이루어진다. 결국 문법이란 모국어화자의 실제 언어능력을 언어학자가 연구를 통해 만들어낸 일종의 모형이라고 하겠다.

모국어화자의 언어능력이란 본질적으로 규칙/원리체계인 것으로 여겨진다. 단어들의 집합체인 어휘부(lexicon)와 함께 제한된 숫자의 규칙/원리로 무한한 숫자의 문장들을 생성해내는 연산체계인 것이다. 언어지식은 본질적으로 규칙/원리로 구성되어 있다는 강력한 증거로 인간언어의 창조적 특성이 제시된다. 즉, 언어지식이 본질적으로 규칙/원리로 구성된 연산체계가 아니라 인간이 한 문장씩 배워감으로써 (즉, 외움으로써) 얻은 지식이라면 인간이 무한히 많은 수의 새로운 문장들을 생성해내는 능력을 도저히 갖출 수 없다는 것이다.

그러면 모국어화자는 이러한 문법/언어 능력을 어떻게 갖게 되는가? 생성문법에서는 그것은 타고난 능력이라고 가정한다. 즉, 인간은 비록 의식적으로 인식하지는 못하지만 문법지식을 갖고 태어난다는 것이다. 모든 인간이 갖고 태어나는 공통적인 언어능력, 이것이 바로 생성문법에서 이야기하는 보편문법(universal grammar)이다. 보편문법은 인간이 태어난 후 배우는 개별언어의 저변에 깔려 있는 기본적인 원리체계이다. 개별문법의 상세한 연구를 통해 언어학자는 모든 언어에 공통적인 기본적 원리들을 밝혀내는 것이다. 인간은 이러한 원리들을 이미 생태학적으로 유전자 속에 갖고 태어나므로 개별언어를 쉽게 배울 수 있다. 언어를 지배하는 기본적 원리들을 갖고 태어나므로 개별언어를 배우는 과정은 매우 단순화된다. 예를 들어 영어를 배우는 과정은 영어 어휘부와 영어라는 개별언어에만 국한된 특정 규칙들을 배우는 것으로 이루어져 있다.

이러한 가정은 인간의 다른 인지 능력과는 별개의 언어지식만을 관장하는 언어능력이 따로 존재하고, 이러한 언어능력을 유전자 속에 이미 포함하고 태어난 인간은 누구나 자신의 인지 능력에 상관없이 언어를 아주 쉽게 배운다는 논리로 이어진다. 그러나 인간이 이미 갖고 태어나는 언어능력이 개별언어 그 자체를 의미하는 것은 아니다. 인간은 개별언어의 언어환경에 노출됨으로써 언어경험을 통해서만이 개별언어를 습득하게 된다. 즉, 언어습득의 대부분은 이미 결정된 언어원리에 기초하고 있기 때문에 어린아이가 언어를 아주 빠르고 쉽게 배우게 되지만, 언어경험이 개별언어를 배우는 과정에 있어 방아쇠 역할을 담당하기 때문에 언어경험이 없이는 개별언어를 습득할 수 없다.

여기에서 우리는 개별언어의 지식에 대한 언어능력(competence)과 그러한 언어능력을 여러 다른 상황에서 사용하는 언어수행(performance)을 구별할 필요가 있다. 언어능력이란 모국어화자의 자신의 언어에 대한 언어지식을 일컫는 반면, 언어수행이란 구체적 상황에서 언어를 사용하는 것을 말한다. 언어능력이 어떤 상황에서는 제대로 반영되어 사용되기도 하지만, 어떤 경우에는 많은 언어 외적인 요인들에 의해 왜곡되어 나타나는 경우들도 있다. 예를 들어 술에 취해 말도 안 되는 이야기를 지껄이는 경우라든지, 마음이 급해 말을 너무 빨리 하다보니 문법관계가 맞지 않는 문장을 구사한다든지, 또는 너무 많은 혼란스러운 생각에 빠져 말이 논리적이지 않는 등 실제 언어수행에서 우리가 잘못된 문장을 말하는 경우는 수 없이 많다. 사람들이 일상생활에서 비문법적인 문장을 사용한다는 것이 반드시 그들이 자신의 언어에 대해 올바른 언어지식을 갖고 있지 않다는 것을 의미하지는 않는다. 말을 잘못하거나 이와 유사한 현상들은 일종의 언어수행상의 실수로, 이 실수는 피곤함, 지루함, 술취함, 약물중독 등과 같은 여러 가지 다양한 언어 외적인 요인들에 의해 유발될 수 있기 때문이다. 따라서 일반적으로 이야기되는 언어지식이란 언어능력을 가리키는 것으로 이해되며, 언어학자는 일차적으로 이 언어능력을 규명하는 것을 목표로 삼는다.

1.2 언어와 언어학자

생성문법에서 이야기하는 언어와 언어능력의 개념을 살펴보았으므로, 이제 언어학자가 해야 할 일에 대해 알아보자. 언어학자는 모국어화자가 자신의 언어에 대해 알고 있는 언어 능력을 규명하는 것을 목적으로 삼는다. 즉, 언어학자는 언어자료를 분석하는 과정을 통해 모국어화자의 마음속에 존재하는 언어지식을 복원해내는 것을 목적으로 한다. 그러기 위해서 언어학자는 언어의 모형이라고 불리는 언어이론을 만드는데, 언어학자가 만드는 언어이론은 다음 두 가지 타당성을 만족시켜야 한다. 첫째 언어지식을 올바르게 기술하여야 한다는 기술적 타당성(descriptive adequacy)과, 둘째 보편문법과 일치하여야 한다는 설명적 타당성(explanatory adequacy)이 그것이다.

언어학자가 문법능력을 찾아내기 위해 일반적으로 따르는 방법은 다음과 같다.

(2) a. 연구되는 현상에 관련된 일련의 자료를 모은다.
  b. 가설을 통해 그 자료들을 설명하는 일련의 원리나 규칙을 만든다.
  c. 더 많은 자료를 바탕으로 가설화된 원리나 규칙들이 맞는지 검증한다.

이와 같은 절차에 근거하여 인간의 언어능력에 보다 근접한 언어이론을 만들어 가게 된다. 이해를 돕기 위해 실제 영어자료를 통해 재귀대명사의 올바른 사용에 관한 규칙을 만들어 가는 과정을 살펴보기로 한다.

(3) a. Mary never talks to us about herself.
  b. John washed himself.
  c. *Mary kicked himself.

위의 문장들을 근거로 우리는 재귀대명사의 해석규칙을 다음과 같이 만든다.

(4) 재귀대명사는 자신과 성수인칭 면에서 일치하는 표현과 같은 사람을 가리키는 것으로 해석된다.

위 규칙은 (3)의 예문들을 모두 설명할 수 있다. 그러나 (4)가 과연 완벽한 규칙인지를 알아보기 위해서는 더 많은 자료에 근거하여 검증하는 절차를 거쳐야 한다. 다음 예를 살펴보자.

(5) A: What do your friends think about Fred?
    B: John doesn't like himself very much, but I'm not sure about Mary.

위 예문의 *himself*는 *John*을 가리킬 수 있지만, *Fred*를 가리킬 수는 없다. 이것은 규칙 (4)가 더 이상 완벽한 규칙이 아니라는 것을 말한다. 이와 같이 어떤 설정된 규칙과 맞지 않는 예를 우리는 반례(counter- example)라 한다. 반례가 발견되면 언어학자는 새로 발견된 반례까지도 수용할 수 있도록 먼저 세워진 규칙을 수정하거나 아니면 이전에 만들어진 규칙을 폐기해야 한다. 왜냐하면 언어학자는 인간의 언어지식과 정확히 일치하는 문법을 복원해 내는 것을 목적으로 삼기 때문이다. 전자의 방법을 택해 규칙을 다음과 같이 수정해보자.

(6) 재귀대명사는 자신과 성·수·인칭 면에서 일치하는 같은 문장 안에 있는 표현과 같은 사람을 가리키는 것으로 해석된다.

다음 예는 수정된 규칙 (6)도 완벽하지 않다는 것을 보여준다.

(7) John thinks that Fred hates himself.

(7)에서 *John*과 *Fred*는 모두 *himself*와 같은 문장 안에 있으나, *himself*는 *Fred*만 가리킬 수 있고 *John*을 가리킬 수는 없다. 따라서 규칙 (6)은 또 수정되어야 한다.

(8) 재귀대명사는 자신과 성·수·인칭 면에서 일치하는 같은 절 안에 있는 표현과 같은 사람을 가리키는 것으로 해석된다.

그러나 이것도 완벽한 규칙은 아니다.

(9) John never talks to himself about Fred.

여기서 *himself*는 선행하는 *John*을 가리킬 수는 있으나 후행하는 *Fred*를 가리키지는 못한다. 결국 또 한번의 수정을 거쳐 만들어진 규칙은 다음과 같다.

(10) 재귀대명사는 자신과 성수인칭 면에서 일치하는 같은 절 안에 있는 선행하는 표현과 같은 사람을 가리키는 것으로 해석된다.

물론 새로 수정된 규칙 (10)도 더 많은 자료를 근거로 검증절차를 거치는 과정에서 완벽한 규칙이 아니라는 것이 밝혀질 것이다. 재귀대명사의 사용에 관한 모국어화자의 언어능력에 보다 근접한 원리체계는 9장에서 상술될 것이다. 우리는 단지 언어학자가 이와 같은 여러 차례의 수정을 거쳐 모국어 화자의 언어능력에 보다 가까운 언어이론을 세워 가는 과정을 보이고자 했을 뿐이다.

인간의 언어능력을 밝히는 가장 좋은 방법은 그 언어능력을 갖춘 모국어화자에게 직접 물어보는 것이다. 그러나 불행히도 인간이 자신의 언어에 대해 갖고 있는 언어능력은 무의식적인 또는 잠재 의식적인 상태로 있기 때문에 모국어화자에게 물어봄으로써 언어능력을 재구성해낼 수는 없다. 따라서 언어학자는 언어자료에 기초하여 언어능력을 재구성해내는데, 이 때 언어학자는 분석대상의 언어자료에 약간의 가감을 하게 된다. 이는 인간이 언어에 대해 알고 있는 언어능력과 실제 사용하는 언어수행과는 약간의 차이가 있기 때문이다. 앞서 언급하였듯이 우리는 일상생활에서 수많은 언어 외적 요인들에 의해 비문법적인 문장을 사용하게 된다. 그러나 그런 문장들을 구사한다고 해서 우리의 언어능력이 잘못 되었다고는 말할 수 없다. 그런 잘못된 문장들은 여러 언어 외적인 요인들에 의해 우리의 언어능력이 왜곡되어 나타난 경우라고 할 수 있기 때문이다.

따라서 진정한 의미에서의 언어능력을 규명하고자 하는 언어학자는 자신이 분석하고자 하는 언어자료를 약간의 가감을 통해 이상화(idealization)함으로써 언어능력에 보다 근접하는 언어이론을 세울 수 있고 잘못 인도된 결론에 도달하는 결과를 피할 수 있다.

이상화된 자료를 근거로 하여 만들어진 언어능력의 모형이 궁극적으로는 언어능력과 일치하여야 하고, 그런 일치하는 모형을 만들어 내는 것이 언어학자의 궁극적 목표이다. 그러나 그러한 목표가 불완전한 언어자료에 근거하다보니 언어학자들이 만든 모형과 실제 언어능력과는 상당한 차이가 있는 경우들이 있다. 그런 경우에는 모국어화자의 판단을 근거로 그 판단과 일치하는 언어모형을 만들기 위해 계속해서 수정해나가는 과정을 되풀이해야 한다. 언어이론은 모국어화자의 판단에 근거한 언어자료와 일치해야 하면서도 이론적으로도 단순하면서 일관성이 있어야 하는데, 전자를 경험적 타당성(empirical adequacy)이라 하고 후자를 이론적/개념적 타당성(theoretical/conceptual adequacy)이라고 한다. 즉, 올바른 언어이론은 경험적 타당성뿐만 아니라 이론적/개념적 타당성을 만족시켜야 한다.

그러면 언어학자가 연구를 위해 대상으로 하는 언어자료는 무엇을 가리키는가? 언어자료에는 두 가지 유형이 있는데 하나는 기록된 언어자료이고 다른 하나는 모국어화자의 언어직관(intuition)이다. 실용적인 목적을 위해 대부분의 언어학자들은 언어분석을 위해 이 두 가지 유형의 자료 모두를 이용한다. 그러나 앞서 지적하였듯이 사람들이 일상생활에서 이야기하는 것을 그대로 기록한 자료는 언어외적인 요인들에 의해 왜곡되었을 가능성이 있으므로 어느 정도의 이상화를 가하게 되는데 이 때 모국어화자의 언어직관에 의존하게 된다. 다음 예들을 살펴보자.

(11) a. I wonder whether John fixed the car with a crowbar.

b. ?What do you wonder whether John fixed with a crowbar?

c. *How do you wonder whether John fixed the car?

영어의 모국어화자들은 (11a)는 올바른 문장으로 판단하지만, (11b)는 약간 이상한 문장으로(보통 하나나 두 개의 의문부호로 나타냄), 그리고 (11c)는 완전히 나쁜 문장으로(보통 *로 나타냄) 판단한다. 이러한 판단의 미묘한 차이는 모국어화자의 언어지식에 대해 아주 중요한 정보를 드러내는 것으로 반드시 언어학자들에 의해 고려되어야 하는 점이다.

또한 언어학자가 언어자료를 분석함에 있어 고려하여야 하는 또 다른 점은 문법성(grammaticality)과 수용성(acceptability)의 구분이다. 문법성이란 어떤 문장이 언어학자에 의해 규정된 그 언어의 문법에 일치하느냐의 문제이고, 반면에 수용성이란 언어자료를 처리하는데 있어서의 모국어화자의 직관을 특징짓는 용어이다. 이 차이를 보다 정확히 알기 위해 다음 예들을 살펴보자.

(12) a. [That Bill had left] was clear.

　　 b. It was clear [that Bill had left].

　　 c. Once that it was clear [that Bill had left], we gave up.

　　 d. Once that [that Bill had left] was clear, we gave up.

(12a)가 문법적인 문장이므로 이를 종속절로 택한 (12d)도 문법적인 것으로 판단된다. 그러나 (12d)가 적합하다고 여겨지지는 않는다. 그러므로 문장의 수용성에 대한 판단은 문법규칙에 근거한 판단이라기보다는 정보를 처리하는데 이용되는 보다 일반적 기재에 근거한 판단이라고 하겠다. 따라서 언어학자는 언어자료를 분석하는데 있어 수용성에 근거한 판단은 고려의 대상에 넣지 않는 것이 일반적인데, 문제는 어떤 문장이 비문법적인지 비수용적인지의 판단이 명확하지 않다는 것이다. 결국 이 판단은 언어연구를 통해 언어학자들에 의해 문법규칙이 어떻게 만들어지느냐에 따라 달라진다.

Chomsky는 언어연구 초기부터 현재까지 언어학의 생물학적 관점을 고수하고 있는데,[1] 이는 언어능력을, 물고기부터 원숭이까지, 원숭이부터 인간으로 진화하는 과정에서 어느 순간 돌연변이에 의하여 획득한 유전적 능력으로 보기 때문이다. 즉, 언어능력은 신체적으로 성장발달의 단계에서 누구나 보편적으로 습득하도록 미리 예정되어 있는 설계도면을 가지고 진행되는 능력이고, 인간이 동물과 다르다고 구별을 지을만한 확실한 근거인 종에 고유한 생물학적 특질이며, 인간의 인지기능의 바탕을 이루는 보이지 않는 신체기관이다.[2] 이러한 관점에서 해석하면, 언어는 본질적으로 인간의 내부에 존재하는 유전적 특성이며 외부에서 사용하는 언어는 비본질적이다.[3]

결국 언어를 작동시키는 보편원리들이 언어유전자라는 물질적, 신체적 기관에 연결된 것으로 간주하는 한 언어연구는 당연히 생물학과 직결되는 문제이다. 따라서 기존의 언어학 연구의 성과들은 전혀 다른 관점, 즉 생물학적 세포발달의 원리, 즉 신체발달과 구조생성의 원리를 새로운 검증기준으로 하여 재평가되어야 할 필요가 있다. 자연언어가 뇌에 존재하는 유전물질이라면, 언어

---

1) Chomsky는 언어연구에 있어서 당시 널리 퍼져있던 행동과학적 접근법(behavioral science approach)을 비판하며 생물언어학적 접근법을 택했다. 행동과학의 일반적 접근법은, 물론 어느 누구도 '백지상태(blank slate)'라는 비합리적 개념을 받아들이지는 않았지만, 환경에서 감지되는 특질의 초기 제한성을 넘어서는 어떤 일반적 학습기재가 인간을 포함하는 모든 유기체의 아는 것과 행동하는 것을 설명하기에 충분하다고 가정하였다. 반면에 생물언어학적 접근법은 행동자체나 행동의 산물이 아니라 행동과 해석의 입력인 인지적 내부체계를 관찰대상으로 삼았으며 이것이 바로 내부체계의 발달과 성장을 위한 고정된 생물학적 본질이라고 생각하였다.

2) Chomsky는, 신체기관 중에 소화기관, 배설기관, 순환기관 등 어떤 특정한 신체 기능을 담당하는 기관들이 있듯이 언어기능을 담당하는 언어기관(language organ)이 별도로 존재한다고 생각한다.

3) Chomsky(1986a)는 인간이 가진 언어능력을 I-언어(I-language)라 하고, 이 능력을 바탕으로 실제 사용되어 밖으로 노출된 언어표현을 E-언어(E-language)라 하여 둘을 구분하였으며, 전자의 연구가 언어연구의 본질이라고 생각하였다.

능력도 일반 인지능력이나 운동, 신경능력에 공통적으로 적용되는 작동원리를 따라야 한다. 이제 언어연구는 더 이상 관념론적인 탐구가 아니라, 실제로 존재하는 유전물질에 대한 조사이며 보이지 않는 신체기관에 대한 탐구이다. 그러므로 언어능력이라는 것이 눈에 보이지 않는 추상적 대상이라는 이유로, 구체적인 언어자료만을 설명하면 된다는 식으로 연구가 이루어져서는 안 된다. 왜냐하면 다른 학문과의 연계 없이 독립적으로 연구되어서는 진리에 접근하기 어렵기 때문이다.

Chomsky에게 있어 인간언어는 문화와 사회의 표현이 아니라 인간유전자의 표현이다. 즉, 모든 가능한 인간언어는 그가 보편문법(Universal Grammar: UG)이라고 부르는 것 안에서 생물학적으로 결정된다고 여겨진다. 따라서 그의 언어학을 생물언어학이라고도 부른다.[4]

이러한 생물언어학적 접근법은 언어연구의 주요 관심사를 바꾸는 계기가 되었다. 즉, 최근에는 언어자료의 분석을 통해 언어의 본질을 규명하는 데에만 매달리지 않고 언어의 유전적 발현과정을 밝히려는 노력으로 바뀌게 되었다.

Chomsky는 인간을 동물과 구별 짓는 가장 두드러진 특징이 바로 언어라고 여긴다. 비록 동물들도 의사소통의 체계를 갖고 있기는 하지만, 이 체계의 어떤 것도 인간의 언어만큼 풍부하고 다기능적이지 못하다. 언어란 인간에게만 고유한 것이고 따라서 인간의 언어를 연구하는 것이 인간을 동물로부터 구별 짓는 본질적 특성을 밝히는 지름길이라고 생각한다.

그렇다면 인간을 동물과 구별 짓는 언어능력이란 무엇인가? 이것은 인간이라면 누구나 다 가지고 있는 공통적 특성일 것이다. Chomsky의 업적 중의 하나는 정말로 하나의 인간언어가 있다는 것을 입증했다는 것이다. 즉, 우리 주변

---

4) 생물언어학이라는 용어는 1974년에 파리 소재 Royaumont 연구소와 MIT가 합동으로 인접학문에 종사하는 연구자들을 초빙하여 국제 학술대회를 개최하였을 때 Massimo Piatttelli가 처음 사용했다고 한다(Chomsky 2007 참조).

의 복잡하고도 다양한 언어들은 모두 하나의 근원에 관한 변이형일 뿐이고, 그 특성들의 대부분은 선천적으로 주어진 것이라는 점이다. 모든 인간이 갖고 태어나는 공통적인 언어능력, 이것이 바로 생성문법에서 이야기하는 보편문법(Universal Grammar: UG)이다.[5] 보편문법은 인간이 태어난 후 배우는 개별언어의 저변에 깔려있는 기본적인 원리체계라고 하겠다. 다시 말해 보편문법이란 인간이 태어난 이후 아직은 어떠한 언어경험도 없는 상태, 신체적으로 누구든지 잠재되어 있는 언어설계도면만 있는 상태, 즉 아직은 어떤 언어도 모국어로 선택하기 전 단계, 말을 못 하는 신생아의 몸에 내부적으로 존재하는 유전적 초기상태를 의미한다. 인간은 이러한 원리들을 이미 생태학적으로 유전자 속에 갖고 태어나므로 개별언어를 쉽게 배울 수 있다. 즉, 언어를 지배하는 기본적 원리들을 갖고 태어나므로, 인간이 개별언어를 배우는 과정은 매우 단순화된다. 예를 들어 영어를 배우는 과정은 영어 어휘부와 영어라는 개별언어에만 국한된 특정 규칙들을 배우는 것으로 이루어져 있다고 보는 것이다.

Chomsky는 보편문법이 모든 인간이 갖고 태어나는 생득적 능력이라고 여긴다. 따라서 인간이라면 지능의 높고 낮음에 상관없이 모두가 공유하는 능력이다. 이와 같은 결론은 언어습득에 있어 자극의 빈곤 문제인 "플라톤의 문제(Plato's problem)"의 관점에서 비롯된다. 플라톤의 문제는 일반적으로 Russell에 의해서 다음과 같이 표현된다. "인간은 외부 세상과의 접촉이 개별적이고 제한적임에도 불구하고 어떻게 자신들이 알고 있는 것만큼의 것들을 알 수 있을까?" 이와 같은 플라톤의 문제가 언어습득 영역에서도 일어난다. 배경과 지능의 차이에도 불구하고 성숙한 언어능력이 가시적인 많은 노력이나 의식적인 사고나 어려움 없이 단지 몇 년 만에 상당히 일률적인 방식으로 나타난다. 아이들이 노출되는 언어자료는 상당히 제한적이고 서로 다름에도 불구하고 아

---

5) 보편문법은 초기생성문법에서 이야기하는 언어습득장치(Language Acquisition Device: LAD)에 해당한다. 즉, 언어습득을 용이하게 하기 위해 인간이 갖고 태어나는 생득적 능력을 가리킨다.

이들은 자신이 경험하는 것 이상의 것들을 무한히 습득한다. 즉, 언어습득은 어린 시절에 자신이 들은 것을 단순히 모방하는 것 그 이상이다. 아이들의 언어학적 경험이 언어지식의 특정부분의 기초가 되지 못한다면, 그러한 지식에 대한 다른 근원이 있음에 틀림없다. 이것은 모방이나 학습이 아무런 역할을 하지 않는다는 뜻이 아니라 단지 그것만으로 언어습득이 설명되지 않는다는 것이다. 즉, 요점은 언어습득이 학습 그 이상의 것이라는 것이며, 그 이상에 해당되는 것이 바로 보편문법이라는 것이다.

사람들이 의식적으로 인식하지 못하는 것들로 경험보다는 선재지식에 의해서 나타나는 것으로 여겨지는 한 가지 현상을 살펴보자. 일반적으로 대명사는 때때로 앞에서 언급한 명사를 지칭한다. 다음 예문(13a-c)에서 *his*, *him*, *he*는 *Jay*를 가리킬 수 있다. 그러나 (13d)의 경우 *him*은 *Jay*와 다른 사람을 언급하는 것으로만 이해되어야 한다. 즉 (13a-c)의 경우와는 달리, (13d)의 경우에서는 대명사가 *Jay*를 지칭할 수 없다.

(13) a. Jay hurt his nose.

     b. Jay's brother hurt him.

     c. Jay said he hurt Ray.

     d. Jay hurt him. (Jay ≠ him)

성인들은 대명사가 어떤 특정한 상황, 예를 들면 (13d)의 경우를 제외하곤 앞에서 나온 명사를 지칭할 수 있다고 생각한다. 그렇다면 우리 모두는 이런 일반적인 지식과 함께 예외에 대한 지식을 어떻게 습득하게 되는가? 어린 시절의 경험의 특성을 상기해보면, 아이들이 무질서한 언어표현들에 노출된다는 것을 알 수 있다. 대명사를 포함하는 다양한 문장들을 듣고, 어떤 때는 대명사가 같은 문장 안에서 다른 명사를 지칭하고, 어떤 때는 그 문장에서 언급하지 않은 명사를 지칭하기도 한다. 바로 여기에서 문제의 본질을 찾을 수 있다. 즉, 우리는 사용될 수 없는 경우(즉, 비문법적인 경우)에 대한 정보를 제공받지 않았기 때문에 우리의 어린 시절 경험이 "예외"의 경우(즉, 대명사가 앞에 나온 명사를 지칭할 수 없는 경우)의 증거를 제공한다고 할 수 없다.

어린 아이들은 위에서 제시한 대명사의 지시적 사용에 대한 일반화와 그것의 예외를 알게 되며 이런 지식은 빠르고 보편적이다. 하지만 언어적 경험은 이러한 일반화의 예외를 결정해 줄 만큼 충분하지 않다. 이러한 문제를 "자극의 빈곤(poverty of stimulus)"이라고 한다.6) 이 문제는 아이들이 어떻게 자신이 경험하는 것보다 더 많은 것들을 습득할 수 있는가 라는 의문을 낳는데, 이것이 "플라톤의 문제"로 불리고, Chomsky와 다른 학자들의 문법이론의 많은 부분에 영향을 미쳤다. 결국 언어경험만으로는 모국어를 습득할 수 없고, 언어습득의 대부분은 이미 우리의 유전자 속에 내재되어 있는 보편문법에 의해 결정된다고 하겠다.7) 언어능력의 기능적 특성들은 일반적인 성숙과정을 따라서 발달하기 때문에 언어지식을 학습하는 게 아니라, 몸이 자라듯이 신체발달의 일부로 성장하는 것으로 보는 것이 더 적절하다. 시각체계와 마찬가지로 언어능력의 구체적인 특성들을 결정하기 위해서 촉발경험이 필요하지만, 언어능력에 대하여 우리가 발견하는 대부분의 것들은 이미 내재된 것이라고 할 수 있다.

---

6) 자극의 빈곤에 대한 한 가지 해결책은 아이들이 어른들에 의해서 교정을 받기 때문에 잘못된 형태의 표현들을 사용하지 않도록 배운다는 것이다. 실제로 언어의 특정 부분들이 학교에서 교육된다. 예를 들면 철자법, 사회적으로 비틀린 표현들, 기술적인 용어 등이다. 하지만 언어는 본질적으로 교육의 도움 없이 나타난다. 즉 많은 사람들이 문맹임에도 불구하고 언어를 사용할 수 있는 생산적인 능력을 가진다. 더욱이 교육적 접근으로 언어습득을 설명할 수는 없다. 왜냐하면 무엇보다도 잘못을 가려 교정하려면 예리한 관찰자가 필요한데, 어른들이 항상 그러한 관찰자 역할을 하는 것은 아니기 때문이다. 또한 언어수정이 일어날 때 아이들은 상당히 저항적이고 그 교정을 받아들이지 않는 경향을 보이기 때문이다.

7) 이러한 주장이 한 사람의 언어가 전적으로 유전적 특성들에 의해서 결정된다는 것을 의미하는 것은 아니다. 왜냐하면 분명 사람들의 개별적 특성이 있으며 이런 차이들의 많은 것들이 환경으로 인한 것이기 때문이다. 즉, 언어는 유전적으로 물려받은 것과 우연히 노출된 언어 환경과의 상호작용을 통해서 나타난다고 하겠다.

Chomsky는 보편문법의 내재원리들은 어떤 식으로든 유전적 물질에 암호화 된다고 가정한다. 언어학자들은 문법이 어린 아이에게 나타나기 위해서 경험과는 독립적으로 있어야만 하는 정보를 밝히려고 노력한다. 이러한 정보가 게놈에 직접 암호화되었는지 아닌지는 잘 모르며,[8] 또한 유기체의 후성학(epigenetic),[9] 즉 발달상의 특성에서 유래하는지의 여부도 잘 모른다. 중요한 것은 어떤 경우이든지 이것이 생득적이라는 점이다. 이러한 내재적 특성들에 대한 표기로, 언어발달에 적절한 유전적으로 부여받은 부분을 언어 유전자형(genotype)이라고 부른다. 그리고 언어 유전자형은 모두 종족에게 일률적이라고 가정한다(언어학자들은 이것을 보편문법이라고 부름). 즉, 우리 모두는 동일한 유전적 구성을 가지고 있지만, 언어적으로 기능적 적응을 할 수 있는 잠재력을 가지고 있으며, 영어화자가 될 것인지 국어화자가 될 것인지는 다양한 유전적 구성에 의해서가 아니라 전적으로 환경에 의해서 결정된다고 보는 것이다. 다시 말해 촉발경험에 의해서 유전자형이 표현형으로 발전한다.

언어는 인간 마음의 산물인데, 마음은 엄청나게 복잡한 개체(entity)이어서 우리가 다룰 수 있는 여러 덩어리로 쪼개지 않는 한 탐구의 대상이 될 수 없다. 물리학, 화학, 식물학, 동물학이 서로 연결되어 있지만 별개의 영역으로 간주되

---

8) 게놈이란 한 생물이 가지는 모든 유전 정보를 말하며 유전체라고도 한다. 일부 바이러스의 RNA를 제외하고 모든 생물은 DNA로 유전 정보를 구성하고 있기 때문에 일반적으로 DNA로 구성된 유전 정보를 지칭한다.

9) 후성학은 분자생물학 분야에서 최근에 등장한 새로운 분야이다. 유전적 배열의 변화를 포함하지 않는 유전형질에 대한 연구를 후성학이라고 하는데 유전자의 발현은 DNA 배열이 동일하여도 유전적 양식에 의해 달라질 수 있다. 이유는 메칠화 혹은 염색질 구조의 차이에 의해서 달라지기 때문이다. 일란성 쌍둥이는 거의 동일한 DNA를 가지고 태어나지만, 성장하면서 다른 환경에 접하게 되면서 서로 다른 성격을 소유하게 된다. 이것은 후성학 변이라고 불린다. 어릴수록 후성학적 차이는 적게 나타나며, 나이가 들수록 커진다고 한다. 50세의 일란성 쌍둥이와 3세의 일란성 쌍둥이 사이에는 3배 이상의 후성학적 차이가 나타났다. 서로 다른 부모에게 입양된 쌍둥이는 후성학적 차이가 매우 크다고 알려져 있다.

듯이, 마음도 여러 영역으로 쪼개어질 수 있다. 이런 식으로 나누어 개별적으로 연구하려는 시도를 마음의 조합적(modular) 분석이라 부른다. Chomsky는 인간 언어능력도 소화기관, 배설기관 등과 같은 신체의 다른 기관과 유사하게 별도의 모듈을 구성한다고 주장한다. 조합성의 두 가지 개념이 있는데, 하나는 언어능력이 마음의 한 모듈이라는 것이고, 다른 하나는 언어모듈 자체가 하위모듈로 더 나누어진다는 것이다.10)

Chomsky(2004)는 분리(dissociation)라는 개념을 통해 모듈들이 서로 독립적으로 존재한다고 주장한다. 만약 한 체계가 다른 체계와 독립적으로 작동을 한다면 그것은 모듈의 자격을 가질 수 있다. 따라서 감각의 경우 맹인이 아니면서 농아가 될 수 있고 그 반대일 수도 있는데, 이것은 청각과 시각이 각각의 구별되는 체계의 부산물이라는 주장을 뒷받침해준다. 이것은 우리의 신체 기관이 서로 연결되어 있기는 하지만 분명히 분리되어 있다는 증거이다. 또한 눈이 머는 불행이 지능과 연관이 없는 것처럼, 언어능력과도 전혀 연관이 없다. 즉, 각각의 모듈은 서로 분리되어 있다. 우리는, 지적으로 복잡한 문제들을 해결할 수 없어서 자기 자신을 돌볼 수 없음에도 불구하고 언어를 읽고, 쓰고, 말하고, 이해할 수 있는 사람이 있다는 데서 언어모듈 독립성의 증거를 찾을 수 있다.

언어능력 내부의 하위모듈도 서로 분리되어 있다고 할 수 있는데, 그 증거는 명사나 동사와 같은 내용어는 이해할 수 있지만, 전치사나 접속사 같은 기능어는 이해할 수 없는 사람이 있다는 데서 찾을 수 있다. 모듈끼리 서로 분리되어 있고, 또한 언어능력 내부의 하위모듈도 분리되어 있다는 것을 이중분리(double dissociation)라고 부른다. 이러한 것은 우리의 언어능력이 굉장히 복잡하지만, 겉보기와는 달리 여러 부분으로 갈라질 수 있다는 것을 의미한다.

---

10) 언어모듈의 하위모듈이 구체적으로 무엇인가 하는 문제는 언어연구가 구체화됨에 따라 결정될 문제이다. 보편문법을 구성한다고 여겨지는 원리들, 예를 들어, 의미역원리, 격원리, 이동의 국부성원리 등이 각각의 하위모듈을 형성한다고 할 수 있다.

Piaget는 언어능력은 인지능력에 의존적이며 독립적이지도 조합적(modular)이지도 않다고 주장하였다. 이에 반해 Chomsky는 지능과 언어가 분리 가능한 것처럼 언어능력과 인지능력을 분리할 수 있다고 본다. 자폐증환자의 경우 인지능력은 결핍되지만 언어는 정상적인 제한범위 안에서 유지될 수 있고, 다운증후군의 경우는 반대로 인지능력은 영향을 받지 않고 언어능력이 경도에서 중등도로 심하게 퇴화된다는 사실은 Chomsky의 주장을 뒷받침한다고 하겠다.11)

Chomsky는 언어능력을 인식기능을 담당하는 신체기관으로 여긴다. 즉, 신체기관 중에 소화기관, 배설기관, 순환기관 등 어떤 특정한 신체의 기능을 담당하는 기관들이 있듯이, 언어기능을 담당하는 언어기관(language organ)이 별도로 존재한다고 생각한다. 결국 언어는 정신이 아니고 물질인 것이다. 언어라는 물질이 있다는 것은 인간만이 가지는 고유한 특성이며 그렇기 때문에 누구나 보편적으로 팔과 다리가 있고 누구나 보편적으로 보고 듣고 느끼는 오감이 있는 것처럼 자연스런 발달단계를 거친 다음 언어능력이 저절로 발현된다고 여기는 것이다.12) 물론 언어라는 일종의 체계를 갖춘 내적 실체가 우리의 몸에 분명히 존재한다 하더라도 이를 구현시키기 위해서는 환경에서 주어진 적절한 초기 언어경험이 필요하다.

---

11) 두뇌손상으로 인해 정상적인 인지능력은 있으면서도 특정 언어 장애를 일으키는 경우가 있고 또한 그 반대의 경우도 있다고 한다. 비문법 실어증(agrammatic aphasics)은 특정 기능범주가 결핍된 경우이다. 어떤 실어증의 경우 지능은 높은데 말이 되지 않는 경우가 있다. 이러한 경우를 SLI(Specific Language Impairment)라고 하는데, SLI 어린이들은 인지적으로는 정상이지만 언어능력은 발달하지 못한다고 한다.

12) 생물언어학적 시각은 언어가 마음을 구성하는 한 부분이라고 간주한다. 즉, 마음속에 언어, 지능, 도덕적 판단 등을 관장하는 원리가 들어있는데, 이 원리를 관장하는 것이 바로 인식기관이라는 유기체적 체계라고 생각한다. 따라서 이 시각에 따르면 정신과 물질은 분리될 수 없는 것이다.

Chomsky(2005)는 인간의 언어발달과정이 다음 세 가지에 근거한다고 주장한다. 첫째, 유전적으로 타고난 언어능력(보편문법)으로서, 초기 언어경험에 노출되면서 자신이 선택할 언어를 극히 제한된 숫자로 압축할 수 있는 이론 설정 능력이다. 둘째, 외부 언어자료(언어경험)이며, 이것은 제한된 범위로 좁혀진 선택지 중에서 원하는 것을 딱 집어 골라낼 수 있도록 도와주며 상당히 좁은 범위 내에서 그 변이를 허용한다. 셋째, 언어능력에만 있는 것이 아니고 자연계에 존재하는 모든 생물과 만물에 보편적으로 작용하는 일반원리이다. 이 원리는 언어성장과 진화에 영향을 미치는 제약조건으로, 이 일반원리 중에는 효율적 연산이라는 원리가 있다. 이는 보편문법(I-언어)처럼 언어생성장치가 반드시 준수해야 할 중요한 원리이다.

인간이 언어능력을 가지고 태어난다 하더라도 언어경험이라는 촉발자(trigger)가 없다면 인간은 언어를 습득할 수 없다. 인간의 시신경이 초기자극의 부족으로 퇴화되면 멀쩡한 눈을 가지고 있어도 장님처럼 전혀 그 기능을 못하는 경우가 있는 것처럼, 언어능력도 외부의 촉발경험이 제 때 주어져야 비로소 온전한 본래의 기능을 발휘할 수 있다. 따라서 언어발달과정은 신체발달과 같이 정해진 길을 따라 이루어지는 것이지 노력을 동반하는 학습과정이라고 할 수 없다.

언어능력을 설계할 때 이 세 번째 일반원리를 고려한다면, 그 언어이론은 표면적인 언어현상에 대해 보다 근원적인 조건을 만족시켜야 한다. 즉, 언어현상과 그 현상을 설명하는 문법이론만 딱 맞아 떨어지는 것으로는 만족할 수 없고, 더 나아가 그런 문법이론의 존재이유를 설명해야 하고, 그 문법이 인위적 조작물이나 그저 당장의 이론상 편리함을 도모하기 위해서 가짜로 만들어낸 전문용어가 아니며, 자연계에서도 반드시 구체적으로 존재하여야 하는 진짜 물질이라는 점을 증명하여야 한다.13)

Chomsky는 언어발달과정의 3가지 필수적 요소(유전적 언어능력(보편문법), 외부 언어자료(언어경험), 자연계의 일반원리) 중에서 보편문법에 해당되는 것들을 축소해나가고 있다. 즉, 종전에 보편문법에 해당된다고 보았던 원리들이 실제로는 대부분 자연계의 일반원리에 해당되는 것으로 본다.

언어학에서 자연과학적 기준 때문에 틀렸다고 배척당한 한 가지 예를 살펴보자. 규칙 상호간의 순서(rule ordering), 또는 순환주기(cycle)는 1950년대 언어학에서부터 허용되었다. 그렇게 하면 각종 복잡한 언어현상을 더 간단하게 설명할 수 있고 예측가능성을 확보할 수 있기 때문이었다. 여기서 제기되는 의문은 규칙의 순서라는 것이 과연 자연과학에서 존재하는가라는 것이었다. 이론적으로는 편리성을 제공할지 몰라도,[14] 자연계에서 그런 경우는 전혀 발견할 수 없기 때문에 규칙의 순서란 더 이상 존재할 수 없게 되었다. 따라서 언어학 연구에서 표피적 현상을 설명하고 이렇게 하니까 이론상 편리하다는 것보다는 실제로 그런 일이 자연현상이나 생물학적 발달에서 존재하는지가 훨씬 중요해졌다. 우리가 살고 있는 이 세상은 어떻게 작동하며 만물은 실제로 어떤 모습인가? 그 배후에 작동하는 원리는 어떠한 것인가? 자연언어, 즉, 인간언어가 머리 속에 존재하는 유전물질이라면 자연계의 똑같은 작동원리를 따라야 하지 않는가? 이러한 질문 때문에 언어학과 생물학은 서로의 연구성과를 비교하고 둘 사이에 존재하던 격차를 좁혀가게 되었다. 언어 연구자들은 언어현상에만 집착하지 아니하고, 시야를 확대하여 좀 더 넓은 분야, 즉 생물학이 지금까지 발견하고 증명한 자연계의 보편원리를 광범위하게 받아들이는 쪽으로 나아가고 있다.

---

13) Chomsky(2007)는 언어라는 구체적 유전물질이 어떻게 왜 존재하게 되었는지를 밝히다보면 시간의 역사를 거슬러 올라가서 왜 언어라는 진화가 일어났는지 규명하는 문제도 저절로 풀리게 될 것이라고 생각한다.

14) 이것은 기술적 타당성(descriptive adequacy)이라고 하는데, 겉으로 드러난 현상을 체계적으로 규칙화할 수 있는가라는 문제에만 집중하는 것으로 보다 근원적인 목표인 설명적 타당성(explanatory adequacy)과는 거리가 있다.

결국 언어연구는 관념론이 아니라, 실제로 존재하는 유전물질에 대한 조사이며 보이지 않는 신체기관에 대한 탐구이다. 우리에게 잘 알려진 시각이나 면역물질의 발생, 또는 근육을 움직이는 운동기능과 똑같이 미리 유전적으로 설계되고, 나중에 환경적 자극에 의해 점차 완전하게 발현되는 구체적 물질이 언어능력이라면, 그리고 언어능력이 처음에는 단순한 부속품처럼 여기 저기 떨어져 있지만, 사고기능과 행동을 실제로 해나가면서 차츰 완전히 성숙한 모습을 드러내는 자연계의 물질이라면 우리가 앞으로 추구할 수 있는 이론적 가능성은 다양하게 열려 있다. 미숙한 세포가 맨 처음 아주 간단한 작업을 스스로 하는 원시적 단계에서 출발하지만 외부 자극과 접촉하면서 스스로 배우고 더 똑똑해지는 인지능력을 발휘한다는 것, 그리하여 종국에는 아주 복잡한 기능까지 척척 수행하는 구조적 체계를 만들어내는 것이다.15) 이는 시신경세포가 보는 능력을 얻는 것, 면역세포가 바깥의 세균에 대해 항체를 만들어 대항하는 것, 근육이 뼈의 성장에 따라 잡아당겨지고 운동에 의해 자극받아 제 기능을 발휘하는 것에서 공통적으로 발견되는 현상이다. 언어능력은 팔과 다리가 점점 자라다가 성장판이 닫히면 더 이상 자라지 않고 멈추는 것과 같다. 또한 인간이 시신경이 고장이 나거나 초기자극의 부족으로 퇴화되면 멀쩡한 눈을 가지고 있어도 장님처럼 전혀 그 기능을 못 하는 경우가 있는데, 이 또한 언어능력처럼 타고난 신체기관이 있어도 외부의 촉발경험이 제 때 주어져야 비로소 온전한 본래의 기능을 발휘하는 것과 동일하다. 따라서 언어능력은 신체발달이며, 일반적인 신체발달 원리에 따라 누구든지 생후 초기에 신체발달을 끝내는 것이며, 그 과정은 생물학적 원리로 상당 부분 설명된다.

---

15) 현대자연과학의 업적은 자연계에 존재하는 인간을 포함한 모든 물질은 누구의 도움도 받지 않고 스스로 구조를 만들고 스스로의 의식상태와 자기선택에 따라 새로운 방향으로 변화하는 존재라는 점을 밝힌 것이다. 인간은 누가 만들었는가라는 전통적 질문에 대하여 세포가 스스로 만들었다는 것이 과학의 대답이다. 진화론은 이를 대표한다. 현대과학에 의하면 하느님이 인간을 만든 것이 아니라, 인간의 무지와 탐욕이 상상력 또는 필요에 의하여 관념적 추상체로서 하느님을 만들어낸 것이다.

Chomsky의 강력최소주의(strong minimalism)는 모든 언어현상을 자연계의 원리로 설명할 수 있다는 입장을 지지한다.[16] 따라서 언어 생성장치는 이미 다 만들어진 구조를 취하고, 둘을 하나로 합치는 정도의 간단한 작업을 수행하는 작동장치, 즉 병합(merger)이다.[17] 그렇다면 보편문법에 속한다고 여겨지는 무한병합이 언어에만 나타나는 것인지 면역체계와 같은 다른 신체기능과 물질에도 적용되는 것인지를 밝힐 필요가 있다. Chomsky는 병합이 언어에만 있지 않고 모든 신체발달에 일반적으로 존재하는 세포현상이라는 입장을 지지하며, 특히 언어능력과 수학능력을 같은 것으로 본다. 즉 수학적 능력이 어휘항목의 풍부함을 만들어 냈고, 역으로 언어에서 내용을 다 빼고 골격만 남기면 그것이 수학적 능력이라는 주장이다. 이산무한성(discrete infinity),[18] 순환성(circularity)의 개념도 언어에만 발견되는 것이 아니라 자연계에서 흔히 관찰되는 현상이다.

---

16) 2000년대 이후 Chomsky의 연구는 최소주의 프로그램(minimalist program)이라 불린다. Chomsky는 자신의 연구가 전통적으로 추구해온 언어연구결과를 반영하면서 동시에 자연과학의 일반원리와 접목하고자 하는 시도이므로 아직 이론으로 보기는 어려우며 프로그램일 뿐이라고 누누이 강조한다. 최소주의 프로그램은 생물학적이고 진화론적 신비를 밝히고자 하는 시도이며 발생초기의 언어, 자연계의 일반원리가 허용하는 언어물질 등을 밝히고자 한다. 이러한 최소주의 프로그램에서 받아들이는 가설이 강력최소주의인데, 이것은 언어능력은 처음부터 수정작업이 필요하지 않도록 완벽하게 작동될 수 있도록 설계된 구조물이라고 보는 것이다.

17) Chomsky는 보편문법에 속하는 원리로 병합을 언급한다. 병합이란 둘을 하나로 합치는 과정을 가리킨다(병합을 통해 실제 문장을 만드는 구체적 과정을 위해서는 2장 참조). 결국 언어생성장치는 이미 다 만들어진 구조를 취하기만 하고, 또한 둘을 하나로 합치는 정도의 간단한 작업을 수행하는 작동장치이다. 그리고 병합을 무제한으로 작동시킬 경우, 한없이 길고 긴 문장을 얼마든지 생성할 수 있다. Chomsky는 무한병합, 어휘항목, 자질이라고 부르는 구조적 특성들이 보편문법에 속한다고 본다.

18) 이산무한성이란 Chomsky가 2000년에 언급한 특성으로서 "몇몇 적은 수의 분산된 요소들로부터 사상, 상상, 느낌 등을 무한하게 다양한 방법으로 표현할 수 있는 언어적 특성"을 일컫는 것이다. 이런 이산무한성은 한편으로는 생물학적으로는 매우 독립적이고 고립적인 특성이라고 할 수 있는데, 그 이유는 동물의 어떠한 의사소통체계와도 다르기 때문이다. 그러나 또 다른 관점에서 본다면 이 이산무한성이 그다지 유별나게 독립적이라고 할 수 없기도 하다. 그 이유는 물리학, 화학, 유전학, 언어학 등, 작은 원리들이 스스로 다양화 해 나갈 수 있는 체제를 갖춘 학문들처럼 한정적인 자료를 가지고 무한하게 사용할 수 있는 일반 원리를 가지고 있기 때문이다.

결과적으로 언어능력은 대부분이 생물학적 원리로 설명되므로 보편문법은 그 비중이 대폭 축소되었다. 앞으로 한 단계 더 나아가, 유전적 물질인 언어능력을 자연계의 일반원리로부터 접근해가는 연구방법이 언어에만 고유하게 적용되는 보편문법의 존재 자체를 부정하는 결론으로 이어질 지도 모른다.

제2장 구구조

2.1 문법범주

　모국어화자의 언어지식은 어휘부와 규칙들로 이루어져 있다. 어휘부는 단어(어휘항목)들의 집합체인데 이 어휘부에는 각 단어의 적절한 사용을 위해 필요한 다양한 유형의 정보가 규정되어 있다. 각 어휘항목마다 어떻게 발음되는가에 대한 정보, 의미에 관한 정보 및 그 단어가 어떤 문법범주(grammatical category)에 속하는 가에 대한 정보가 들어있다. 단어들이 모여 개별문장이 이루어지지만 단어들을 아무렇게나 배열한다고 해서 올바른 문장이 생성되는 것은 아니다. 따라서 올바른 문장을 만들어 내기 위해서는 단어들을 적절히 배열하는 규칙들을 알아야 하는데 이러한 규칙들을 살펴보기 전에 우선 문법범주에 대해 알아보자.

　문법범주란 일련의 공통적인 문법특성을 공유하는 한 무리의 표현들이다. 즉 어떤 단어가 명사라는 문법범주에 속한다면 그 단어는 명사에 속하는 다른 단어들과 여러 면에서 문법특성을 공유하게 된다. 언어에서의 모든 단어는 제한된 개수의 문법범주 중 어느 하나에 속한다. 이 문법범주의 개념은 매우 중요한데 왜냐하면 자연언어에서 모든 문법적 운용(operation)들이 문법범주에 근거하기 때문이다.

　그러면 특정한 단어가 어떤 문법범주에 속하는지를 어떻게 알 수 있는가? 이

를 위해서는 여러 가지 증거에 의존하게 되는데 우선 형태론적 증거에 대해 알
아보자.

(1) They are fools(noun)/*foolishes(adjective).

형태론적 증거는 단어에 어떤 굴절접사(inflectional affix)와 파생접사
(derivational affix)가 붙을 수 있는가 하는 점에 의존한다. 즉, *fool*에는 복수
어미 *−s*가 붙을 수 있으나 *foolish*에는 이것이 불가능하다. 이것을 근거로 우리
는 *fool*은 명사이지만 *foolish*는 명사가 아니라고 판단한다. 단어가 어떤 문법범
주에 속한다고 가정하지 않는다면 영어의 굴절형태론을 체계적으로 설명하기
가 불가능하다. 그런데 이러한 형태론적 증거에 의존해서만 단어의 문법범주를
판단하는 것은 불완전한 면이 있다. 왜냐하면 특정한 단어에 붙는 굴절접사가
때때로 불규칙하고 파생접사도 그 적용범위가 매우 제한되어 있기 때문이다.
따라서 우리는 형태론적 증거 이외에도 통사론적 증거를 이용하여 단어의 문
법범주를 판단하는데 이것은 특정한 단어가 어떤 단어와 같이 쓰일 수 있는가
하는 점에 근거한다. 다음 예들을 살펴보자.

(2) a. They have no *car/conscience/friends/ideas*(N).
     b. *They have no *went*(V)/*for*(P)/*older*(A)/*conscientiously*(Adv).
(3) a. They can *stay/leave/hide/die/starve*(V).
     b. *They can *gorgeous*(A)/*happily*(Adv)/*down/*(P)/*door*(N).
(4) a. They are very *tall/pretty/kind/nice*(A).
     b. *They are very *slowly*(Adv)/*gentlemen*(N)/*working*(V)/*outside*(P).
(5) a. Go *right/straight* up(P) the ladder.
     b. *He *right/straight* despaired(V).
     c. *She *right/straight* is pretty(A).
     d. *She *right/straight* looked at him strangely(Adv).
     e. *They are *right/straight* fools(N).

위를 예를 통해 알 수 있듯이 특정 단어와 같이 결합될 수 있는 것은 특정 범주에 속하는 단어들 뿐이다. 즉 (2)가 보여주듯이 *no*와 결합될 수 있는 단어들은 모두 명사라는 문법범주에 속하는 것들이고 다른 범주에 속하는 단어들은 *no*와 결합될 수 없다. (3), (4), (5)는 각각 동사라는 범주에 속하는 단어들만이 조동사 *can* 다음에 쓰일 수 있고, 부사 *very* 다음에는 형용사라는 범주에 속하는 단어들만이 나타날 수 있으며, *right/straight*는 전치사에 속하는 단어만을 수식할 수 있다는 것을 보여준다. 이와 같이 특정 단어는 특정 범주에 속하는 단어들과만 연결될 수 있으므로 문법범주라는 개념 없이 이러한 현상을 설명하는 것은 불가능하다.

이러한 형태론적 증거와 통사론적 증거를 바탕으로 모든 단어의 범주를 판단할 수 있는데 결국 모든 단어는 반드시 몇 개 안 되는 문법범주 중 어느 하나에 속한다. 그리고 같은 범주에 속하는 단어들은 같은 분포를 보인다.

2.2 구성소와 계층구조

단어들이 결합하여 문장을 이루는 경우 어떤 식으로 결합이 이루어지느냐에 따라 문장의 구조가 달라진다. 모든 단어들이 특정한 문법범주에 속한다는 것을 전제로 다음 문장의 구조를 살펴보자.

(6) a. This boy can solve the problem.
    b.

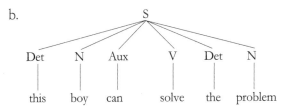

위 구조에서는 단어들이 함께 묶여 S(=Sentence)를 형성하는 것으로 되어 있다. 그러나 단어들이 결합하는 방식에 있어 모두 동등한 자격으로 한꺼번에 하나로 묶이는 것은 아니다. 일부 단어들이 우선 VP라는 동사구로 먼저 묶인다는 것을 알 수 있는데 이는 다음과 같은 경험적 증거를 통해 알 수 있다.

(7) 전치(displacement)

This boy is determined to solve the problem and [solve the problem] he will [__].

(8) 생략(deletion)

John cannot [solve the problem], but this boy can [__].

(9) 병렬(co-ordination)

This boy will [solve the problem] and [win the prize].

(10) 대치(replacement)

This boy can [solve the problem] and [so] can the others.

위의 예문들을 통해 *solve the problem*은 전치, 생략, 병렬, 대치라는 문법적 운용에 있어서 하나의 단위로서 같이 행동함을 알 수 있다. 따라서 *solve the problem*은 다른 단어들과 결합되기 이전에 먼저 VP라는 단위로 묶여진다. 이와 같이 하나의 단위로 묶여져서 문법적 운용에 있어 하나로 같이 행동하는 요소를 구성소(constituent)라고 한다.

똑같은 논리로 단어들이 NP(명사구)라는 구성소로 먼저 묶이는 경우를 살펴보자.

(11) a. [This boy] and [that girl] can solve the problem. (병렬)
     b. [He] will solve the problem.   (대치)

*This boy*는 *that girl*과 나란히 놓여 병렬구조를 이루고 *he*라는 대명사로 대치되는 것을 보아 NP로 먼저 묶이는 것을 알 수 있다.

조동사도 같은 방식으로 NP와 VP와는 별도로 Aux라는 별개의 범주를 형성하는 것으로 보아야 한다.

(12) a. [Can] this boy [__] solve the problem? (전치)
　　 b. This boy [can] and [will] solve the problem.　 (병렬)

이와 같이 일부의 단어들이 먼저 묶이고, 묶인 것들이 다시 묶여 문장을 형성하게 되면 다음과 같은 계층구조를 이루게 된다.

(13)

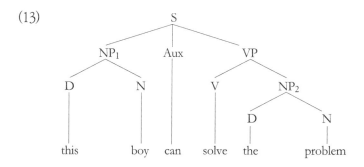

(13)과 같은 구조는 나무 모양을 닮았다고 해서 수형도(tree diagram)라 하는데, 수형도 상에 나타난 요소들을 지칭하기 위해 그리고 요소들간의 관계를 정확히 표현하기 위해 다음과 같은 용어들이 사용된다. 범주의 이름이 붙여진 각 꼭지점을 절점(node)이라고 하고, 특히 각 개별어휘 바로 위의 절점을 종단절점(terminal node)이라고 한다. 범주들간의 관계는 관할(dominance)이라는 개념을 이용하여 나타낸다. 상위의 범주는 하위의 범주를 관할한다고 하고, 특히 바로 아래의 범주는 직접 관할(immediate dominance)한다고 한다. 즉, (13)의 구조에서 S는 아래의 모든 범주를 관할하고 NP₁, Aux, VP를 직접 관할

한다. 또한 같은 범주에 의해 직접 관할되는 요소들은 서로 자매(sister) 관계를 이룬다고 한다. 그리고 자신을 직접 관할하는 범주는 엄마(mother)라고 불린다.

2.3 구구조규칙

초기생성문법에서는 단어들이 모여 (13)과 같은 문장구조를 이루기 위해서 이러한 구조를 생성하는 다음과 같은 구구조규칙(phrase structure rules: 일명 다시쓰기 규칙)을 설정하였다.

(14) a. S → NP Aux VP

   b. NP → Det N

   c. VP → V NP

구구조규칙은 구조를 생성한다고 말해지는데 여기서 '생성'이라는 말은 명시적으로 나타낸다는 뜻으로 이해해야 한다. (14a-c)의 구구조규칙은 (13)과 같은 문장을 생성하기 위해 필요한 것이지만 그 생성능력은 (13)에 국한되지 않는다. 즉, 다음과 같은 비슷한 구조의 문장들을 모두 생성해낼 수 있다.

(15) a. The police will arrest the thief.

   b. This man can drive that car.

   c. The President will chair the meeting.

이와 같이 무한히 많은 수의 문장들의 구조를 몇 개 되지 않는 구구조규칙으로 밝히고자 하는 것이 생성문법의 의도이다.

그러나 생성문법이 진화함에 따라 이러한 하향식(top-down)의 구구조규칙이 필요없다는 것이 밝혀졌고(구구조규칙의 문제점에 대해서는 7.1 참조), 이제는 병합(merger)이라는 두 개의 구성성분을 하나로 묶는 운용을 통해 모든 구와 문장을 생성할 수 있게 되었다.

2.4 구의 생성

다음 예문을 통해 구가 어떻게 생성되는지를 구체적으로 살펴보자.

(16) A: What are you trying to do?
　　 B: Help you.

화자 B에 의해 발화된 두 단어 *help you*를 생성하는 가장 간단한 방법은 *help*와 *you*를 병합함으로써 하나의 구성소를 만드는 것이다. 이렇게 새로 생성된 *help you*는 명사적 특성이라기보다는 동사적 특성을 가진다는 것을 다음 예문들이 보여준다.

(17) a. We are trying to help.
　　 b. We are trying to help you.
(18) a. You are very difficult.
　　 b. *Help you are very difficult.

즉, *help you*와 같은 구의 문법적 특성은 동사 *help*에 의해 결정된다. 따라서 동사 *help*가 *help you*의 핵(head)이고, *help you*를 동사구(Verb Phrase: VP)라고 부른다. 그리고 이렇게 생성된 구의 구조를 다음과 같이 두 가지 방법으로 나타낸다.

(19) [$_{VP}$ [$_{V}$ help] [$_{NP}$ you]]

(20)

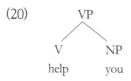

                                          VP
         V   NP
     help   you

   (19)와 (20)은 같은 정보를 나타내는데, 특히 (20)과 같은 표기방법을 '표찰이 붙은 수형도'(labeled tree diagram)라 부른다. (20)은 *help you*가 동사구(VP) 이고, 두 개의 구성소는 동사 *help*와 대명사 *you*라는 것을 보여준다. 동사 *help*가 전체 구의 핵이고, *help you*는 동사 *help*의 투사체(projection)라고 한다. *help*는 타동사이어서 대격(accusative case)을 가진 보충어(complement)를 요구하 므로 *you*는 대격을 가져야 한다.

   여기서 우리는 모든 구들은 (20)처럼 이분병합(binary merger)을 통해 생 성된다고 가정한다. 즉, 항상 두 개의 구성소를 더 큰 구성소로 묶는 과정을 통 해 생성된다.

   (21) A: What are you trying to do?
        B: To help you.

   (21B)의 *to help you*는 *to*를 동사구 *help you*와 병합함으로써 생성된다. 이 상 황에서 적절한 추측은 *to*(부정사 시제 첨사: infinitival tense particle)가 핵 이고, *to help you*는 부정사 TP로 간주하는 것이다. 이러한 추측이 옳다면, *to*를 포함한 TP는 VP와는 다른 위치에 나타날 것으로 예상하는데, 다음 예문들은 이 예상이 옳다는 것을 보여준다.

(22) a. They ought to help you. (=*ought*+TP *to help you*)

　　b. *They ought help you. (=*ought*+VP *help you*)

(23) a. They should help you. (=*should*+VP *help you*)

　　b. *They should to help you. (=*should*+TP *to help you*)

　*help you*는 VP이고, *to help you*는 TP라고 가정하면, *ought*는 부정사 TP를 보충어로 선택(select)하는 단어이고, *should*는 부정사 VP를 보충어로 선택하는 단어라고 말함으로써 위 예문들의 문법성 대조를 설명할 수 있다. 따라서 *to help you*는 다음과 같이 수형도로 나타내진다.

(24)

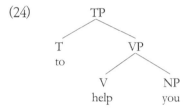

　이러한 이분병합이라는 운용을 반복 적용함으로써 새로운 더 확장된 구를 생성해낼 수 있다.

(25) A: What are you trying to do?

　　B: Trying to help you.

　(25B)는 동사 *trying*과 *to help you*를 병합함으로써 생성된다. 즉 (25B)는 다음과 같은 수형도를 가진 VP이다.

(26)

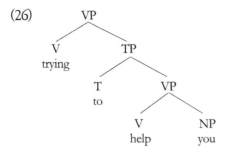

　　여기서 전체 구의 핵은 동사 *trying*이고 보충어는 TP인 *to help you*이다. (26)에 드러난 통사구조의 한 가지 특성은 회귀(recursion)라고 할 수 있다. 즉, VP 속에 같은 범주인 VP가 반복되어 나타날 수 있다는 것을 알 수 있다.

　　지금까지 병합을 통해 새로운 구를 만드는 과정에서 우리는 통사적 구조의 속성을 지배하는 다음 두 가지 보편적 원리가 작동하고 있다는 것을 알 수 있다.

　　(27) 핵보유원리(Headedness Principle)
　　　　통사구조에 있어 모든 비종단절점(nonterminal node)은 핵의 투사체이다.
　　(28) 이분지원리(Binarity Principle)
　　　　통사구조에 있어 모든 비종단절점(nonterminal node)은 이분지(binary-
　　　　branching) 구조이다.

　　(종단절점은 수형도의 마지막에 위치하는 절점이고, 비종단절점은 또 다른 절점으로 갈라지는 절점을 가리킨다.)

2.5　절의 생성

　　생성문법 초기에는 절은 S라는 범주에 속하는 것으로 간주되었다. 따라서 다음 (29) 문장은 (30) 같은 구조로 분석되었다.

(29) We are trying to help you.

(30)

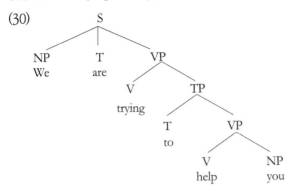

(30)과 같은 구조는 앞서 언급된 두 가지 구성소구조원칙을 위배한다. 위 구조에서 S는 NP, T, VP로 이루어지므로 무엇이 핵인지를 알 수 없어, 핵보유원리를 위배한다. 또한 S가 세 개의 구성소로 나뉘므로 이분지원리도 위배한다.

따라서 이 두 원리에 부합하는 대안 구조를 찾는 것이 필요하다. 구 뿐만 아니라 절도 이분병합에 의해 생성된다는 일반 원칙을 유지하면, (29)는 시제 조동사인 *are*가 동사구 *trying to help you*와 먼저 병합되고 결과적으로 생성된 *are trying to help you*가 명사구 *we*와 병합된다고 볼 수 있다. *are*는 시제 조동사인 T 범주에 속하므로, *are*와 *trying to help you*를 병합하는 것이 시제 투사체(projection)인 TP를 도출한다고 제안해볼 수 있으나, 이러한 제안은 옳지 않다. 왜냐하면 다음과 같은 문장이 비문이기 때문이다.

(31) *Trying to help you.

정형의(finite) T는 주어를 요구하는데, (31)은 주어가 없기 때문에 완벽하지 않고 따라서 비문이 된다. 결과적으로 T와 VP가 병합될 때는 일반적으로 T'로 표기하는 중간투사체(intermediate projection)가 되고, T'가 *we*와 같은 주어와 병합될 때 TP라는 최대투사체(maximal projection)가 생성된다고 가정한다.

이러한 가정하에 (30) 구조는 다음과 같은 구조로 재분석된다.

(32)
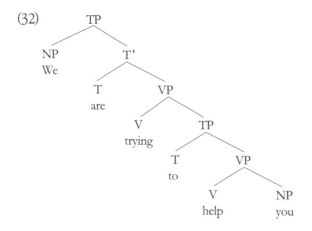

위와 같은 구조는 기존 구조가 갖고 있는 두 가지 문제(핵보유원리와 이분지 원리의 위배)를 해결한다는 점에서 훨씬 개선된 방안이다. T가 주어를 필요로 한다는 요구조건은 확대투사원리(Extended Projection Principle: EPP)로 알려진 보편문법의 한 가지 원리로 받아들여졌다. 다시 말해, EPP는 정형 T는 주어를 포함하는 TP로 확대되어야 한다는 원리이다.

다음 예들은 EPP가 본질적으로 의미와는 상관없는 통사적 요구조건이라는 것을 보여준다.

(33) a. *It* was alleged that he lied under oath.

　　b. *There* has been no trouble.

이탤릭체인 *it*과 *there*는 의미적 내용이 없는 허사(expletive)이지만, 위와 같은 문장이 정문이 되기 위해서는 *it*과 *there*가 반드시 필요하다.

지금까지의 논의를 통해 우리는 핵이 하나 이상의 투사체를 가질 수 있다는 것을 알았다. 예를 들어 (32)에서 T는 *are trying to help you*라는 중간투사체

(T')뿐만 아니라 *We are trying to help you*라는 최대투사체를 갖게 된다. 그런데 중간투사체가 최대투사체로 확대될 경우 중간투사체와 병합되는 요소가 항상 같은 의미적 기능을 갖는 것은 아니다. 다음 예를 통해 보다 자세히 알아보자.

(34) Bryan must go straight to bed.

(35)

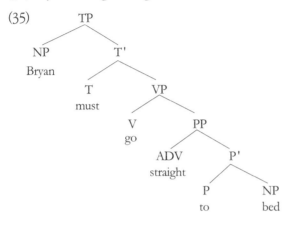

　(34) 문장의 구조는 (35)와 같다. 위 구조에서 대명사 *Bryan*이 TP에서 차지하는 위치는 부사 *straight*가 PP에서 차지하는 위치와 똑같다. 즉, *Bryan*이 중간투사체인 T'와 병합되어 최대투사체인 TP가 생성되는 것과 똑같은 방식으로, *straight*가 중간투사체인 P'와 병합되어 최대투사체인 PP가 생성된다. 이러한 *Bryan*과 *straight*가 차지하는 위치를 지칭하는 용어가 필요한데, 이를 지정어(specifier)라고 한다. 지정어는 순전히 통사적 위치를 가리키는 용어로 의미와는 상관이 없다. 똑같은 지정어위치를 차지하지만, 경우에 따라 의미적 기능은 다를 수 있는데, *Bryan*은 주어이고, *straight*는 수식어(modifier)이다.

절의 구조에 관해 고려할 새로운 질문은 *that, for, if*와 같은 보문소 (complementizer)가 어떤 역할을 수행하는가라는 것이다. 다음 예문을 살펴 보자.

(36) A: What are you saying?

B: That we are trying to help you.

보문소 *that*은 문장의 구조 어디에 들어가야 할까? 초기생성문법에서는 보 문소가 S와 병합되어 S'를 생성하는 것으로 분석되었다. 즉, 다음과 같은 구조 가 생성된다.

(37)

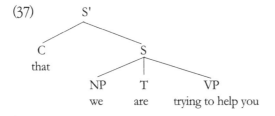

위와 같은 구조도 역시 핵보유원리와 이분지원리를 위배한다는 점에서 문제 가 있다. S'는 C와 S로 구성되어 있는데, S는 단어가 아니므로 핵이 될 수 없다. 결국 보문소에 의해 이끌어지는 절구조의 핵은 보문소 자신이라고 가정하는 것 이 합리적이다. 이 가정이 옳다면 (37)은 다음과 같은 구조로 재분석된다.

(38)

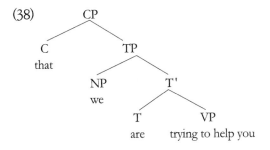

위 구조는 보문소 *that*이 전체 절의 핵이고(다시 말해 전체 절은 보문소 *that*의 투사체이고), *that*의 보충어는 *we are trying to help you*라는 TP이라는 것을 보여준다. 보충어에 의해 이끌어지는 절이 CP라는 범주적 지위를 갖는다는 것은 1980년대 초부터 널리 받아들여졌다.

(32)와 (38) 같은 분석의 가장 중요한 점은 절과 문장이 핵이 있는 구조로 분석된다는 것을 밝혔다는 점이다. 이제 구뿐만 아니라 절과 문장도 모두 핵의 투사체라는 일관된 분석이 가능하게 되었다. 병합에 의한 문장생성의 저변에 깔린 가정은 구와 절이 상향식 방식으로 생성된다는 것이다. 반면에 초기 생성문법에서 도입하였던 구구조규칙은 구와 절이 하향식 방식으로 생성된다는 가정을 전제로 한다. 모든 구조가 상향식 방식으로 생성된다고 말하는 것은 나무구조의 바닥에 있는 부분들이 그 나무구조의 위쪽에 있는 부분들보다 먼저 형성된다는 것을 의미한다.

초기 생성문법은 명사, 형용사, 동사, 전치사 등 어휘범주에 속하는 단어들만이 구로 투사되고 기능범주에 속하는 단어들은 구로 투사되지 않는 것으로 가정하였다. 그러나 지금은 명사, 형용사, 동사, 전치사 등의 내용어뿐만 아니라 기능어들도 구로 투사되는 것으로 받아들여진다. 즉, T는 TP로, C는 CP로, D(Determiner)는 DP로 투사된다.[19] 결국 모든 단어 수준의 범주들은 구로

---

19) DP구조에 대한 자세한 설명을 위해서는 10장 참조.

투사된다고 일반화할 수 있다.

2.7   구조적 관계와 극어의 사용제약

구성소간의 통사적 관계를 나타내는데 몇 가지 용어를 알아둘 필요가 있다. 다음 추상적 나무구조를 통해 구성소간의 통사적 관계에 대해 알아보자.

(39)

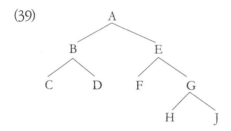

위 구조에서, G는 H와 J를 직접관할하고, H와 J는 G의 직접구성소 (immediate constituent)이다. 마찬가지로 E는 F와 G를 직접관할하고, B는 C와 D를 직접관할한다. 다시 말해, 상위의 범주는 하위의 범주를 관할하고, 특히 바로 아래의 범주는 직접 관할한다. 즉, (39)의 구조에서 A는 아래의 모든 범주를 관할하고 B와 E를 직접 관할한다.

관할이라는 개념 이외에 특히 중요한 통사관계를 나타내는 용어로 성분통어 (c-command)가 있는데, 이것은 다음과 같이 정의된다.

(40) 성분통어

구성소 X는 자신의 자매인 구성소 Y와 Y에 의해 관할되는 모든 구성소를 성분통어한다.

위 정의에 따르면, (39) 구조에서 B는 자매인 E와 E에 의해 관할되는 모든 요소(즉, F, G, H, J)를 성분통어한다. 그리고 E는 자매인 B와 B에 의해 관할되는 모든 요소(즉, C, D)를 성분통어한다.

통사적 현상을 설명하는데 있어 성분통어가 얼마나 중요하게 사용되는지를 알아보기 위해 다음 예들을 살펴보자.

(41) a. The fact that he has resigned won't change anything.
    b. *The fact that he hasn't resigned will change anything.

*any*는 특정 문맥에서만 사용될 수 있다는 제약을 갖고 있다. 즉, 다음 예들은 *any*가 부정, 의문, 조건의 영향을 미치는 환경에서만 사용되는 극어(polarity item)라는 것을 보여준다.

(42) a. I wonder **how often** we find *any* morality in business.
    b. **No student** will complain about *anything*.
    c. **If** *anyone* should ask for me, say I've gone to lunch.
    d. *I'd like *any* coffee, please.

만약 *any*가 부정, 의문, 조건의 영향을 미치는 요소 다음에 나타나기만 하면 올바른 문장이 도출된다면, (41)의 두 문장은 문법상 아무 차이가 없어야 할 것이다. 따라서 이 두 문장의 문법성 차이를 설명하려면 극어의 사용상 제약은 다음과 같이 정의되어야 한다.

(43) 극어조건
    극어는 부정, 의문, 조건의 영향을 미치는 요소들에 의해 성분통어되어야 한다.

이 극어조건에 따라 (41)의 두 문장의 문법성 차이는 자연스럽게 설명될 수 있다. 다음 구조를 살펴보자.

(44)

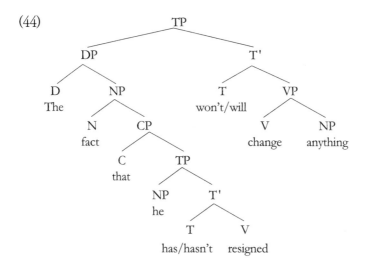

*hasn't*와 *won't* 둘 다 *anything*을 선행하므로 *any*와 부정어 *not*과의 선행관계로는 (41) 두 문장의 차이가 설명되지 않는다. 차이는 *anything*이 *won't*에 의해서는 성분통어되지만, *hasn't*에 의해서는 성분통어되지 않는다는 점이다. 결국 성분통어를 이용하는 극어조건을 받아들여야만 위 두 문장의 문법성 차이가 잘 설명된다는 점에서, 성분통어는 통사적 현상들을 설명하는데 매우 중요한 통사적 관계이다.[20)]

---

20) 성분통어가 필요한 또 다른 언어현상은 결속현상이다. 다음 예들을 살펴보자.

   (i) The president may blame himself.

   (ii) *Supporters of the president may blame himself.

   재귀대명사 *himself*는 반드시 선행사를 필요로 하는데, (i)분만 아니라 (ii)에서도 *himself*의 선행사로 *the president*가 있다. 그럼에도 두 문장이 문법성 차이를 보이는데, 그 이유는 재귀대명사의 선행사는 반드시 그 재귀명사를 성분통어해야 한다는 다음과 같은 제약이 있기 때문이다.

   (iii) 결속 조건

1. 다음 예문들의 문법성 차이가 무엇에서 비롯되는지 밝히시오.

(i)   a. The boy sat in the chair.

       b. The boy brought in the chair.

(ii)   a. In the chair sat a tall, dark, handsome stranger.

       b. *In the chair brought a tall, dark, handsome stranger.

(iii)   a. He sat in the chair and in the hammock.

       b. *He brought in the chair and in the hammock.

(iv)   a. He sat quietly in the chair.

       b. *He brought quietly in the chair.

(v)   a. He sometimes sits in the chair, but I never sit there.

       b. *He sometimes brings in the chair, but I never bring there.

2. he/she, it, them 등과 같은 대명사를 사용하여 다음 문장에서 NP를 모두 찾아내시오.

a. The new gorilla's attendant put a tasty banana on the purple table.

b. The person responsible for security left the visiting dignitaries in a minuscule antechamber.

재귀대명사는 적절한 선행사에 의해 성분통어되어야 한다.

즉, (i)의 the president는 himself를 성분통어하지만, (ii)의 the president는 himself를 성분통어하지 않는다.

3. 다음과 같은 수형도는 구성소구조원칙상 어떠한 문제가 있는지를 밝히시오.

a.

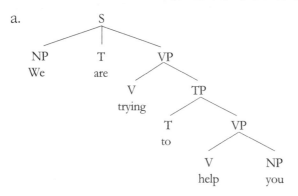

4. 다음 두 문장의 문법성 차이를 설명할 수 있는 방안에 대해 논하시오.

a. John's sister enjoyed herself at the party.

b. *John's sister enjoyed himself at the party.

제3장 │ 영 구성소

3.1 영주어

구성소 중에는 발음이 되지 않지만 통사적으로 존재하는 것으로 받아들여지는 구성소들이 있는데, 이를 영 구성소(null constituent)라고 한다. Radford(2009: Ch.3)의 논의를 통해 어떠한 영 구성소들이 있는지 알아보자.

영 구성소의 대표적인 것으로 영주어(null subject)가 있다. 다음 예들을 살펴보자.

(1) A: Maria è tornata? (Italian)

    Maria is returned?

    'Has Maria returned?'

   B: Si, *pro* è tornata.

    Yes, *pro* is returned.

    'Yes, she has returned.'

이탈리아와 같은 언어에서는 발음되지 않는 주어가 나타나는 경우 이를 pro 로 나타내는데, 그 이유는 문장이 의미상 주어를 가진 것으로 해석되고 조동사가 pro 주어와 일치관계를 보이기 때문이다.

영어에도 이러한 영주어가 있는지 의문이 생기는데, 다음 예들은 영어에도 영주어가 있다는 것을 보여준다.

(2)　a. Don't lose your nerve!

　　　b. *Don't lose their nerve!

(3)　a. Can't find my pen.

　　　b. Think I left it home./*Think left it at home.

　　　c. *Why do always lose things?

(4)　a. We would like [you to stay].

　　　b. We would like [to stay].

(2)는 명령문에서 눈에 보이지 않는 주어가 *you*라는 것을 보여주고, (3)은 일상적 회화체에서는 주절주어가 생략될 수 있음을 보여준다. 또한 (4)는 비정형절의 주어로 영주어가 나타날 수 있음을 보여준다.[21] 우리는 발음되지는 않지만 의미적 해석이 가능한 이러한 요소를 PRO라고 하고 통사적으로 존재하는 것으로 가정한다. 따라서 (4)의 수형도를 간단히 나타내면 다음과 같다.

---

21) PRO는 발음이 되지 않는다는 점에서 넓은 의미로는 영주어에 포함된다. 그러나 일반적으로 영주어는 (1)과 같이 시제절의 주어로 발음이 되지 않는 요소가 나타나는 경우를 가리킨다. PRO는 비시제절의 주어로만 허용된다. 따라서 이탈리아와 같은 언어를 영주어 언어(null subject language)라 부른다. 일반적으로 영어는 영주어 언어가 아니다.

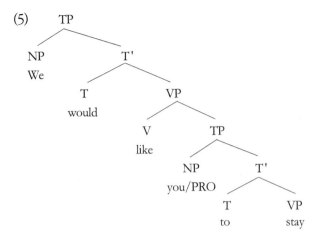

이러한 발음되지 않는 PRO를 설정함으로써 얻는 장점은 무엇인가? 첫째로 다음 두 문장의 의미적 연관성을 설명할 수 있다.

(6) a. Jim promised [PRO to come to my party].
      b. Jim promised [he would come to my party].

위 두 문장은 의미가 같고 차이는 종속절이 시제절이냐 비시제절이냐의 차이이다. 즉, 시제절인 경우에는 반드시 주어가 나타나야 하는데, 비시제절인 경우에도 의미상 차이가 없으므로 주어 위치를 차지하는 영주어가 있는 것으로 간주하는 것이 더 합리적이다.

둘째, PRO의 설정은 재귀대명사가 국부적 영역(local domain) 안에 선행사를 필요로 한다는 요구조건을 유지할 수 있게 만든다.

(7) a. They want [John to help himself].
      b. *They want [John to help themselves].
(8) John wants [to prove himself].
(9) John wants [TP PRO [T to] prove himself]].

(7b)가 비문인 이유는 재귀대명사 *themselves*가 자신의 국부적 영역(즉, 여기서는 종속절) 안에서 선행사를 갖지 못하기 때문이다. 반면에 (7a)는 *himself*가 자신의 국부적 영역 안에서 선행사 *John*을 가지므로 정문이 된다. 문제는 (8)에서 *himself*가 자신의 국부적 영역 안에 선행사가 없음에도 (8)이 정문이라는 사실이다. 따라서 (9)처럼, 비정형절에도 주어 PRO가 있다고 가정함으로써 재귀대명사의 선행사 요구조건이 만족되고 (8)의 문법성이 자연스럽게 설명된다. 결론적으로 우리는 영주어라는 추상적 통사체(syntactic object)를 받아들임으로써 언어현상을 일관성있게 설명할 수 있다. 그리고 정형절이냐 비정형절이냐에 상관없이 모든 T가 EPP자질을 가진다고 가정하면, 비정형절도 반드시 주어가 있어야 한다.

3.2   영 조동사

영주어와 마찬가지로 조동사가 영 구성소인 경우가 있다. 다음 예를 살펴보자.

(10) He could have helped her, or [she have helped him].

위 예문의 중괄호 부분은 다음 수형도와 같이 분석될 수 있다.

(11)

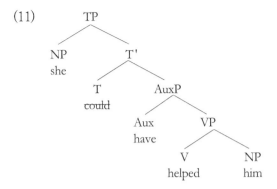

즉, *could*가 발음되지는 않지만(음성적으로 구현되지 않는다는 것을 나타내기 위해 가운데 줄을 사용하여 ~~could~~로 표기) 원래 T자리를 차지하는 것으로 분석한다. 그 이유는 (10)의 중괄호 부분이 의미상 *She could have helped her*의 뜻을 가지고 있고, 주어가 주격인 *she*이며, 완료조동사 *have*가 기본형이라는 점이다. 이 세 가지 점은 비록 발음되지는 않지만 영 조동사 *could*가 있다고 가정함으로써 모두 자연스럽게 설명된다.

3.3 정형절과 비정형절에서의 영 T

모든 정형절은 T가 핵인 TP라고 여겨진다. 따라서 다음 예문들이 어떤 수형도로 분석되는지를 알아보자.

(12) a. He likes roses.

b. He liked roses.

위 예문들의 수형도로 다음 구조를 생각해볼 수 있다.

(13) a.

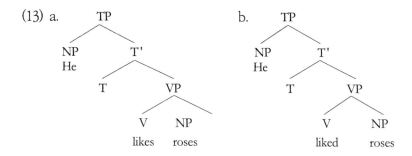

그러나 정형절에서 시제 특성의 위치가 T라는 합리적인 가정을 받아들이면, −s나 −ed와 같은 시제 특성을 나타내는 접사는 T에 나타난다고 분석해야 한다. 즉, 다음과 같은 구조를 설정해야 한다.

(14) a.

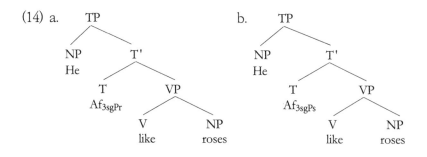

(Af$_{3sgPr}$는 3인칭·단수·현재라는 자질을 나타내는 접사를 가리키고, Af$_{3sgPs}$는 3인칭·단수·과거라는 자질을 나타내는 접사를 가리킨다.[22])

이와 같이 조동사가 나타나지 않은 문장의 경우에도 추상적인 영 T(null T)를 설정하는 이유는 무엇인가? 추상적인 T를 설정함으로써 절의 구조를 단순화할 수 있다는 장점이 있다. 즉, 모든 절은 TP이고, 절의 주어는 T의 지정어위

---

22) 이러한 접사들은 단독으로 단어를 형성하지 못하므로 인접한 동사와 결합되어야 한다. 접사와 동사의 결합방식에 관해서는 다음 4장에서 자세히 다룬다.

치에 나타나며, 정형절은 시제접사를 포함하는 동사를 가진다라는 일반적 특성을 자연스럽게 포착할 수 있다. 또한 다음과 같은 병렬(coordination) 문장들의 생성과정도 잘 설명할 수 있다.

(15) a. He enjoys syntax, and [has learned a lot].
b. He enjoyed syntax, and [is taking a follow-up course].

위 문장들은 두 개의 절이 *and*에 의해 연결된 문장이다. 오로지 같은 종류의 구성소만이 *and*에 의해 연결될 수 있다는 일반적 가정을 받아들일 경우(병렬구문의 제약에 관한 일반원칙의 상세한 설명을 위해서는 Radford(1997:102-107) 참조), 중괄호로 나타난 뒷 절이 조동사가 있는 TP이므로 앞 절도 역시 TP이어야 한다. 따라서 조동사가 없는 문장도 역시 T의 투사체인 TP로 분석되어야 한다. 결국 조동사가 없는 절에도 추상적인 T를 설정해야 한다는 결론으로 이어진다.23)

정형절뿐만 아니라 비정형절도 영 T가 있다. 다음 예들을 살펴보자

---

23) 조동사 *have*와 본동사 *have*는 서로 다른 위치를 차지한다는 것을 다음 예문을 통해 알 수 있다.

(i) a. They've seen a ghost. (= perfect have)

   b. *They've their car serviced regularly. (= causative have)

   c. *They've students walk out on them sometimes. (= experiential have)

위 예문들은 조동사 *have*만이 주어와 축약될 수 있다는 것을 보여준다. 이 이유는 인접한 요소들만이 축약될 수 있다는 일반적 원칙 때문인데, (ib)와 (ic)의 경우 *have*는 본동사이므로 주어와 인접하지 않는다. 다음 구조들은 (ia)와 (ib-c)의 차이를 잘 보여준다.

(ii) a. [TP They [T have+Af] [VP [V seen] a ghost]].

    b. [TP They [T Af] [VP [V have] their car serviced regularly]].

    c. [TP They [T Af] [VP [V have] students walk out on them sometimes]].

(16) a. I have never known [Tom criticize anyone].

　　　b. A reporter saw [Senator Sleaze leave Benny's Bunny Bar].

　　　c. You mustn't let [the pressure get to you].

위 예문에서 중괄호 안의 절에는 어떠한 시제 특성도 외현적으로 드러나지 않는다. 그럼에도 불구하고 우리는 다음과 같은 구조를 설정함으로써 이러한 비정형절도 T의 투사체인 TP로 분석한다.

(17)

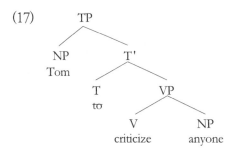

know, see, let 등과 같은 동사들은 영 T가 핵이 되는 TP 보충어를 택하는 반면에, *expect, report, believe* 등과 같은 다음 동사들은 *to*로 구현된 부정사 첨사(infinitive particle)가 핵이 되는 TP 보충어를 택하는 것으로 분석할 수 있다.

(18) a. I expect [him to win].

　　　b. They reported [him to be missing].

　　　c. I believe [him to be innocent].

이러한 분석이 옳다면 모든 절은 (*to*가 외현적으로 드러나든 아니든) TP로 분석될 수 있다. 이러한 분석은 역사적인 관점에서 정당화될 수 있는데, 현재 *to* 가 쓰이지 않은 많은 경우들이, 다음 셰익스피어 작품의 문장들이 보여주듯이,

초기근대영어에서는 *to*-부정사절도 사용되었기 때문이다.

    (19) a. I saw [her coral lips *to* move].

        b. My lord your son made [me *to* think of this].

또한 수동구문에서 *to*가 사용된다는 것은, *to*가 외현적으로 드러나지 않더라도 이러한 절들을 TP로 간주하는 분석을 더욱 뒷받침한다.[24]

    (20) a. I've never known [Tom (*to*) criticize anyone].

        b. Tom has never been known [*to* criticize anyone].

    (21) a. A reporter saw [Senator Sleaze leave Benny's Bunny Bar].

        b. Senator Sleaze was seen [*to* leave Benny's Bunny Bar].

3.4   정형절에서의 영 보문소

지금까지의 논의 과정에서 제기될 수 있는 질문은, *to*가 외현적으로 드러나지 않는 절도 TP로 분석한다면, 보문소가 외현적으로 드러나지 않는 경우에도 영 보문소에 의해 이끌어지는 CP로 분석할 수 있느냐는 것이다. 다음 예문들을 살펴보자.

---

24) 다음 예문들은 모국어화자들이 *to*가 구현되지 않는 절을 여전히 TP로 인식하여 *to*를 집어넣는 말실수를 저지른다는 것을 보여준다.

(i) The Mayor of New Orleans would like to see parts of the city which were devastated in the hurricane to get back to normal (BBC TV newsreader).

(ii) Arsenal's back five are making Essien and Frank Lampard to work very hard across the pitch (Sky TV sports commentator).

(22) a. We didn't know [*if* he had resigned].   - 의문절(interrogative)

  b. We didn't know [*that* he had resigned]. - 서술절(declarative)

  c. We didn't know [he had resigned].   - 서술절(declarative)

(22a)의 종속절은 보문소 *if*에 의해 이끌어지는 의문절이고 (22b)의 종속절은 보문소 *that*에 의해 이끌어지는 서술절로 모두 CP이다. 그러면 (22c)의 종속절은 어떻게 분석해야 하는가? (22c)도 서술절로 (22b)와 같은 뜻을 지니고 있다. 따라서 (22c)의 경우도 (22b)와 마찬가지로 영 보문소에 의해 이끌어지는 CP로 분석하는 것이 보다 합리적이다. 영 보문소 분석은, 모든 정형절을 CP로 분석하고 절의 발화력(force)은 그 절을 이끄는 보문소(외현적이든 아니든)가 지닌 발화적 자질에 의해 나타나게 한다는 점에서 합리적인 분석으로 받아들여진다.[25)]

다음 병렬구문은 영 보문소 분석을 더욱 뒷받침한다.

(23) We didn't know [*he had resigned*] or [**that he had been accused of corruption**].

위 예문에서 *or*는 이탤릭체로 쓰인 절과 굵은 활자체로 쓰인 절을 연결한다. *or*가 동일한 범주를 연결한다는 일반적 가정을 받아들이면, 굵은 활자체로 쓰인 절이 *that*에 의해 이끌어지는 CP이므로 이탤릭체로 쓰인 절도 CP이어야 한다. 이것은 *that*이 외현적으로 드러나지 않는 절도 영 보문소에 의해 이끌어지는 CP로 분석되어야 한다는 증거이다.

이러한 영 보문소 분석은 종속절뿐만 아니라 주절에도 확장될 수 있다.

---

25) 문장의 유형(의문형, 서술형, 청유형, 명령형 등)은 보문소가 가지고 있는 발화적 자질에 의해 결정된다고 본다.

(24) A: I am feeling thirsty.

    B: Do you feel like a Coke?

(25) [$_{CP}$ ø [$_{TP}$ I am feeling thirsty]].

즉, (24A) 문장은 외현적 보문소가 없어도 영 보문소가 있는 (25)와 같이 분석된다. (24A)는 서술절이고 (24B)는 의문절이다. 앞서 언급하였듯이, 발화력이 C가 지닌 발화적 자질에 의해 나타내진다면, (24A)와 같은 서술문은 서술적 발화자질을 지닌 영 보문소가 핵이 되는 CP이어야 하고, (24B)와 같은 의문문은 의문적 발화자질을 지닌 영 보문소가 핵이 되는 CP이어야 한다.

이러한 주절에서의 영 보문소 분석은 아랍어와 같은 일부 언어에서는 주절에도 외현적 보문소가 나타난다는 것으로부터 더욱 정당화된다(다음 예들은 Radford(2009:99)에서 재인용).

(26) a. ?inna l-walada taraka l-bayta.

    That the-boy left the-house

    'The boy left the house.' (declarative)

   b. Hal taraka l-waladu l-bayta?

    If left the-boy the-house

    'Did the boy leave the house?' (interrogative)

또한 다음 예문들도 이러한 영 보문소 분석을 뒷받침한다.

(27) A: What were you going to ask me?

    B: a. If you feel like a Coke.

       b. Do you feel like a Coke?

       c. *If do you feel like a Coke?

(27Bc)가 비문이라는 것으로부터 진위의문문에서의 조동사 *do*의 위치는 보문소 *if*와 같은 보문소 위치라는 것을 알 수 있다. 즉, (27Bb)와 같이 보문소가 외현적으로 드러나지 않는 문장도 의문적 발화자질을 지닌 영 보문소가 핵이 되는 CP이다.

3.5   비정형절에서의 영 보문소

정형절과 마찬가지로 비정형절에도 영 보문소가 나타날 수 있다. 다음 예문을 살펴보자.

(28) I will arrange [for him to see a specialist].

*for*는 보문소이므로 중괄호로 표시된 종속절은 CP이다. 그리고 다음 예문의 종속절도 영 보문소가 핵이 되는 CP로 분석된다.

(29) She wanted [him to apologize].

위 문장의 종속절이 CP라는 주장은 다음 병렬구문에 의해 뒷받침된다.

(30) I want [Mary to come to Japan] and [for her to see my parents].

병렬접속사 *and*는 동일한 범주를 연결한다는 일반 원칙을 따른다면, [*for her to see my parents*]가 CP이므로 [*Mary to come to Japan*]도 CP이어야 한다. 따라서 종속절에 어떠한 외현적 보문소가 나타나지 않는 (29)의 종속절은 다음과 같이 영 보문소가 핵인 CP인 것으로 분석된다.

(31) She wanted [CP for him to apologize].

따라서 *want*와 같은 동사들은 '*for*-생략 동사'라고 불리기도 한다.

이제 PRO가 나타나는 다음과 같은 문장들도 영 보문소가 핵이 되는 CP인지에 대해 알아보자.

(32) I will arrange [PRO to see a specialist].

위 문장에서 중괄호로 표기된 종속절도 역시 CP로 분석되어야 한다는 것을 다음 2가지 증거를 통해 알 수 있다.

(33) I will arrange [*to see a specialist*] and [**for my wife to see one at the same time**].

(34) a. What I'll try and arrange is [*for you to see a specialist*].

    b. *What I'll try and arrange is [*you to see a specialist*].

    c. What I'll try and arrange is [*PRO to see a specialist*].

병렬구문의 일반원칙에 따라 (33)의 [*to see a specialist*]는 CP가 되어야 한다. 왜냐하면 [**for my wife to see one at the same time**]이 CP이기 때문이다. (34a-b)는 유사분열문의 초점위치에는 TP가 아니라 CP만이 나타날 수 있음을 보여주는데, (34c)가 문법적이라는 것은 [*PRO to see a specialist*]가 CP라는 것을 입증한다.26)

---

26) PRO는 *she*와 같은 외현적 인칭대명사와 똑같은 형태론적 특성들을 지닌다. 따라서 PRO는 다른 외현적 인칭대명사와 마찬가지로 나름대로의 격을 가져야 한다. PRO가 가진 격은 외현적으로 드러나지 않으므로, 우리는 PRO가 영격(null case)을 지닌 것으로 가정한다. 즉, 다음과 같이 각 보문소는 서로 다른 격의 배당자이다.

보문소가 외현적으로 드러나지 않는 경우에도 절은 CP인 것으로 분석되었다. 그러나 모든 절이 CP가 되는 것은 아니다. 일부 절의 경우 CP가 아니라 TP로 분석되는 경우가 있다.

(35) a. They believe [*him* to be innocent].

b. We didn't intend [*you* to hurt anyone].

위 예문들에서 중괄호로 표기된 부분 같은 예외적 격배당(Exceptional Case Marking: ECM) 구문은 일반적인 보충절에서 발견되는 CP와 달리 TP로 분석되는데, 이러한 절은 결함절(defective clause)이라고 한다.

(35) 예문들의 종속절이 TP라는 주장을 뒷받침해주는 경험적 증거들이 있다. 첫 번째 증거는 병렬구문이다.

(36) a. *We didn't intend [*you to hurt him*] or [**for him to hurt you**].

b. We didn't intend [*you to hurt him*] or [**him to hurt you**].

(36a)가 보여주듯이, [*you to hurt him*]이 CP인 [**for him to hurt you**]와 *or*에 의해 병렬될 수 없고 TP인 [**him to hurt you**]와 병렬된다는 것은 [*you to hurt him*]이 TP라는 증거이다.

두 번째 증거는 유사분열문의 초점 위치에 ECM 구문이 나타날 수 없다는 점

(i) 정형절 보문소 *that* → 주격 배당자

(ii) 비정형절 보문소 *for* → 대격 배당자

(iii) 영 보문소 ø → 영격 배당자

이다.

(37) a. *What they believe is [*him to be innocent*].

b. *What we hadn't intended was [*you to hurt anyone*].

유사분열문에서 초점 위치에는 CP만이 나타날 수 있는데, ECM 구문이 나타날 수 없다는 것은 ECM 구문이 CP가 아니라는 증거이다.

세 번째 증거는 종속절 CP의 주어는 수동구문의 주어가 될 수 없는데, ECM 구문의 주어는 수동구문의 주어가 될 수 있다는 점이다.

(38) a. We didn't intend [for you to hurt anyone].

b. *You weren't intended [for to hurt anyone].

(39) a. She wanted [for John to apologize].

b. *John was wanted [for to apologize].

(40) a. They believe [*him* to be innocent].

b. He is believed to be innocent.

(41) a. We didn't intend [*you* to hurt anyone].

b. You weren't intended to hurt anyone.

(38)-(39) 예문들은 CP 종속절의 주어가 수동구문의 주어가 될 수 없음을 보여준다. 반면에 (40)-(41) 예문들은 ECM 구문의 주어가 수동구문의 주어가 될 수 있음을 보여준다. 이는 ECM 구문은 CP가 아니라 TP라는 증거이다. 결론적으로 ECM 구문은 일반적 절과 달리 예외적으로 TP로 분석된다.

1. 다음 예문들을 이용하여 종속절의 주어로 PRO를 설정함으로써 얻는 이점이 무엇인지를 설명하시오.

   (i) a. It is important [you should carry your passport with you].

   b. It is important [to carry your passport with you].

   (ii) a. They want [John to help himself].

   b. *They want [John to help themselves].

   c. John wants [to prove himself].

   (iii) a. I want [John to use his own car].

   b. *John wants [you to use his own car].

   c. John wants [to use his own car].

2. 다음 예문들을 이용하여 이탤릭체로 쓰인 부분이 TP라는 것을 밝히시오.

   (i) a. *We didn't intend [*you to hurt him*] or [**for him to hurt you**].

   b. We didn't intend [*you to hurt him*] or [**him to hurt you**].

   (ii) a. *What they believe is [*him to be innocent*].

   b. *What we hadn't intended was [*you to hurt anyone*].

   (iii) a. We didn't intend [for you to hurt anyone].

   b. *You weren't intended [for to hurt anyone].

   c. They believe [*him to be innocent*].

   d. He is believed to be innocent.

3. 모든 절은 TP라는 전제로 다음 이탤릭체로 쓰인 부분의 수형도를 그리시오.

    a. I have never known [*Tom criticize him*].

    b. They heard [*the prime minister berate his wet colleagues*].

    c. You mustn't let [*the pressure get to you*].

4.1 T-to-C 이동

영어에는 하나의 핵이 또 다른 핵으로 이동하는 경우가 있는데, 이를 핵이동 (head movement)이라고 한다. 핵이동의 첫 번째 경우로 의문문에서 조동사 가 이동하는 경우를 살펴보자.[27]

(1) A: There's something I wanted to ask you.

B: What?

A: **If you will marry me.**

B: (pretending not to hear) What d'you say?

A: **Will you marry me?**

(2) *If will you marry me?

(1)에서 A는 질문을 두 가지 방식으로 표현한다. 첫 번째(*If you will marry me.*) 경우에, *if*는 보문소로 C자리를 차지한다. 두 번째(*Will you marry me?*) 경우에는 조동사 *will*이 주어 앞 자리에 나타난다. 이 때 *will*이 차지하는 위치가

---

27) 핵이동에 관한 서술은 Radford(2009:Ch.4)의 논의에 기초한다.

어디인가 라는 의문이 생기는데, *will*은 C자리를 차지한다고 분석된다. 그 이유는 (2)가 보여주듯이, *if*와 *will*이 동시에 나타날 수 없기 때문이다. 따라서 의문문의 경우 다음과 같이 조동사의 T에서 C로의 이동(T-to-C 이동)이 일어난다.

(3)

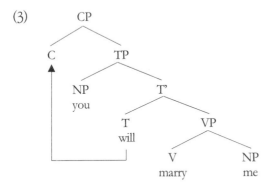

그러면 주절 의문문에서는 왜 조동사가 T에서 C로 이동하는가? 이 질문에 대해 우리는 C가 어떤 강한 자질을 가지고 있어서 C가 외현적 요소에 의해 채워져야 한다고 가정한다.28) 즉, 보문소가 C에 바로 병합되어 나타나든가, 아니면 조동사가 T에서 C로 이동하여 C를 채워야 한다. 조동사가 T에서 C로 이동하면 다음과 같은 구조가 도출된다.

---

28) C의 어떤 강한 자질은 일반적으로 시제자질로 여겨지는데, 그 이유는 시제가 있는 조동사만이 C로 이동하기 때문이다.

(4)

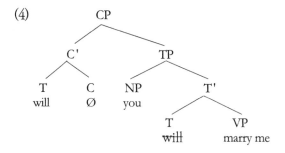

영 보문소(∅)가 접사의 성격을 지니고 있다고 가정하면, 영 보문소는 적절한 종류의 외현적 요소에 부착(attached)되어야 한다. 따라서 이 영 보문소를 받아줄 외현적 요소가 반드시 C에 나타나야 하므로 조동사가 T에서 C로 이동한다. 결국 영 보문소가 조동사 이동의 유발자라고 할 수 있다.

4.2 복사와 삭제로서의 이동

초기 생성문법에서는 이동한 구성소가 원래의 위치에 흔적을 남기고 옮겨가는 것으로 생각하였다. 그러나 지금은 이동은 복사와 삭제의 두 과정이 복합된 것으로 분석한다(복사이론의 자세한 설명은 13.1 참조). 예를 들어, 조동사 이동은, 수형도 (4)에서 보듯이, *will*을 복사하여 C에 붙이는 운용과, 원래 T자리에 있던 *will*을 삭제하는 운용 두 개의 하위운용으로 구성된다. 즉, 다음과 같은 과정으로 전개된다.

(5) a. [CP [C ∅] [TP you will marry me]]

b. [CP [C will+∅] [TP you will marry me]] (← will 복사)

c. [CP [C will+∅] [TP you ~~will~~ marry me]] (← will 삭제)

이동을 복사와 삭제라는 두 개의 복합운용으로 간주하는 분석은 다음과 같은 증거에 의해 뒷받침된다.

(6) a. Can its wheels can spin?
     b. Did the kitchen light did flash?
     c. Is the steam is hot?

위 예문들은 비문법적이긴 하지만 모국어화자인 한 어린아이가 실제 사용한 문장이다. 이 아이는 복사와 삭제라는 이동의 두 운용 중에서 복사만 배우고 아직 삭제를 배우지 않는 단계에서 위와 같은 문장들을 발화하게 된 것이다. 이것은 이동이 복사와 삭제라는 두 가지 하위운용으로 구성되어 있다는 증거이다.

다음 예문들은 이동이 영 복사본(null copy)을 남긴다는 증거이다.

(7) a. Should they have/*they've called police?
     b. Will we have/*we've finished the rehearsal by 9 pm?
     c. Would you have/*you've come with me?

일반적으로 주어와 조동사 *have*가 인접할 경우에는 축약이 일어난다. 그러나 위 예문들의 경우, 이러한 축약(*they've, we've, you've*)이 불가능한데 그 이유는 조동사 이동이 일어난 후 그 자리에 영 복사본이 남아있어 주어와 조동사 *have*가 인접하지 않기 때문이다. 즉, (7a)의 구조는 다음과 같다.

(8) [CP Should [TP they ~~should~~ have called police]]?

음성적 자질의 삭제를 통해 생겨난 영 복사본 *should*는 비록 발음이 되지는 않지만 그 자리에 그대로 남아 *they*와 *have*의 인접성에 방해역할을 한다.

T-to-C 이동이 있는 것처럼, V-to-T 이동도 있다. 다음 예문들을 살펴보자.

(9)   a. I care not for her.

       b. He heard not that.

       c. My master seeks not me.

16세기 셰익스피어 시대의 초기근대영어의 부정문은 동사가 *not* 앞에 위치한다. 이 당시 영어의 *not*이 VP-지정어라는 가정하에 동사가 *not* 앞에 위치하는 것을 어떻게 설명할 수 있는지 알아보자(4.5에서는 *not*이 NegP의 지정어라는 새로운 분석이 제시된다.). 가장 그럴듯한 설명은 조동사가 없는 문장에서 동사가 T를 채워주기 위해 V-to-T 이동이 일어난다고 분석하는 것이다. 즉, (9a)의 경우, 이동을 수형도로 나타내면 다음과 같다.

(10)

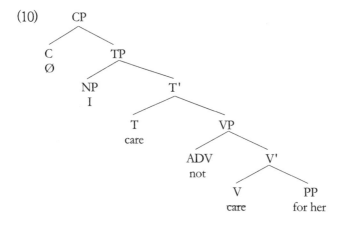

즉, 동사 *care*를 복사하여 T에 복사본을 만든 다음 V자리의 *care*를 삭제하는 과정을 통해 동사이동이 일어난다.

여기서 제기되는 문제는 왜 이러한 동사이동이 일어나는가 라는 점이다. C의 강한 자질이 T의 이동을 유발한 것처럼, T의 강한 자질이 V의 이동을 유발하는 것으로 가정한다. 즉, 16세기 엘리자베스 여왕 시대의 영어는 정형절의 T가 강해서 채워져야만 하고, T의 접사적 성격(즉, 강한 시제접사) 때문에 이 접사를 받아주기 위해 동사가 이동한다. 반면에 현대 영어에서의 T는 약한 시제접사를 포함한다. 따라서 동사가 T로 이동하는 것이 아니라, 접사이동(affix hopping)을 통해 T의 접사가 V로 이동한다. 다음 예문을 통해 이 차이를 도식적으로 나타내면 (12)와 같다.

(11) He enjoys the classes.

(12) a. [TP He Af3sgPr [VP enjoy the classes]] (초기근대영어)

b. [TP He Af3sgPr [VP enjoy the classes]] (현대영어)

엘리자베스 여왕 시절의 초기근대영어는 의문문의 경우, 다음 예들이 보여주듯이, 동사가 주어 앞에 나타나는 문장들이 있다.

(13) a. Saw you my master?

b. Speakest thou in sober meanings?

c. Know you not the cause?

이 문장들은 동사가 C로 이동한 경우이다. 이러한 이동은 다음과 같이 나타내질 수 있다.

(14) [CP [C know [TP you [T Ø] [VP not [V know the cause]]]

그러나 이러한 V에서 C로의 직접 이동은 받아들여지지 않는다. 왜냐하면 다음 원칙에 따라 모든 핵이동은 중간에 있는 또 다른 핵을 건너서 멀리 있는 핵으로 바로 이동할 수 없기 때문이다.

(15) 핵이동제약(Head Movement Constraint)
　　 핵이동은 하나의 핵과 그 보충어의 핵 사이에서만 가능하다.

따라서 (13)과 같은 문장들이 생성되기 위해서는 V에서 C로의 직접 이동이 아니라, 동사이동이 V-to-T 이동과 T-to-C 이동 두 단계로 이루어짐을 알 수 있다. 즉, 다음과 같이 나타내질 수 있다.

(16) [$_{CP}$ [$_C$ know [$_{TP}$ you [$_T$ know] [$_{vP}$ not [$_v$ know the cause]]]

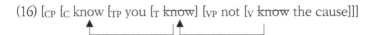

V가 C까지 이동하기 위해서는 먼저 V에서 T로의 이동이 허용되어야 한다. 결국 초기근대영어와 현대영어의 차이점은 V-to-T 이동이 허용되느냐 그렇지 않느냐의 차이이다. 이 차이는 T의 시제접사가 초기근대영어에서는 강하지만, 현대영어에서는 약한 것에 귀결된다. 초기근대영어가 현대영어로 넘어오는 과정에서 T의 강도(strength) 면에서의 변화가 일어난 것처럼, 언어마다 T의 강도는 다를 수 있다. 한 언어에서 기능핵마다 다른 강도를 가질 수 있는데, 이를 핵강도매개변항(head strength parameter)이라 한다. 즉, 기능핵마다 강/약 두 가지 가능성 중에서 하나를 선택하게 되는데, 이는 매개변항 설정(setting)을 통해 이루어진다. 초기근대영어가 현대영어로 넘어오는 과정에서 T의 강도가 강에서 약으로 바뀐 것은 매개변항이 재설정된 것으로 분석할 수 있다.

4.4 조동사 상승

영어에는 *can, may, will* 등과 같은 법조동사 이외에도 완료형 *have*, 진행형 *be*, 수동형 *be*와 같은 조동사들이 있다. 법조동사와 다른 조동사들은 처음 병합되는 위치가 다르다. 즉, 법조동사는 T에 병합되지만, 다른 조동사들은 다른 위치에 병합되었다가 T로 이동한다. 다음 두 문장의 도출과정을 통해 이 차이를 보다 자세히 알아보자.

(17) a. She may not be enjoying syntax.

b. She is not enjoying syntax.

(18) a. [CP [C Ø] [TP she [T may] not [AUXP [AUX be] [VP [V enjoying] syntax]]]]

b. [CP [C Ø] [TP she [T is] not [AUXP [AUX ~~is~~] [VP [V enjoying] syntax]]]]

(18)이 보여주듯이, *may*는 처음부터 T에 병합되지만, 진행형 조동사 *be*는 Aux에 병합되었다가 T로 이동한다.

법조동사가 없는 경우에는 다른 조동사가 T로 이동한다는 것은 다음 예들을 통해 더욱 확실히 알 수 있다.

(19) a. He may not have done it.

b. He has not done it.

(20) a. [CP [C Ø] [TP He [T may] not [AUXP [AUX have] [VP [V done] it]]]]

b. [CP [C Ø] [TP He [T has] not [AUXP [AUX ~~has~~] [VP [V done] it]]]]

(19b)의 경우에는 법조동사가 없으므로, (20b)를 통해 알 수 있듯이, 다른 조동사 *has*가 T로 이동한다.

심지어 일부 법조동사들도 처음부터 T에 병합되는 것이 아니고 T의 보충어 안에 병합되었다가 T로 상승한다는 증거가 있다.

(21) a. You must not do that. (=It is necessary for you <u>not</u> to do that.)

     (must > not)

   b. You need not do that. (=It is not necessary for you to do that.)

     (not > need)

위 두 문장은 의미차이가 있는데 (21a)는 '하지 않는 것이 필요하다'라는 뜻이고 (21b)는 '하는 것이 필요하지 않다'라는 뜻이다. 즉, *must*의 의미가 *not*의 영역 밖에 있는데 반해(이를 *must*가 *not*보다 광의영역(wide scope)을 가진다라고 한다), *need*의 의미는 *not*의 영역 안에 있다(이를 *need*가 *not*보다 협의영역(narrow scope)을 가진다라고 한다). A가 B보다 광의영역을 가지려면 A가 B을 성분통어해야 하고, A가 B보다 협의영역을 가지려면 B가 A를 성분통어해야 한다. 따라서 이러한 의미적 차이를 구조적 차이로부터 자연스럽게 도출시키기 위해서는 위 두 문장의 도출과정은 다음과 같이 분석된다.

(22) a. [CP [C Ø] [TP you [T must] not [VP [V do] that]]]

   b. [CP [C Ø] [TP you [T need] not [AUXP [AUX ~~need~~] [VP [V do] that]]]]

*must*는 처음부터 T에 병합되므로 *not*보다 광의영역을 가진다. 반면에 *need*는 Aux에 병합되었다가 T로 상승하므로 처음에는 *not*에 의해 성분통어되어 *not*보다 협의영역을 가진다.

현대영어에서는 일반적으로 동사는 T로 상승하지 않는다. 오직 아주 제한한 일부 조동사만이 T로 상승할 수 있는데, 이러한 상승을 허용하는 일부의 조동사들의 공통적 특성은 무엇인가? 완료형 *have*, 진행형 *be*, 수동형 *be*와 같은 동사들은 고유한 어휘적 의미를 가진 것이 아니고 주로 양상(aspect)과 서법(modality)을 나타내는 보조적 동사들로 약한 의미를 가지고 있다고 해서 경동사(light verb)라 불린다. 약한 의미를 지닌 경동사만이 T로 상승할 수 있고 강한 의미를 지닌 본동사는 상승할 수 없다는 것은, 영어의 T가 비록 약으로 매개변항 설정이 되어 있지만 아주 약한 것은 아니어서 경동사의 이동을 유인할 수 있는 정도라고 이해할 수 있겠다.

4.5 부정어 분석 재고

우리는 3절에서 부정어 *not*이 VP-지정어라고 가정하였다. 그러나 이 가정은 다음 두 가지 면에서 문제가 있다. 첫째, *She may not be enjoying syntax*와 같은 문장에서 *not*은 동사 *enjoying*이 핵이 되는 VP의 시작 위치를 차지하는 것이 아니고 또 다른 동사 *be* 앞에 위치한다. 둘째, 일반적으로 동사의 논항(argument)만이 VP-지정어위치를 차지하므로 논항이 아닌 *not*이 VP-지정어가 된다는 가정은 합리적이지 않다.

따라서 이러한 문제를 해결할 수 있는 새로운 제안으로 *not*이 NegP라는 별도의 투사체에 포함된다는 주장이 있다. 즉, *not*은 NegP라는 새로운 기능범주의 지정어로 간주하는 것이다.[29] 이러한 NegP 분석은 중세영어의 부정문 분석을 통해 더욱 정당화된다. 다음 Chaucer의 작품 *Wife of Bath's Tale*에서 인용된 한 예문을 살펴보자.

(23) A lord in his household *ne* hath *nat* every vessel al of gold. (line 99-100)
 'A lord in his household does not have all his vessels made entirely of gold.'

---

29) 일부 학자들은 not이 NegP의 핵이라는 대안을 제시하기도 한다.

(23)과 같은 부정문의 도출과정을 살펴보면, *ne*가 기능범주 Neg의 핵이라는 전제하에 다음과 같이 분석될 수 있다.

(24) [NegP not [Neg ne+*hath*] [VP [v *hath*] every vessel al of gold]]

(25) [TP A lord ... [T ne+*hath*+Af] [NegP not [Neg ne+*hath*] [VP [v *hath*] every vessel al of gold]]]

동사 *hath*가 Neg으로 이동하여 *ne*와 결합한 다음 다시 T로 이동한다. 따라서 *ne hath*가 *nat*보다 앞에 위치하는 문장이 생성된다.

이러한 새로운 NegP 분석하에 다음과 같은 부정문들이 현대영어에서 왜 비문인지를 알아보자.

(26) a. *I care not for her.

b. *I not care for her.

현대영어에서는 T도 Neg도 강하지 않기 때문에 동사가 Neg을 통해 T로 이동할 수 없다. 따라서 (26a)는 비문이다. (26b)가 정문이 되려면, 접사이동이 가능해야 하는데, (27)이 보여주듯이, 접사도약은 문제를 일으키므로 (26b)도 비문이 된다.

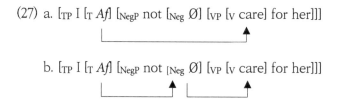

(27) a. [TP I [T *Af*] [NegP not [Neg Ø] [VP [v care] for her]]]

b. [TP I [T *Af*] [NegP not [Neg Ø] [VP [v care] for her]]]

(27a)의 화살표로 표기된 접사도약은 중간에 있는 Neg을 넘어 이동이 일어나

므로 핵이동제약을 어겨 문제를 일으킨다. (27b)의 첫 번째 이동은 Neg이 시제접사를 받아줄 수 있는 적정한 핵이 아니므로 불가능하다. 두 번째 이동 역시 불가능한데, 이는 엄밀순환원칙(Strict Cyclicity Principle)을 어기기 때문이다.

(28) 엄밀순환원칙
   특정한 투사체 HP에 도달한 도출단계에서는 핵인 H와 H에 의해 성분통어되는 또 다른 구성소를 포함하는 운용만이 적용될 수 있다.

이 원칙에 따라 TP에 도달한 도출단계에서는 T와 T에 의해 성분통어되는 또 다른 구성소를 포함하는 운용만이 적용되어야 하는데, (27b)의 두 번째 이동은 T를 포함하지 않고 그 내부의 요소들만 포함하는 운용이므로 엄밀순환원칙을 어긴다. 따라서 (26)의 두 문장은 모두 비문이 된다.

결국 이러한 문제를 해결할 수 있는 마지막 방법으로 *do*-삽입이 필요하다.

(29) I do not care for her.
(30) a. [CP [C Ø] [TP I [T *Af*] [NegP not [Neg Ø] [VP [V care] for her]]]]
   b. [CP [C Ø] [TP I [T do+*Af*] [NegP not [Neg Ø] [VP [V care] for her]]]]

현대영어의 T와 Neg은 강하지 않으므로 동사가 상승할 수 없고, 앞서 기술한 이유 때문에 T도 Neg이나 V로 하강할 수 없다. 따라서 이런 경우 도출을 문법적으로 만들 수 있는 유일한 마지막 방법으로 (30b)처럼 T에 외현적 요소 *do*를 집어넣는 *do*-삽입이 일어난다. 현대영어에서 부정문에 *do*가 삽입되는 이유는 동사상승도 가능하지 않고 시제하강도 가능하지 않기 때문이다.

이제 *do*-삽입이 일어나는 다른 경우들을 살펴보자.

(31) a. He said he would win the race, and he did.

b. He said he would win the race, and win the race he did.

c. Did he win the race?

(31a)는 VP-생략의 경우이고, (31b)는 VP-전치(preposing)의 경우이며, (31c)는 의문문의 경우로서 모두 *do*-삽입이 일어난다. 각 문장의 도출과정은 각각 다음과 같다.

(32) a. [CP [C Ø] [TP he [T *Af*] [VP [v win] the race]]]

b. [CP [VP [v win] the race] [C Ø] [TP he [T *Af*] [VP win the race]]]

c. [CP [C *Af*+Ø] [TP he [T *Af*] [VP [v win] the race]]]

(32a)는 VP-생략을 통해, (32b)는 VP-전치를 통해, 그리고 (32c)는 T-to-C 이동을 통해 모두 T의 시제접사를 받아줄 독립적인 단어가 존재하지 않는다. 이 문제를 해결하기 위해 (32a)와 (32b)에서는 T에 *do*가 삽입되고, 시제접사가 C로 이동한 (32c)에서는 C에 *do*가 삽입되게 된다. 결론적으로 *do*-삽입은 문법적인 문장을 도출할 어떤 방법도 가능하지 않은 마지막 단계에서 적용된다.

1. 다음 두 가지 도출과정은 모두 받아들여지지 않는다. 그 이유를 밝히시오.

   a. [$_{TP}$ I [$_{T}$ *Af*] [$_{NegP}$ not [$_{Neg}$ Ø] [$_{VP}$ [$_{V}$ care] for her]]]

   b. [$_{TP}$ I [$_{T}$ *Af*] [$_{NegP}$ not [$_{Neg}$ Ø] [$_{VP}$ [$_{V}$ care] for her]]]

2. 어떻게 *do*-삽입이 일어나는지를 설명하면서 다음 문장들의 도출과정을 보이시오.

   a. He said he would win the race, and he did.

   b. He said he would win the race, and win the race, he did.

   c. Did he win the race?

   d. Didn't he win the race?

3. 다음 문장들의 문법성 대조를 통해 알 수 있는 영어의 한 가지 특성은 무엇인가?

   (i) a. John often goes there.

      b. *John goes often there.

   (ii) a. Mary always read novels at night.

      b. *Mary read always novels at night.

4. 현대영어와 다음 엘리자베스 여왕 시대의 영어의 차이점이 무엇에서 비롯되는지 밝히시오.

    a. Saw you my master?

    b. Speakest thou in sober meanings?

    c. Know you not the cause?

제5장 | 의문사구 이동

5.1 의문사구 이동

지금까지 우리는 CP가 C와 TP 보충어로 구성되어 있다고 가정해왔다. 그런데 이와 같은 가정은 다음과 같은 의문문에서 의문사구의 위치가 무엇인가라는 의문을 일으킨다.

(1) a. **What languages** *can* you speak?
    b. **Which one** *would* you like?

4장에서 살펴본 것처럼, 이탤릭체로 쓰여진 조동사는 C 위치를 차지한다. 의문사구는 비록 조동사 앞에 나타나지만 처음에는 동사 다음에 위치했다고 가정해야 한다. 왜냐하면 의문사구가 동사의 보충어이기 때문이다. 다음 예문들은 실제 의문사구가 문두에 나타나지 않고 동사 다음에 위치하는 경우들을 보여준다.

(2) a. You can speak **what languages**?
    b. You would like **which one**?

위와 같은 의문문을 제자리의문문(wh-in-situ question)이나 반향의문문(echo question)이라고 한다. 그리고 문두로 이동하지 않은 의문사구를 제자리의문사구(wh-in-situ)라 한다. 이러한 제자리의문문의 존재는 의문사구가 처음에는 동사의 보충어였다는 증거이다.

의문사구는 동사의 보충어위치에서 조동사 앞으로 이동하는데, 조동사가 C 자리를 차지하므로 의문사구는 C를 선행하는 위치, 즉 CP의 지정어위치(CP-Spec)로 이동한다고 가정한다. 즉, 문장 (1)의 경우, 의문사구 이동의 결과 다음과 같은 구조가 생성된다.[30]

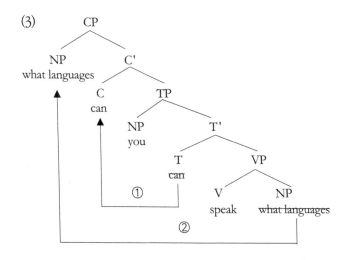

(3)

화살표로 표기된 두 개의 다른 종류의 이동이 일어나는데, ①은 핵이동이고 ②는 의문사구 이동이다. 핵이동과는 달리, 의문사구 이동은 최대투사범주를 이동시킨다. 모든 절(즉, CP)은 통사부에서 유형이 정해져야 한다(즉, 서술문, 의문문, 감탄문, 명령문 중 하나의 유형으로 정해진다)고 가정해보자. 그리고 절은 의

---

30) 의문사구 이동에 관한 서술은 Radford(2009:Ch.5)의 논의에 기초한다.

문 핵이나 지정어를 포함해야만 의문절로 유형이 정해진다고 가정해보자. 그렇다면 의문사구 *what languages*를 CP-Spec으로 이동하는 것이 (3)의 CP를 의문절로 유형을 정하는 방법이다.

의문사구 이동은 의문사구를 CP-Spec으로 이동시키는 운용이라는 주장은 다음 예들(Henry 1995:107)을 통해 경험적으로 뒷받침된다.

(4) a. I wonder [*which dish* **that** they picked]. (Belfast English)
    b. They didn't know [*which model* **that** we had discussed].

위 예문들이 보여주듯이, 벨파스트 영어는 의문사구가 외현적 보문소 앞에 위치한다. 이것은 의문사구의 이동위치가 보문소 앞의 CP의 지정어위치라는 것을 입증한다. 영어에는 외현적 보문소 앞에는 외현적 의문사구가 나타날 수 없다는 제약이 있기 때문에 (4)와 같은 문장들은 비문이다. 그러나 일부 표준어 화자들도 다음과 같은 문장을 생성하기도 한다.

(5) %I wonder [*what kind of party* **that** they have in mind].[31]

따라서 의문사구 이동이 의문사구를 CP-Spec으로 이동시킨다는 주장은 널리 받아들여진다.

이와 같은 의문사구 이동은 의문문의 생성뿐만 아니라 다음과 같은 구문들의 생성에도 적용된다.

---

31) 외현적 보문소 앞에 외현적 의문사구를 허용하는 화자들의 경우에도 외현적 의문사구가 의문사 한 단어인 문장은 비문으로 판단한다.
  (i) %I wonder [*what kind of party* **that** they have in mind].
  (ii) *I wonder [*what* **that** they have in mind].

(6)　a. He hadn't realized what a fool he was making of himself.

　　b. She is someone who you can trust.

　　c. It is bigger than (what) I expected it to be.

여기서 언급해야 할 한 가지 중요한 점이 있다. 지금까지 이동과 병합은 두 개의 완전히 다른 운용으로 여겨져 왔지만, Chomsky(2000)는 이동을 병합의 특별한 한 가지 유형으로 간주한다. 그는 어휘배열(lexical array)로부터 하나의 항목을 선택하여 다른 구성소와 연결하는 것은 외부병합(external merge)이라 하고, 기존의 구조 안에 있는 하나의 항목을 선택하여 새로운 위치로 이동하는 것을 내부병합(internal merge)이라고 하였다(자세한 설명은 12.4 참조). 즉, 이동이나 병합 모두 두 개의 구성소를 연결한다는 점에서는 같은 작업이라는 주장이다. 단지 차이는 병합은 어휘배열이라는 외부로부터 하나의 항목을 가져오고, 이동은 기존 구조로부터 하나의 항목을 가져온다는 차이가 있을 뿐이다. 따라서 의문사구 이동은 내부병합에 포함되는 것으로 간주된다.

5.2　복사와 삭제로서의 의문사구 이동

이동을 복사와 삭제로 간주하는 Chomsky의 복사이론에 따라, 의문사구의 흔적도 하나의 완전한 복사본으로 여겨진다.

(7)　a. **What languages** can you speak ~~what languages~~?

　　(movement = copy and deletion)

즉, 위와 같은 의문사구 이동에서 의문사구 *what languages*는 CP-Spec에 복사되고 원래 자리에 있던 복사본 *what languages*는 삭제되어 발음되지 않는다.

이와 같이 의문사구의 이동이 뒤에 복사본을 남긴다는 복사이론은 다음과 같은 예들을 통해 더욱 정당화된다.

(8) a. I have/I've been to Rome more often than I have/*I've to Paris.

b. I have/I've been to Rome more often than I have ~~been~~ to Paris.

조동사 *have*는 주어와 축약될 수 있는데, (8a)에서는 이러한 축약이 가능하지 않다. 이는 뒤에 영 구성소가 따라나올 때는 축약이 가능하지 않다는 제약이 있기 때문인데, (8b)에서 보듯이, 뒤에 남은 복사본 *been*이 삭제된 영 보문소가 조동사 *have*와 주어 *I*의 축약을 방해한다. 다음 예들도 의문사구 이동의 복사이론을 뒷받침한다.

(9) a. I wonder [how much money they have in their bank account].

b. *I wonder [how much money they've in their bank account].

(10) I wonder [how much money they have ~~how much money~~ in their bank account].

(9b)에서 조동사 *have*와 주어의 축약이 불가능한 이유는 의문사구 이동의 결과, 조동사 다음의 복사본 *how much money*가 삭제의 결과 영 구성소가 되어 축약을 방해하기 때문이다.

이동된 의문사구가 뒤에 영 복사본을 남긴다는 주장의 또 다른 증거로 다음 예문들을 살펴보자.

(11) a. *In what enormity* is Marcius poor **in**?

b. … that fair [*for which* love groan'd **for**]

위의 예들은 셰익스피어 작품에서 인용된 문장들로 (11a)는 의문문에서의 의문사구 이동이고 (11b)는 관계절에서의 의문사구 이동이다. 이 문장들은 의문전치사구 이동의 결과 남은 복사본 중 전체가 삭제된 것이 아니라 전치사를 남기고 전치사의 보충어만 삭제되어 생성된 문장들이다. 결국 전치사가 양쪽에 나타난다는 것은 의문사구 이동이 복사라는 증거이다.

다음 예들은 의문사구 이동이 복사라는 주장의 또 다른 증거이다.

(12) a. *What hope* **of finding any survivors** could there be?

b. *What hope* could there be **of finding any survivors**?

(13) **What hope** of finding any survivors could there be ~~*what hope* of finding any survivors~~?

(12a)는 의문사구 전체가 이동하여 CP-Spec에서 문자화된 경우이고, (12b)는 의문사구 중 일부인 *what hope*는 CP-Spec에서 문자화되고 나머지 일부분은 처음 위치에서 문자화된 경우이다.[32] 문제는 (12b)를 어떻게 도출할 것인가라는 점인데, 이를 의문사구 이동의 복사이론을 받아들이면 쉽게 설명할 수 있다. 즉, (13)이 보여주듯이, 두 개 복사본의 서로 다른 부분을 삭제함으로써 전체 의문사구의 일부분씩 양쪽에 구현되는 결과를 낳는다. 복사이론을 도입하지 않고 (12b)와 같은 문장의 도출을 설명하기 어렵다.

다음 대용어 해석에 관한 예문도 의문사구 이동의 복사이론을 뒷받침해 준다.

---

32) 이와 같이 한 의문사구가 분리되어 서로 다른 위치에서 문자화되는 현상을 분리문자화(split spellout) 또는 비연속문자화(discontinuous spellout)라고 부른다.

(14) a. Joe wonders which picture of himself Jim bought. (himself=Joe, himself=Jim)

b. Joe wonders **which picture of himself** Jim bought *which picture of himself*.

(14a)에서 대용어 *himself*는 *Joe*와 *Jim* 둘 다를 가리킬 수 있다. *himself*가 *Joe*를 가리키는 경우에는 아무 문제가 없다. 왜냐하면 재귀사가 선행사에 의해 성분통어 되어야 한다는 조건이 만족되기 때문이다. 문제는 *himself*가 *Jim*을 가리키는 경우인데, 이 경우 *Jim*이 *himself*를 성분통어해야 한다. 그런데 *which picture of himself*는 CP-Spec에 있고 *Jim*은 TP-Spec에 있으므로 *Jim*이 *himself*를 성분통어할 수 없다는 문제가 생긴다. 그러나 복사이론에 따라, (14b)가 보여주듯이, 의문사구의 복사본(이탤릭체로 표기)이 원래 위치에 있다고 분석하면, *Jim*이 *himself*를 성분통어하여 *Jim*과 *himself*가 같은 사람을 가리키는 해석이 가능하다. 이동의 결과 남은 복사본은 보통 삭제되어 영 구성소가 되지만, 의미적 부문에서는 가시적이고 해석에 참여한다는 것을 알 수 있다.

5.3   의문사구 이동의 동인

지금까지 의문사구 이동에서 의문사구가 어디로 어떤 방식으로 이동하는가에 대해 살펴보았다. 이제부터는 왜 의문사구 이동이 일어나는지에 대해 알아보자. 즉, 무엇이 의문사구 이동의 동인으로 작용하는지 살펴보고자 한다.

Chomsky(2004)는 가장자리자질(edge feature: EF)이 의문사구가 CP-Spec으로 이동하게끔 유발하는 요인이라고 제안한다. 즉, T가 EPP자질을 가지고 있어서 T가 TP 투사체로 확대되게끔 요구하는 것처럼, 의문절의 C도 EF를 가지고 있어 CP의 가장자리에 지정어를 포함한 CP 투사체로 확대되게끔 요구한다는

제안이다.33) C가 EF를 가지고 있다는 제안은 다음과 같은 의문절 조건으로 해석
될 수 있다.

(15) 의문절조건(Interrogative Condition)
절은 의문지정어를 가진 CP일 때에만 비반향(non-echoic) 의문문으로 해석
된다.

즉, 의문절조건에 따라 C가 의문절로 해석되기 위해서는 CP-Spec에 의문
사구가 있어야 하는데, 의문사구를 이동시키는 동인이 필요하므로 C가 EF를
가지고 있다고 봄으로써 의문사구가 CP-Spec으로 이동할 이론적 근거를 마련
한 것이다.

그러면 다음과 같이 종속절이 의문절인 문장이 어떻게 도출되는지 구체적으
로 살펴보자.

(16) He wants to know [what you are doing].

(17)

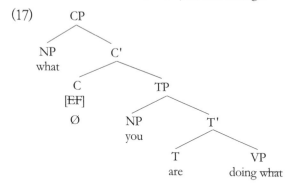

---

33) T의 EPP 자질과 C의 EF는 사실상 전혀 다른 유형의 자질이다. T의 EPP 자질은 일치와 연관되어 작동
하므로 성·수·인칭 면에서 일치하는 구성소를 주어로 요구한다. 반면에 C의 EF는 일치와는 상관없이
작동하므로 어떤 구성소든지 유인하여 CP-Spec으로 이동하게 할 수 있다.

위 수형도는 (16)의 종속절에서 의문사구 이동이 적용된 단계를 보여준다. C의 EF는 의문사구 *what*의 이동을 유발하는데, CP의 지정어가 채워져야 한다는 요구조건이 만족된 다음에는 EF는 삭제된다(삭제된 자질은 EF와 같이 가운데 줄로 표기한다). 자질이 삭제된다는 것은 더 이상 활성화되지(activated) 않아 다음 단계의 운용에 참여할 수 없음을 의미한다. (17)에서는 조동사 도치가 일어나지 않는데, 왜냐하면 (17)이 종속절이어서 C가 조동사 도치를 유발하는 강한 시제자질을 가지고 있지 않기 때문이다.

반면에 주절이 의문절인 경우에는 의문사구 이동뿐만 아니라 조동사 도치도 일어난다. 다음 문장을 살펴보자.

(18) What will you do?

(19)

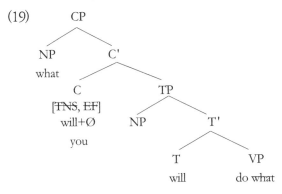

주절이 의문절인 경우에는, 종속의문절과 달리, C가 시제자질(TNS)을 가지고 있어 이 자질이 *will*을 C로 이동시켜 영 보문소에 붙게 한다. 그리고 C의 EF가 의문사구 *what*을 CP-Spec으로 이동시켜 (19)와 같은 수형도가 만들어진다.

이러한 분석에 있어 한 가지 중요한 가정은 영어의 의문절은 반드시 (15)와 같은 의문절 조건을 지켜야 한다는 것이다. 즉, 의문지정어를 가진 CP만이 의문절로 해석될 수 있다는 조건이다. 그렇다면 CP-Spec에 외현적으로 의문사구가 나타나지 않는 다음과 같은 진위의문문의 경우에는 의문절 조건이 어떻게 지켜질 수 있는가?

(20) Is it raining?

　모든 의문절이 의문절 조건을 준수하게 하기 위해서, 우리는 진위의문절은 비록 발음되지는 않지만 *whether*에 상응하는 영 의문사를 포함하고 있고 이 영 의문사가 CP-Spec에 병합된다고 가정한다.
　이러한 가정은 아주 자의적인 것은 아니고 나름대로의 타당성을 지니고 있는데, 다음과 같은 경험적 자료들이 이 가정을 뒷받침해준다.

(21) a. Whether had you rather lead mine eyes or eye you master's heels?

　　 b. Whether dost thou profess thyself a knave or a fool?

(22) a. 'Are you feeling better?,' he asked.

　　 b. He asked whether I was feeling better.

(23) a. Has he finished *or not*?

　　 b. I can't say whether he has finished *or not*.

　첫째, (21)이 보여주듯이, 엘리자베스 여왕 시대의 영어에서는 진위의문문에 실제 *whether*가 사용되었다. 현대영어에서는 진위의문문의 경우 *whether*에 상응하는 영 의문사가 사용된다는 점만이 엘리자베스 여왕 시대의 영어와 다른 점이다. 둘째, (22)가 보여주듯이, 현대영어에도 직접화법을 간접화법으로 바꿀 때 *whether*가 사용된다는 점이다. 셋째, (23)이 보여주듯이, 종속절 *whether* 의문절이 *or not*과 병렬구문을 이룰 수 있는 것처럼, 주절 진위의문절도 *or not*과 병렬구문을 이룰 수 있다. 이러한 자료들은 모두 진위의문절은 비록 발음되지는 않지만 *whether*에 상응하는 영 의문사를 포함하고 있다는 증거이다. 우리의 가정대로 진위의문문이 *whether*에 상응하는 영 의문사를 포함하는 CP라면,

모든 의문절은 의문지정어를 가진 CP이어야 한다는 일반적 원칙을 유지할 수 있다.

5.4   장거리 의문사구 이동

이번 절에서는 의문사구가 종속절에 있다가 주절로 이동한 다음과 같은 문장의 경우 의문사구 이동이 어떤 식으로 일어나는지 알아보자.

(24) *What* might he think that she is hiding *what*?

(25) [CP *What* [C might] he think [CP [C that] she is hiding *what*]]

위 문장의 경우 의문사구 *what*의 이동은 일견 매우 단순해 보인다. 즉, (25)가 보여주는 것처럼, *what*이 동사 *hide*의 보충어위치에서 주절 CP-Spec으로 한 번에 직접 이동한 듯이 보인다.

그러나 이러한 직접 이동방식은 다음과 같은 침투불가조건(Impenetrability Condition)을 위반한다는 점에서 문제가 있다(국면과 연관시킨 국면침투불가조건에 관해서는 11장 참조).

(26) 침투불가조건

보문소의 영역(domain)34)에 있는 구성소는 그 보문소를 성분통어하는 상위의 핵에 의해 유인될 수 없다.

---

34) 어떤 핵의 영역은 그 핵이 성분통어하는 모든 부분을 가리킨다.

다시 말해 침투불가조건은 상위 보문소가 하위 보문소의 영역을 침투해서 하위 보문소 영역에 있는 구성소를 유인할 수 없다는 조건이다. (25)는 주절 C의 EF가 종속절안의 *what*을 직접 유인한 경우인데, 이러한 이동은 침투불가조건을 위반한다. 왜냐하면 주절의 상위 보문소가 종속절 하위 보문소의 영역에 있는 *what*을 유인할 수 없기 때문이다.35)

이러한 침투불가조건을 위반하는 문제는 의문사구 이동이 두 단계로 이루어진다고 봄으로써 해결될 수 있다.

(27) [CP *What* [C might] he think [CP ***what*** [C that] she is hiding ***what***]]

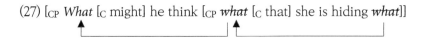

즉, *what*이 종속절 CP-Spec으로 이동한 다음 주절 CP-Spec으로 두 단계에 걸쳐 이동이 일어난다고 보는 것이다. 각각의 이동은 침투불가조건을 위반하지 않는다. 이러한 분석은 결국 모든 의문사구 이동은 국부적(local)으로 적용된다는 결론으로 이어진다. 즉, 의문사구는 자신이 처음 속한 절의 CP-Spec으로 이동한 다음, 그 다음 상위절의 CP-Spec으로 이동하는 방식으로 여러 단계에 걸쳐 이동하는데, 이러한 이동방식을 연속순환이동(successive cyclic movement)이라고 한다.

(27)의 이동방식을 수형도로 나타내면 다음과 같다.

---

35) 침투불가조건은 Rizzi(1990)가 제안한 상대적 최소성조건(Relativized Minimality Condition)과 그 맥을 같이 한다.

(i) 상대적 최소성 조건

구성소 X는 자신 위의 같은 유형의 가장 가까운 구성소에 의해서만 영향을 받을 수 있다.

이 조건에 따르면 (25)에서 주절 C는 의문사구 *what*을 유인할 수 없다. 왜냐하면 *what* 위의 같은 유형의 가장 가까운 구성소는 종속절 C이기 때문이다.

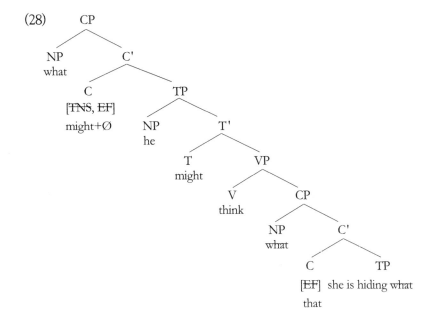

(28)

what은 종속절 C의 EF로 인해 종속절 CP-Spec으로 이동한 다음 주절 C의 EF로 인해 주절 CP-Spec으로 이동한다. 각 C의 EF는 의문사구의 이동을 유발한 후 삭제된다. 그리고 주절 C의 시제자질(TNS)이 조동사의 이동을 유발한다. 이 시제자질 역시 조동사가 이동한 후 삭제된다.

의문사구 이동이 한 번에 한 절씩만 이동하는 국부적 이동이라는 제안에 대해서는 여러 경험적 증거들을 찾아볼 수 있다. 첫째, West Ulster English에서의 양화사 좌초 현상이 있다.

(29) a. *What all* do you think that he'll say that we should buy?

　　 b. *What* do you think *all* that he'll say that we should buy?

　　 c. *What* do you think that he'll say *all* that we should buy?

　　 d. *What* do you think that he'll say that we should buy *all*?

West Ulster English에서는 양화사가 자신이 수식하는 의문사구와 함께 주절 CP-Spec으로 이동할 수도 있지만(=29a), 각 절의 보문소 앞에 남는 경우 (=29b, 29c)도 가능하다. 또한 의문사구만 이동하고 보문소는 원래 위치에 그 대로 남는 경우(=29d)도 가능하다. 이와 같이 양화사가 각 절의 보문소 앞에 남 는 경우를 일관성있게 설명하기 위해서는 의문사구 이동의 국부적 이동을 받아 들여야 한다. 즉, (29c)는 *all*이 *what*과 함께 가장 하위 종속절의 CP-Spec까지 이동했다가 그 자리에 *all*을 남기고 *what*만 이동한 경우이고, (29b)는 *all*이 *what*과 함께 중간절의 CP-Spec까지 이동했다가 그 자리에 *all*을 남기고 *what* 만 이동한 경우이다.

　　의문사구의 국부적 이동에 대한 두 번째 증거는 Henry(1995)로부터 인용한 벨파스트 영어의 예에서 찾아볼 수 있다.

(30) What *did* Mary claim [*did* they steal]?

벨파스트 영어에서는 주절뿐만 아니라 종속절에서도 조동사 도치가 일어난 다. 종속절에서의 조동사 도치는 의문지정어를 가진 모든 절의 C는 조동사 도 치를 유발할 수 있다고 가정하면 자연스럽게 설명될 수 있다. 그렇다면 (30)에 서 *what*이 주절 CP-Spec으로 직접 이동하는 것이 아니라, 종속절 CP-Spec 으로 이동한 후에 다시 주절 CP-Spec으로 이동한다는 결론으로 이어진다.

　　셋째 증거는 재귀대명사 해석에 관한 예문들이다.

(31) a. *Jim was surprised that [$_{TP1}$ Peter wasn't sure [$_{CP}$ that [$_{TP2}$ Mary like this picture of himself best]]].

　　 b. Jim was surprised that [$_{TP1}$ Peter wasn't sure [$_{CP}$ which picture of himself [$_{TP2}$ Mary like best]]].

(32) Which picture of himself wasn't he sure that Mary liked best?

재귀대명사는 국부적 영역(자신을 가장 직접 관할하는 TP) 안에서 선행사를 가져야 하는데, (31a)에서는 가장 하위의 TP(=TP2)가 *himself*의 국부적 영역이다. 이 영역 안에 *himself*의 선행사가 없으므로 (31a)는 비문이 된다. 반면에 (31b)에서는 의문사구 이동을 통해 *himself*가 TP2 밖으로 이동하였다. 그 결과 *himself*의 국부적 영역은 TP1이 되고, 이 영역 안에서 선행사 *Peter*에 의해 결속되므로 (31b)는 정문이 된다. 이제 (32)의 도출과정을 살펴보자. 만약 의문사구 *which picture of himself*가 주절의 CP-Spec으로 직접 이동한다면, 다음 수형도를 통해 알 수 있듯이, *himself*는 *he*에 의해 결속되지 않는 문제가 생긴다.

(33)

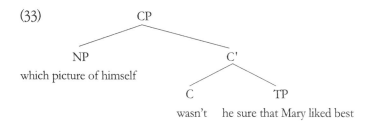

재귀대명사가 선행사에 의해 결속되기 위해서는 선행사가 그 재귀대명사를 성분통어해야 한다. 그런데 (33)에서 *himself*는 *he*에 의해 성분통어되지 않기 때문에 결속원리를 위반한다.

따라서 이 문제를 해결하기 위해서는 의문사구의 국부적 이동을 받아들여야 한다. 즉 다음과 같이 의문사구가 종속절의 CP-Spec으로 이동하고 아직 주절 CP-Spec으로 이동하지 않은 도출의 중간단계에서는 *himself*가 *he*에 의해 성분통어 되어 결속되기 때문이다.

(34) [TP He wasn't sure [CP which picture of himself that [TP Mary liked best]]].

의문사구의 국부적 이동의 마지막 증거로서는 어린아이의 영어에서 발견되는 의문사구 복사 현상을 들 수 있다.

(35) a. **What** do you think [*what* Cookie Monster eats]?
    b. **How** do you think [*how* Superman fixed the car]?

Thornton(1995)은 어린아이들이 의문사구를 각 절에 반복하는 문장을 생성하기도 한다는 것을 보여주는 위와 같은 예문들을 제시한다. 이것은 의문사구가 국부적 이동을 통해 각 절의 CP-Spec으로 이동한다는 명확한 증거이다. 이 현상은 이동이 복사와 삭제로 이루어진다는 일반 원칙에서 벗어나 중간에 있는 의문사구에는 삭제를 적용하지 않은 언어성장의 미성숙단계에서 일어나는 현상으로 볼 수 있다.

의문사구의 장거리 이동 논의에서 다루는 마지막 질문은 다음과 같은 문장이 왜 비문이 되는가라는 것이다.

(36) a. [$_{CP}$ [$_C$ Ø] she might ask [$_{CP}$ where [$_C$ Ø] he has been ~~where~~]]
    b. *[$_{CP}$ where [$_C$ Ø] she might ask [$_{CP}$ ~~where~~ [$_C$ Ø] he has been ~~where~~]]

즉, *where*가 종속절 CP-Spec까지만 이동해야 정문이 생성되고, 이곳을 거쳐 주절 CP-Spec까지 이동하면 비문이 생성되는데, 그 이유가 무엇인가라는 질문이다. 이 질문에 대해서는 다음 두 가지 해결안을 생각해볼 수 있다. 하나는 의문사구가 일단 의문절 보문소의 지정어위치로 이동하게 되면 의문사구는 그 자리에서 얼어붙게 되어(frozen) 더 이상 이동할 수 없게 된다는 방안이다.[36] 다른 하나는 *ask* 같은 동사는 의문 보충어를 요구하므로, 이 의문 보충어

---

36) Rizzi and Schlonsky(2005)는 이와 같은 동결제약(freezing constraint)을 다음과 같이 기술한다.
    동결제약: 담화해석적(discourse interpretive) 특성과 관련된 위치로 이동된 요소는 그 자리에서 동결된다.

는 의문절 조건에 따라 반드시 의문사구를 포함해야 한다는 방안이다. 어떤 방안을 받아들이든, (36a)의 의문사구 *where*는 종속절 CP-Spec에서 더 이상 이동할 수 없는 이유가 잘 설명된다.

5.5 다중의문문

지금까지 우리는 단 하나의 의문사구가 있는 문장들의 도출과정을 살펴보았다. 그러나 영어에는 한 문장에 2개 이상의 의문사구를 포함하고 있는 의문문들이 있는데, 그러한 문장들을 다중의문문(multiple wh-questions)이라 한다.

(37) a. He might think who has done what?

    b. Who might he think has done what?

    c. *What might he think who has done?

    d. *Who what might he think has done?

    e. *What who might he think has done?

위 문장들은 모두 *who*와 *what*이라는 두 개의 의문사구를 포함한다. 그런데 *who*가 주절 CP-Spec으로 이동한 경우(=37b)는 정문이지만, *what*이 주절 CP-Spec으로 이동한 경우(=37c)나 두 개의 의문사구 모두가 주절 CP-Spec으로 이동한 경우(=37d, 37e)는 비문이 된다. 즉, 두 개의 의문사구를 포함한 의문문의 경우 둘 중의 어느 의문사구를 이동할 것인가에는 어떤 원칙이 존재한다는 것을 알 수 있다.

가장 그럴듯한 해결책으로 유인하는 자가 자신으로부터 가장 가까운 의문사구를 유인한다는 원칙을 생각해볼 수 있다.

(38) 최근접요소유인조건(Attract Closest Condition)

어떤 특정한 종류의 구성소를 유인하는 핵은 같은 성격을 지닌 가장 가까운 구성소를 유인한다.

이 조건을 염두에 두고 (37a)의 도출과정을 살펴보자. 우선 종속절가지 생성된 단계에서의 구조는 다음 (39a)와 같다.

(39) a. [$_{CP}$ [$_C$ Ø] [$_{TP}$ who has done what]]

b. [$_{CP}$ who [$_C$ Ø] [$_{TP}$ ~~who~~ has done what]]

C는 EF를 가지고 있어 (39b)처럼 가장 가까운 의문사구 *who*가 CP-Spec으로 이동하게끔 유인한다. 이제 주절까지 생성된 단계에서의 구조는 다음 (40a)와 같다.

(40) a. [$_{CP}$ [$_C$ Ø] [$_{TP}$ he might think [$_{CP}$ who [$_C$ Ø] [$_{TP}$ ~~who~~ has done what]]

b. [$_{CP}$ who [$_C$ Ø] [$_{TP}$ he might think [$_{CP}$ ~~who~~ [$_C$ Ø] [$_{TP}$ ~~who~~ has done what]]

주절 C 역시 EF를 가지고 있어 가장 가까운 의문사구 *who*가 CP-Spec으로 이동하게끔 유인하여 (40b)와 같은 구조를 생성한다. 결국 최근접요소유인조건은 (37)과 같은 다중의문문에서 왜 *who*가 이동하고 *what*은 이동할 수 없는지에 대한 체계적 설명을 제공한다. 더구나 C의 EF가 의문사구를 유인한 다음 바로 삭제된다는 가정은 왜 (37d-e)가 비문인지를 잘 설명해준다. 하나의 의문사구 이동이 일어난 다음 C의 EF가 바로 삭제되면, 또 다른 의문사구 이동을 유인할 요소가 없기 때문에 더 이상의 의문사구 이동은 불가능하다.

1. 일반적으로 *himself*와 같은 재귀사는 같은 절 TP안에 있는 선행사에 의해 결속되어야(즉, 성분통어되어야) 한다. 다음 문장에서 *himself*가 선행사 *he*에 의해 성분통어되지 않음에도 다음 문장이 정문인지를 설명하시오. 이동이 복사와 삭제의 복합운용이라는 제안을 이용하시오.

   a. Which picture of himself wasn't he sure that Mary liked best?

2. 다음과 같은 의문사구의 직접 이동이 왜 침투불가조건을 위반하는지 설명하시오.

   a. [CP *What* [C might] he think [CP [C that] she is hiding *what*]]

3. 다음 예문들의 문법성 차이를 어떻게 설명할 수 있는지 밝히시오.

   a. Who might he think has done what?
   b. *What might he think who has done?
   c. *Who what might he think has done?
   d. *What who might he think has done?

6.1 벨파스트 영어에서의 주어

이 장에서는 주어에 대해 살펴보고자 한다. 지금까지 우리는 주어가 TP의 지정어위치에 병합되는 것으로 가정해왔다. 그러나 이 장에서는 주어가 동사의 논항으로 VP안에 병합되었다가 TP의 지정어위치(TP-Spec)로 이동하는 것으로 분석한다. 이 이동은 T의 EPP자질에 의해 유발된다. TP-Spec은 A-위치(일반적으로 논항이 나타나는 위치)이므로, 주어가 TP-Spec으로 이동하는 것을 A-이동이라고 부른다.

주어가 TP-Spec으로 이동하는 A-이동에 대해 살펴보기 전에 벨파스트 영어의 한 가지 특성에 대해 알아보자.

(1) a. Some students should get distinctions.

b. Lots of students have missed the classes.

(2) a. There should some students get distinctions.

b. There have lots of students missed the classes.

(1)은 표준영어이고, (2)는 벨파스트 영어이다. (2)와 같은 문장들은 허사 *there*를 포함하므로 허사구조라고 불린다. 이 허사구조에서 *there*가 차지하는 위

치가 어디인가라는 질문이 생긴다. *there*는 조동사 *should/have*보다 앞에 위치하므로 TP-Spec에 나타난다고 분석하는 것이 옳다. 따라서 (2a)의 구조는 다음과 같이 분석될 수 있다.

(3)

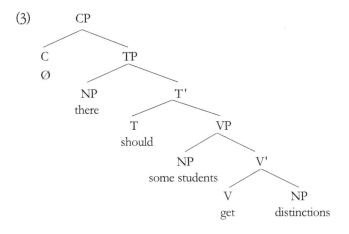

이 구조에서 *there*는 *should*의 지정어(즉, 주어)이고, *some students*가 *get*의 지정어(즉, 주어)이다. 이 두 개의 주어는 서로 다른 기능을 가지는데, *some students*는 수혜자(recipient)가 되는 의미적 기능을 수행하므로 문장의 의미적 주어라고 할 수 있다. 반면에 *there*는 T의 EPP자질이라는 통사적 요구조건을 만족시키는 문장의 통사적 주어라고 할 수 있다.

이제 벨파스트 영어에 상응하는 표준영어 문장의 도출에 대해 생각해보자. (1a)의 *some students*는 (2a)에서와 마찬가지로 수혜자가 되는 의미적 기능을 수행하므로 *should*와 VP가 병합되기 전까지는 (1a)와 (2a)는 동일한 구조를 가진다고 분석된다. 즉, *some students*는 VP-Spec에 병합된다. 그리고 T는 EPP자질을 가지고 있으므로 이 자질의 만족을 위해 *some students*가 TP-Spec으로 이동한다. 따라서 (1a)의 도출과정은 다음과 같다.

(4)

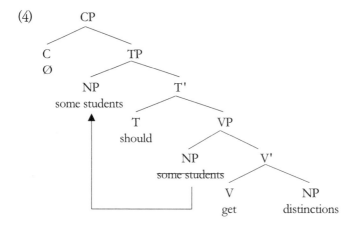

이러한 VP-Spec으로부터 TP-Spec으로의 이동은 A-이동이라고 불린다. TP-Spec은 A-위치(일반적으로 논항이 나타나는 위치)이기 때문이다.

앞서 4장과 5장에서 핵이동과 의문사구이동이 복사와 삭제로 구성된 복합운용으로 간주되듯이, A-이동도 이러한 복합운용으로 간주된다. A-이동을 복합운용으로 보는 주장의 증거로 다음 예문을 살펴보자.

(5) a. Everyone hasn't finished the assignment yet.

b. [$_{CP}$ [$_C$ ø] [$_{TP}$ Everyone [$_T$ has] [$_{negP}$ not [$_{neg}$ ø] [$_{VP}$ ~~everyone~~ [$_V$ finished] the assignment yet]]]]

everyone 〉 not, not 〉 everyone

(5a)는 중의적인데 *everyone*이 *not*보다 광의영역을 가진 경우와, *everyone*이 *not*보다 협의영역을 가진 경우, 두 가지 의미를 가진다. 이러한 중의성은 이동의 복사이론으로 잘 설명된다. 즉, 두 개의 복사본이 모두 의미해석에 관여하므로, TP-Spec에 있는 *everyone*은 *not*보다 구조적으로 상위에 있어 *not*보다 광의영역을 갖고, VP-Spec에 있는 *everyone*은 *not*보다 구조적으로 하위에 있어 *not*보다 협의영역을 갖는다. 결국 문장 (5)의 중의성은 A-이동도 복사와 삭제

로 구성된 복합운용이라는 증거로 이용된다.

주어가 처음에는 VP 내에 병합되었다가 TP-Spec으로 이동한다는 주장은 VP내주어가설(VP-Internal Subject Hypothesis)로 알려져 있다. 이 VP내주어가설은 1980년대부터 널리 받아들여졌다. VP내주어가설의 한 가지 증거로 숙어가 이용된다. 다음 문장들을 살펴보자.

(6) a. Let's have a couple of drinks to *break the ice*.

b. Be careful not to *upset the applecart*.

c. The president must *bite the bullet*.

일련의 단어들이 그 단어의 개별적 의미의 복합적 의미가 아니라 어떤 고유한 의미를 갖게 될 때 숙어라고 불린다. 즉, (6)에서 이탤릭체로 쓰인 부분들이 숙어로서, 동사와 보충어의 선택은 고정되어 다른 단어의 보충어로 대체될 수 없다. 숙어가 되기 위해서는 일련의 단어들이 하나의 구성소를 이루어야 한다는 제약이 있다. 따라서 일반적으로 동사와 목적어로 구성된 숙어는 많이 있지만, 주어와 동사로 구성된 숙어는 찾을 수 없다. 왜냐하면 주어와 동사는 하나의 구성소가 될 수 없기 때문이다.

그런데 이러한 제약을 어기는 듯이 보이는 다음 숙어들을 살펴보자.

(7) a. All hell broke loose.

b. The shit hit the fan.

c. The cat got his tongue.

(7)에서는 동사와 보충어의 선택이 고정되어 있을 뿐만 아니라 주어의 선택도 고정되어 있다. 즉, 주어–동사–보충어로 이루어진 숙어인데, 여기에서 주어–동사–보충어만이 하나의 구성소를 이룰 수 있는 방법이 무엇인가라는 질문이

생긴다.

더구나 다음 예들이 보여주듯이 위 숙어들의 경우, 주어와 동사가 다른 요소들(예를 들어, 조동사)에 의해 분리될 수도 있다.

(8) a. All hell will break loose.

b. All hell has broken loose.

c. All hell could have broken loose.

(9) a. The shit might hit the fan.

b. The shit has hit the fan.

c. The shit must have hit the fan.

따라서 숙어를 이루는 주어-동사-보충어가 하나의 구성소가 되는 합리적인 방안은 VP내주어가설을 이용하는 것이다. 즉, (8a)의 도출은 다음과 같다.

(10)

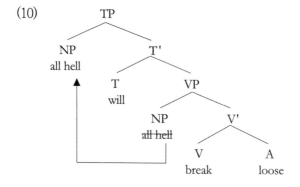

위 구조에서 *all hell break loose*는 하나의 구성소(=VP)를 이룬다. 그리고 T의 EPP자질을 만족시키기 위해 주어인 *all hell*이 TP-Spec으로 이동한다. 따라서 표면적으로는 조동사 *will*이 주어와 동사 사이를 분리시키는 듯이 보이지만, 처음 병합 단계에서 *all hell break loose*는 하나의 구성소가 되므로 숙어가 되기 위해서는 일련의 단어들이 하나의 구성소를 이루어야 한다는 제약을 만족시킨다. 결국 숙어의 일반원칙을 유지하기 위해서는 VP내주어가설이 받아들여져야만 한다는 점에서 주어-동사 숙어는 VP내주어가설의 결정적 증거가 된다.

6.2 비대격동사와 비능격동사

주어가 처음에 VP내에 병합된다는 가정은 명제(proposition)는 술어(predicate)와 논항으로 구성된다는 전통적인 생각과 밀접히 관련되어 있다. 명제는 절의 의미적 내용을 가리키고, 술어는 활동이나 사건을 나타내는 표현을 말하며, 논항은 관련활동이나 사건에서의 참여자를 가리키는 표현을 말한다. 다음 예들을 살펴보자.

(11) a. [The guests] have *arrived*. → 1항술어(one-place predicate)

b. [The police] have *arrested* [the suspect]. → 2항술어(two-place predicate)

위에서 이탤릭체로 쓴 부분이 술어이고 중괄호로 묶여진 부분이 논항이다. 논항은 일반적으로 주어나 목적어로 나타난다. *arrive* 같은 동사는 하나의 논항을 요구하므로 1항술어라고 하고, *arrest* 같은 동사는 두 개의 논항을 요구하므로 2항술어라고 한다.

논항은 술어로부터 의미역을 받아야 하는데, 술어와의 병합을 통해 의미역을 배당받는다고 가정한다. 즉, 다음과 같은 원칙이 있다. (의미역의 내용과 배당에 관한 구체적 설명에 관해서는 8.2 참조)

(12) 술어내의미역배당가설(Predicate-Internal Theta-Marking Hypothesis)
논항은 술어와의 병합을 통해 의미역을 배당받는다.

(12)와 같은 가설에 따라 논항이 술어로부터 의미역을 배당받기 위해 (11b)
와 같은 문장은 다음과 같이 병합이 이루어진다.

(13)

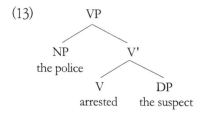

술어 *arrested*가 목적어 *the suspect*와 먼저 병합이 이루어지고(1차 병합), 이
병합을 통해 생성된 V′가 주어 *the police*와 병합된다(2차 병합). 이렇게 생성된
VP는 T와의 병합을 통해 T′를 생성하고 T의 EPP자질이 VP-Spec에 있는 주
어 *the police*를 TP-Spec으로 유인하여 다음과 같은 구조가 만들어진다.

(14) [TP the police [T have] [VP ~~the police~~ arrested the suspect]]

1차 병합된 목적어를 내재논항(internal argument)이라 하고, 2차 병합된
주어를 외재논항(external argument)이라고 한다. (13)과 같은 구조는 주어,
목적어와 같은 모든 논항들이 술어의 최대투사범주내에 위치하도록 하게 한다.
따라서 술어내의미역배당가설은 VP내주어가설과 완전히 부합한다.
영어에는 동사 다음에 보충어가 나타나지만 동사가 그 보충어에게 대격
(accusative Case)을 주지 않는 동사들이 있다. 다음 예문들을 살펴보자.

(15) a. There have **arisen** several complications.

b. Several complications have **arisen**.

(16) a. There could have **occurred** a diplomatic incident.

b. A diplomatic incident could have **occurred**.

(17) a. There does still **remain** some hope of finding survivors.

b. Some hope of finding survivors does still **remain**.

위 예문들의 굵은 글자체로 쓰인 동사들은 보충어를 택하긴 하지만 대격을 배당하지 않고 오히려 주격을 배당한다는 점에서 타동사와는 다르다. 영어는 격을 나타내는 굴절어미가 발달하지 않은 언어라서 이러한 동사들 다음의 보충어가 어떤 격을 갖게 되는지가 외현적으로 분명히 드러나지 않는다. 그러나 격을 나타내는 굴절어미가 발달한 아이슬란드어 같은 경우에는 이러한 점이 분명히 드러난다.

(18) Þad hafa komi ð nokkrir_{NOM} gestir_{NOM}

There have come some guests.

이와 같이 보충어에게 대격을 배당하지 않는 동사들은 비대격(unaccusative) 동사라고 부른다.

보충어에게 대격을 배당하지 않으므로 비대격동사의 보충어가 진짜 보충어인가라는 합리적인 의심이 생긴다. 그러나 비대격동사의 보충어는 진짜 보충어라는 증거가 있다. 다음 예들을 살펴보자.

(19) a. He was taking [pictures of *who*]?

b. Who was he taking [pictures of *who*]?

(20) a. [Part of *what*] has broken?

b. *What has [part of *what*] broken?

(21) a. He was angry [when she broke *what*]?

   b. *What was he angry [when she broke *what*]?

위 예문들은 의문사구의 이동에는 어떤 제약이 있다는 것을 보여준다. 이를 설명하기 위해 Huang(1982)은 다음과 같은 제약을 제안한다.

(22) 추출영역제약(Constraint on Extraction Domains/CED)
   오직 보충어만이 자신의 내부에 있는 요소가 추출되는 것을 허용하고, 지정어 나 부가어는 허용하지 않는다.

이 제약에 따라, (19)에서는 의문사구 *who*가 보충어 안에 있으므로 이동이 허용되지만, (20)과 (21)에서는 의문사구 *what*이 지정어나 부가어 안에 있기 때문에 이동이 허용되지 않는다. 따라서 추출영역제약은 (19)-(21)의 자료들의 문법성에 대해 올바르게 기술한다. 이제 비대격동사의 보충어로부터의 추출을 살펴보자.

(23) *How many survivors* does there remain [some hope of finding *how many survivors*]?

위 예문은 비대격동사 *remain*의 보충어로부터의 의문사구 이동이 가능하다는 것을 보여준다. 이것은 *some hope of finding how many survivors*가 *remain*의 진짜 보충어라는 증거이다. 따라서 우리는 비대격동사는 자신의 논항을 보충어로 택한다고 결론짓는다.

한 개의 논항을 취하는 모든 자동사가 논항을 보충어로 택하는 것은 아니다. 다음 이탤릭체로 쓰인 동사들의 논항은 동사 다음에 위치할 수 없다.

(24) a. *When the Snail Rail train arrived five hours late, there *complained* **many passengers**.

　　b. *In the dentist's surgery, there *groaned* **a toothless patient**.

　　c. *Every time General Wynott Nukem goes past, there *salutes* **a guard at the gate**.

이같은 동사들은 비능격(unergative)동사라고 불리고, 비대격동사와는 구분된다. 비능격동사의 논항은 행위자 의미역을 갖지만, 비대격동사의 논항은 대상(theme) 의미역을 갖는다.

비대격동사와 비능격동사는 둘 다 하나의 논항을 취하는 자동사이지만 여러 면에서 차이를 보인다. 첫째, 명령문에는 비대격동사만이 가능하다.

(25) a. Leave you now!

　　b. Arrive you before 6 o'clock!

(26) a. *Read you that book!

　　b. *Always laugh you at his jokes!

둘째, 다음 셰익스피어 작품의 예들에서 볼 수 있듯이, 초기근대영어에서는 완료형 조동사의 선택에 차이가 있었다.

(27) a. Mistress Page *is* come with me.

　　b. Is the duke gone? Then *is* your cause gone too.

　　c. How chance thou *art* returned so soon?

비대격동사는 완료형 조동사 *have*와 함께 사용되는 것이 아니고 *be*와 함께 사용된다는 점에서 타동사나 비능격동사와 다르다.37)

이제 이러한 차이를 유념하면서 (15)의 두 문장이 어떻게 도출되는지를 자세히 살펴보자. 우선 *arisen*이 보충어 *several complications*와 병합되어 VP가 생성되고, 이 VP가 T와 병합되어 다음과 같은 T'구조가 생성된다.

(28)

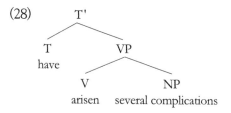

T는 EPP자질을 가지고 있으므로 TP-Spec에 외현적 표현이 나타나기를 요구한다. 이 요구조건은 허사 *there*를 TP-Spec에 병합함으로써 만족될 수 있고, 보충어 *several complications*를 TP-Spec으로 이동함으로써 만족될 수도 있다. 따라서 다음 두 가지 구조가 모두 생성가능하다.

(29) a. [TP there [T have] [VP arisen several complications]]

　　 b. [TP several complications [T have] [VP arisen ~~several complications~~]]

즉, (15)의 두 문장은 같은 VP로부터 출발하는데, T의 EPP자질을 (15a)는 *there* 병합을 통해 (15b)는 A-이동을 통해 만족시킨다는 점에 차이가 있다.

---

37) 비대격동사와 비능격동사의 논항(즉, 주어)은 의미적 특성에서도 차이를 보인다.
　(i) a. My wife fell off a stool.
　　　b. The temperature fell sharply.
　(ii) a. My wife complained.
　　　b. ?The temperature complained.
　fall 같은 비대격동사의 주어는 생물뿐만 아니라 무생물도 가능하지만, *complain* 같은 비능격동사의 경우에는 오직 생물주어만 허용된다.

(29b)와 같은 A-이동 분석은 다음과 같은 문장에 관해 재미있는 설명을 제공한다.

(30) a. All hope of finding survivors has gone.
     b. All hope has gone of finding survivors.

*go*는 비대격동사이므로 *all hope of finding survivors*는 보충어이다. *go*와 *all hope of finding survivors*의 병합이 VP를 생성하고, 이 VP가 T와 병합된다. T는 EPP자질을 가지므로 TP-Spec이 외현적 요소에 의해 채워져야 하고 따라서 다음과 같이 A-이동이 일어난다.

(31) [$_{TP}$ [$_{QP}$ All hope of finding survivors] [$_T$ has] [$_{VP}$ [$_v$ gone] [$_{QP}$ all hope of finding survivors]]]

이동의 결과 생겨난 두 개의 복사본 중에서 하나가 삭제되는데 일반적으로는 (32a)처럼 뒤에 남은 복사본이 삭제된다. 그러나 (32b)처럼 각 복사본 중 일부가 삭제되는 방식이 허용되는데 이와 같은 방식을 분리문자화(split spellout)라고 한다.

(32) a. [$_{TP}$ [$_{QP}$ All hope of finding survivors] [$_T$ has] [$_{VP}$ [$_v$ gone] [$_{QP}$ ~~all hope of finding survivors~~]]]
     b. [$_{TP}$ [$_{QP}$ All hope ~~of finding survivors~~] [$_T$ has] [$_{VP}$ [$_v$ gone] [$_{QP}$ ~~all hope~~ of finding survivors]]]

(30a)는 일반적 문자화를 통해, (30b)는 분리문자화를 통해 생성된다는 점에서 차이가 있다. 위 예문들은 A-이동을 복사와 삭제라는 복합운용으로 간주

하는 주장의 또 다른 증거가 된다.

6.3   수동동사

영어에는 능동구문에 상응하는 수동구문이 있다.

(33) a. Hundreds of passers-by saw the attack.

  b. The attack was seen by hundreds of passers-by.

(34) a. Lex Luthor stole the kryptonite.

  b. The kryptonite was stolen by Lex Luthor.

(33a)와 (34a)는 능동구문이고, (33b)와 (34b)는 수동구문이다. 수동구문에 쓰이는 *seen, stolen* 같은 동사들을 수동동사라고 한다.

이 수동동사는 비대격동사와 여러 가지 면에서 비슷한 특성을 보인다. 다음 예문들을 살펴보자.

(35) a. *No evidence of any corruption* was found.

  b. There was found *no evidence of any corruption*.

(36) a. *Several cases of syntactophobia* have been reported.

  b. There have been reported *several cases of syntactophobia*.

수동동사는, 비대격동사와 마찬가지로, 허사 *there*를 병합하는 구문을 허용된다. (35a)와 (36a)는 A-이동을 통해, (35b)와 (36b)는 *there* 병합을 통해 T의 EPP자질을 만족시킨 경우이다. 앞서 살펴보았던 비대격동사의 경우에도 이와 같은 두 가지 방법을 통해 T의 EPP자질을 만족시킨다는 점에서 수동동사는 비대격동사와 매우 유사하다.

따라서 수동동사의 주어는 원래 보충어이었다가 이동을 통해 주어가 된 것으로 분석된다. 즉, (35a)는 다음과 같은 도출과정을 보인다.

(37) [TP No evidence of any corruption [T was] [VP found ~~no evidence of any corruption.~~]]

동사의 보충어인 *no evidence of any corruption*이 T의 EPP자질을 만족시키기 위해 TP-Spec으로 이동한 다음, 원래 위치의 복사복은 삭제된다.

이러한 수동동사 구문의 A-이동 분석은 다음 증거들을 통해 정당화된다. 첫째, 비대격동사와 마찬가지로, 수동동사도 분리문자화를 허용한다.

(38) No evidence ~~of any corruption~~ was found ~~no evidence~~ of any corruption.

분리문자화를 통한 도출을 위해서는 두 개의 복사본을 인정하는 이동이 전제되어야 한다. 결국 (38)과 같은 문장에서 수동동사의 보충어는 TP-Spec으로의 이동을 통해 주어가 된다는 것을 알 수 있다.

둘째, 수동구문의 주어는 원래 보충어라는 또 다른 증거로 다음과 같은 숙어적 표현이 포함된 문장들이 있다.

(39) a. They **paid** *little heed* to what he said.

b. *Little heed* was **paid** to what he said.

(40) a. The FBI **kept** *close tabs* on the CIA.

b. *Close tabs* were **kept** on the CIA by the FBI.

pay heed to, keep tabs on 같은 표현들에서, 동사 *pay/keep*은 *heed/tabs*를 포함하는 명사표현과 결합하여 숙어를 만든다. 이러한 숙어표현들은 통사부에 처음 도입될 때 단일구성소를 이루어야 한다는 일반원칙을 따라야 하는데, (39b)와 (40b)에서는 동사 *pay/keep*이 *heed/tabs*와 분리되어 있다. 따라서 이탤릭체로 된 명사표현들이 처음에는 동사의 보충어로 생성되었다가 A-이동을 통해 수동 조동사 *was/were*의 주어가 된다고 분석하는 것이 합리적인 제안이다.

수동구문의 주어는 처음에 보충어로 생성된다는 제안의 세 번째 증거는 수동동사의 주어와 능동동사의 목적어가 같은 의미적 기능을 갖는다는 점이다.

(41) a. The students/?The camels/?!The flowers/!The ideas were arrested.

b. They arrested the students/?the camels/?!the flowers/!the ideas.

위 예문들은 수동동사의 주어와 능동동사의 목적어 위치에 나타나는 명사구의 선택에 관한 의미적 제약이 같다는 것을 보여준다. 이러한 의미적 제약에 있어서의 동일성을 설명할 수 있는 가장 좋은 방안은 수동동사의 주어가 처음에 보충어로 병합되었다가 A-이동을 통해 주어가 된 것으로 분석하는 것이다. 즉, 주어진 동사의 가능한 논항 선택에 있어서의 의미적 제약은 이동이 일어나기 전에 적용된다고 봄으로써 수동동사의 주어와 능동동사의 목적어 위치에 나타나는 명사구의 선택에 관한 의미적 제약이 같다는 것을 자연스럽게 설명할 수 있다. (41a)에서 수동구문의 주어는 처음에 보충어로 병합되기 때문에 (41b)의 능동동사의 보충어와 같은 의미역을 갖게 된다.[38]

---

38) 수동동사의 주어와 능동동사의 목적어 위치에 나타나는 명사구 선택에 관한 의미적 제약의 동일성은 다음 의미역배당 일관성 가설(Uniform Theta Assignment Hypothesis: UTAH)로 포착된다.

(i) 의미역배당 일관성 가설

지금까지 살펴본 수동화(passivization: 수동동사의 보충어를 주어로 바꾸는 이동운용)는 같은 절의 동사의 보충어위치에서부터 주어위치로의 이동을 포함한 경우들이다. 그러나 다음 예들이 보여주듯이 수동화는 서로 다른 절에 걸쳐 적용될 수도 있다.

(42) a. There are alleged to have been stolen a number of portraits of the queen.

b. A number of portraits of the queen are alleged to have been stolen.

(43) a. There are believed to have occurred several riots.

b. Several riots are believed to have occurred.

(43)의 두 문장의 도출구조를 간단히 나타내면 각각 다음과 같다.

(44) a. [$_{TP}$ There [$_T$ are] [$_{VP}$ believed [$_{TP}$ ~~there~~ [$_T$ to] [$_{AuxP}$ have [$_{VP}$ occurred several riots]]]]].

b. [$_{TP}$ Several riots [$_T$ are] [$_{VP}$ believed [$_{TP}$ ~~several riots~~ [$_T$ to] [$_{AuxP}$ have [$_{VP}$ occurred ~~several riots~~]]]]].

종속절 T의 EPP자질을 만족시키는 방법은 두 가지가 있는데, 하나는 허사 *there*를 TP-Spec에 병합하는 것이고, 다른 하나는 보충어 *several riots*를 TP-Spec으로 이동하고 처음 위치의 복사본은 삭제하는 것이다. 그런 다음에 주절 T가 주절 VP와 병합되었을 때 주절 T의 EPP자질 만족을 위해 주절 TP-Spec이 역시 외현적 요소에 의해 채워져야 한다. 이 때 앞서 5장에서 언급

어떤 술어에 관해 같은 의미역을 수행하는 구성소는 통사부에서 같은 초기 위치를 차지한다.

하였듯이, 최근접요소유인조건에 따라 주절 T에 가까운 명사구가 이동해야 하므로 (44a)에서는 허사 *there*가, (44b)에서는 명사구 *several riots*가 주절 TP-Spec으로 이동한다. 그리고 하위구조의 복사본은 삭제된다. 이와 같이 TP-Spec으로의 두 번의 A-이동을 통해 장거리 수동구문을 생성할 수 있다.

수동화의 또 다른 특징은 *to*-부정사 보충절이 TP인 경우에만 가능하고 CP인 경우에는 가능하지 않다는 점이다.

(45) a. Nobody intended [TP *you* to get hurt].

b. *You* weren't intended [TP to get hurt].

(46) a. Nobody intended [CP for *you* to get hurt].

b. **You* weren't intended [CP for to get hurt].

believe 같은 예외적격배당 동사의 경우 *to*-보충절이 TP와 같은 결함절이어야만 보충절의 주어에게 격을 배당할 수 있듯이, 수동화와 같은 A-이동도 *to*-보충절이 TP와 같은 결함절이어야만 적용 가능하다.

6.4 인상

한 절의 논항을 다른 절로 이동하는 또 다른 구문으로 인상구문이 있다. 다음 예들을 살펴보자.

(47) a. There does seem [to remain *some hope of peace*].

b. *Some hope of peace* does seem [to remain].

(48) a. There does appear [to have been made *remarkably little progress on disarmament*].

b. *Remarkably little progress on disarmament* does appear [to have been made].

(47)에서 *some hope of peace*는 비대격동사 *remain*의 보충어이므로 (47a)의 허사구문에서는 제자리에 남게 된다. 반면에 (47b)에서는 *seem*-절의 주어가 되기 위해 이동한다. (48)에서도 *remarkably little progress on disarmament*는 수동동사 *made*의 보충어이므로 (48a)의 허사구문에서는 제자리에 남게 된다. 반면에 (48b)에서는 *appear*-절의 주어가 되기 위해 이동한다.

*seem*과 *appear* 같은 동사들은 하위절의 논항이 *seem/appear*-절의 주어가 되는 것을 허용한다는 점에서 수동동사와 매우 유사하다. (47) 예문의 도출과정을 보다 자세히 살펴보자. 우선 종속절까지만 생성된 단계에서의 도출과정은 다음과 같다.

(49) a. [TP *there* [T to] [VP [v remain] some hope of peace]]]]]

　　 b. [TP *some hope of peace* [T to] [VP [v remain] *some hope of peace*]]]]]

(49a)는 (47a)의 도출과정을 보여주고, (49b)는 (47b)의 도출과정을 보여준다. 즉, 종속절에서 T의 EPP자질 때문에 TP-Spec이 채워져야 하는데, 하나는 허사 *there*를 병합하는 것이고, 다른 하나는 *remain*의 보충어 *some hope of peace*를 이동시키는 것이다. 이제 주절까지 생성된 단계에서의 도출과정은 다음과 같다.

(50) a. [CP [C ø] [TP *there* [T does] [VP [v seem] [TP *there* [T to] [VP [v remain] some hope of peace]]]]]

　　 b. [CP [C ø] [TP *some hope of peace* [T does] [VP [v seem] [TP *some hope of peace* [T to] [VP [v remain] *some hope of peace*]]]]]

주절 T도 EPP자질을 가지고 있으므로 주절의 TP-Spec도 외현적 요소에 의해 채워져야 하는데, 최근접요소유인조건에 따라 (50a)는 종속절 TP-Spec에 있는 *there*가 이동하고, (50b)는 종속절 TP-Spec에 있는 *some hope of peace*가 이동한다. 결국 (50a)는 (47a)의 도출과정을 보여주고, (50b)는 (47b)의 도출 과정을 보여준다.

이와 같이 하위절 TP의 지정어로부터 상위절 TP의 지정어로의 이동은 전통적으로 (주어) 인상으로 알려져 있다. 이 이동은 A-이동의 또 다른 예이다. A-이동은 일반적으로 T가 자신의 주어를 만들기 위해 자신이 성분통어하는 가장 가까운 명사구를 유인하는 운용이라는 점에서, 인상은 A-이동의 일반적 특성에 완전히 부합한다. 그리고 (50b)에서 *some hope of peace*가 동사 *remain*의 보충어위치에서 *seem*-절의 주어로 이동하는 운용이 두 단계(즉, 처음에는 종속절 TP-Spec으로, 그 다음에 주절 TP-Spec으로)에 걸쳐 일어난다는 것은 A-이동이 상대적 최소성조건을 준수한다는 것을 의미한다.

6.5   인상동사와 통제동사 비교

장거리 수동구문이나 인상구문의 논의를 통해, 종속절이 *to*-부정사인 구문은 종속절의 어떤 표현이 주절의 주어로 이동한다는 것을 알 수 있었다. 그러나 이것은 종속절이 *to*-부정사인 모든 구문의 경우 종속절의 어떤 표현이 주절의 주어로 이동한다는 것을 의미하는 것은 아니다. 종속절의 주어가 PRO인 *to*-부정사를 택하는 동사들이 있는데 이러한 동사들을 통제동사라고 한다. 다음 예문들을 살펴보자.

(51) a. He does seem [to scare them]. → 인상동사

　　 b. He does want [to scare them]. → 통제동사

인상동사인 *seem*이 나타나는 (51a)는 다음과 같은 도출과정을 겪는다.

(52) [CP [C ø] [TP he [T does] [VP [V seem] [TP *he* [T to] [VP *he* [V scare] them]]]]]

(52)의 도출과정이 보여주듯이, VP내주어가설에 따라 종속절의 주어인 *he* 가 VP-Spec에 병합된 다음 T의 EPP자질 만족을 위해 TP-Spec으로 이동한다. 그리고 주절 T가 병합된 단계에서 역시 주절 T의 EPP자질 만족을 위해 주절 TP-Spec으로 이동한다. *seem*과 같은 인상동사는 대상 보충어만을 택하는 1항술어이므로 의미적 주어를 택하지 않는다. 따라서 *seem*-절의 주어위치는 비의미역위치여서 그 자리로 A-이동이 가능하다.

많은 자동사들은 명사구 보충어를 택하는 비대격동사로 사용되거나, *to*-부정사 보충어를 택하는 인상동사로 사용되는 두 가지 용법을 가지고 있다. 다음 예들을 살펴보자.

(53) a. There appeared *a grotesque face* at the window.

　　 b. His attitude appears [TP to have changed].

(54) a. There remain *doubts about his competence*.

　　 b. That remains [TP to be seen].

(55) a. There began a long period of negotiation.

　　 b. The situation began [TP to get worse].

위 예문들에서 (a)문장들의 동사는 명사구 보충어를 택하는 비대격동사로 사용된 경우이고, (b)문장들의 동사는 TP 보충어를 택하는 인상동사로 사용된 경우이다.

인상동사인 *seem*이 나타나는 (51a)는 다음과 같은 도출과정을 겪는다.

(56) [$_{CP}$ [$_C$ ø] [$_{TP}$ he [$_T$ does] [$_{VP}$ ~~he~~ [$_v$ want] [$_{CP}$ [$_C$ ø] [$_{TP}$ PRO [$_T$ to] [$_{VP}$ ~~PRO~~
    [$_v$ scare] them]]]]]]

즉, *scare*는 2개의 논항을 택하는 2항술어이므로 보충어 *them* 이외에도 주어
로 영범주 PRO가 VP-Spec에 병합되기를 요구한다. VP-Spec에 병합된
PRO는 *to*의 EPP자질 만족을 위해 TP-Spec으로 이동한다. 그리고 이 PRO는
주절 주어 *he*에 의해 통제된다. 따라서 인상동사와 달리, 통제동사의 경우에는
종속절 주어가 주절 주어로 이동하는 운용은 없다.

(56)에 나타난 도출과정은 PRO가 VP-Spec에서 TP-Spec으로 이동한다는
것을 보여준다. 여기에서 생기는 의문점은 PRO 이동과 같은 비외현적 이동이
어느 정도 정당화될 수 있느냐는 점이다. PRO 이동은 비외현적이긴 하지만, 다
음과 같은 경험적 증거를 통해 정당화된다.

(57) a. **They** were _both_ priding themselves on their achievements.
    b. **I** don't _myself_ think that Capuccino was the best choice for
       manager of the England team.
    c. **He** was _personally_ held responsible.

위 예문들에서 밑줄 친 단어들은, 비록 인접하지는 않지만, 굵은 글씨체로 쓰
인 선행사를 수식하는 것으로 해석된다. (57a)의 *both*는 유동양화사(floating
quantifier)이고, (57b)의 *myself*는 유동강조재귀사(floating emphatic
reflexive)이며, (57c)의 *personally*는 논항지향부사(argument-oriented
adverb)이다. 이러한 유동수식어들이 굵은 글씨체로 쓰인 선행사를 수식하기
위해서는 어떤 조건을 만족해야 한다는 것을 다음 예들을 통해 알 수 있다.

(58) a. **Two republican senators** were _themselves_ thought to have been implicated.

    b. *There were _themselves_ thought to have been implicated **two republican senators**.

(59) a. **Two republican senators** are _both_ thought to have been implicated.

    b. *There are _both_ thought to have been implicated _two republican senators_.

즉, 유동적 수식어가 굵은 글씨체의 선행사를 수식하기 위해서는 선행사에 의해 성분통어 되어야 한다. (b) 문장들이 비문인 이유는 밑줄친 유동수식어가 선행사에 의해 성분통어 되지 않기 때문이다. 이제 다음 예문들을 살펴보자.

(60) a. [To _both_ be betrayed by their friends] would be disastrous for Romeo and Juliet.

    b. [To _themselves_ be indicted] would be unfair on the company directors.

    c. It was upsetting [to _personally_ have been accused of corruption].

위 예문에서 중괄호로 묶여진 부분은 PRO 논항을 가진 통제절이다. 각 예문에서 PRO는 수동동사의 의미적 보충어이므로 만약 통제 _to_ 가 EPP자질을 가지고 있지 않다면 제자리에 그대로 남아있게 되고, 통제 _to_ 가 EPP자질을 가지고 있다면 TP-Spec으로 이동하게 될 것이다. 예를 들어 (60b)는 다음 두 가지 경우의 구조를 보이게 된다.

(61) a. [$_{CP}$ [$_C$ ø] [$_{TP}$ [$_T$ to] [$_{AUXP}$ themselves [$_{AUX}$ be] [$_{VP}$ [$_V$ indicted] PRO]]]]

    b. [$_{CP}$ [$_C$ ø] [$_{TP}$ PRO [$_T$ to] [$_{AUXP}$ themselves [$_{AUX}$ be] [$_{VP}$ [$_V$ indicted] ~~PRO~~]]]]

(61a)는 PRO가 제자리에 남아있는 경우이고, (61b)는 PRO가 TP-Spec으로 이동한 경우이다. 이 두 가지 가능성 중에서 (61a)는 유동강조재귀사 *themselves*가 선행사에 의해 성분통어되어야 한다는 조건을 만족하지 않는 문제가 있다. 따라서 유동수식어에 관한 일반조건을 만족시키기 위해서는 (61b)와 같이 PRO가, 비록 비외현적이긴 하지만, 이동한다고 보아야 한다. 결국 (60)의 문장들은 통제절에서 PRO가 TP-Spec으로 이동한다는 경험적 증거로 간주된다.

이제 마지막으로 *to*-부정사를 보충어로 택하는 동사가 인상동사인지 통제동사인지를 판별하는 방법에 대해 알아보자. 인상동사와 통제동사는 다음 몇 가지 면에서 차이를 보인다. 첫째, *seem* 같은 인상동사는 허사 *it/there* 주어를 가질 수 있지만, *want* 같은 통제동사는 허사 주어를 가질 수 없다.

(62) a. It seems/*wants to be assumed that he lied to Congress.

b. There seem/*want to remain several unsolved mysteries.

둘째, 인상동사만이 아래 이탤릭체로 쓰인 숙어주어를 허용한다(통제동사는 허용하지 않음).

(63) Whenever they meet ...

a. *all hell* seems/*wants to break loose.

b. *the fur* seems/*wants to fly.

c. *the cat* seems/*wants to get his tongue.

셋째, 인상동사만이 장거리 수동구문에서의 의미적 동일성을 유지시켜준다.

(64) a. John seems to have helped Mary.

    b. =Mary seems to have been helped by John.

(65) a. John wants to help Mary.

    b. ≠Mary wants to be helped by John.

넷째, 인상동사와 달리 통제동사의 경우에는 주어 선택에 있어 화용적 제약이 있다.

(66) a. My cat/!My gesture wants to be appreciated.

    b. My cat/My gesture seems to have been appreciated.

지금까지 언급한 두 가지 유형의 동사의 모든 차이점들은 *want* 같은 통제동사는 주어에게 의미역을 배당하지만, *seem* 같은 인상동사는 주어에게 의미역을 배당하지 않는다는 사실로부터 비롯된다. *want*는 자신의 외재논항으로 경험자 주어를 선택하기 때문에, *my cat* 같은 유생명사는 주어로 허용되나, *my gesture* 같은 무생명사는 허용되지 않는다. 반면에 *seem*은 주어에게 의미역을 배당하지 않으므로 이동된 주어가 유생명사이든 무생명사이든 문제가 되지 않는다.39)

---

39) 인상동사와 통제동사에 관한 논의는 다음과 같은 형용사의 경우에도 똑같이 적용된다.

    (i) a. John is **likely** to win the race.

      b. John is **keen** to win the race.

*likely*는 인상형용사이고, *keen*은 통제형용사이다. 이 구분은 전자는 허사주어와 숙어주어를 허용하지만, 후자는 허용하지 않는다는 점에서 정당화된다.

    (ii) a. There is **likely**/*keen to be a strike.

      b. All hell is **likely**/*keen to break loose.

따라서 인상동사와 통제동사라는 용어 대신에 동사와 형용사를 모두 망라하는 용어로 인상술어(raising predicate)와 통제술어(control predicate)가 많이 사용된다.

1. 다음 두 문장의 도출과정을 밝히시오.

   a. All hope of finding survivors has gone.

   b. All hope has gone of finding survivors.

2. 다음 문장들의 경우에는 무엇이 어떤 식으로 이동되었는지 밝히시오.

   a. The players seemed to each other to be winning the match.

   b. This paper is written by Mary.

   c. Mary seems to have solved the problem.

   d. John is believed to have seen Bill.

   e. John was believed to have been attacked.

3. 다음 예문들의 비문법성이 무엇에서 비롯되는지 밝히시오.

   a. *Tom seems Mary to love.

   b. *Mary is believed John to have seen.

   c. *The game appears Mary to have win.

4. 다음 (i)의 두 문장은 뜻이 같은 것으로 해석되나, (ii)의 두 문장은 뜻이 같지
   않은 것으로 해석된다. 그 이유를 설명하시오.

  (i) a. I believe Susan to love John.

     b. I believe John to be loved by Susan.

  (ii) a. I persuaded Susan to love John.

     b. I persuaded John to be loved by Susan.

5. 다음 예문들의 심층구조를 제시하고 PRO의 의미가 결정되는 방식에 어떠
   한 차이가 있는지를 기술하시오.

  a. Tom promised Mary to join the club.

  b. Tom persuaded Mary to join the club.

제7장 X'-이론

7.1 구구조규칙의 문제점

문장은 어휘부로부터 추출되어진 어휘범주(X^0)와 그 어휘범주들이 투사되어 더 큰 단위를 이루는 구범주(XP)로 이루어지는데, 구범주 구성소의 구조는 주로 어휘범주의 하위범주화 특성에 의해 결정된다. 다음 예를 통해 알 수 있듯이 동사의 하위범주화틀과 PS-규칙과는 밀접한 연관이 있다.

(1) a. *hit*: [__ NP] ⇒ a'. VP → V NP

    b. *giggle*: [__] ⇒ b'. VP → V

    c. *think*: [__ S'] ⇒ c'. VP → V S'

    d. *give*: [__ NP PP] ⇒ d'. VP → V NP PP

    e. *rely*: [__ PP] ⇒ e'. VP → V PP

그러나, PS-규칙은 단순히 하위범주화틀에 명시적으로 규정된 정보를 반복적으로 나타낼 뿐이다. 그러므로 이러한 중복성을 없애기 위해서는 하위범주화틀과 구구조규칙 중 하나를 없애야 하는데 후자를 없애는 것이 바람직하다. 동사의 하위범주화틀을 제거함으로써 중복성을 없앨 수는 없다. 왜냐하면 하위범주화틀이란 동사의 개별적 통사범주적 특성으로 어휘부(Lexicon)에 반드시 표현되어야 할 정보이기 때문이다.

PS-규칙을 제거함으로써 생기는 문제는 어떻게 어휘항목들의 어휘적 특성들이 구조적 표시에 그대로 반영되게끔 만드느냐 하는 점이다. 이것이 보장되어야만이 어휘항목이 잘못된 구조 속에 들어가는 것을 막을 수 있다. 따라서 어휘항목들의 어휘적 특성이 구조적 표시에 정확히 반영되는 것을 보증하는 원리가 필요한데 이것을 투사원리(projection principle)라고 부른다. PS-규칙의 제거는 규칙체계의 문법에서부터 원리체계의 문법으로의 전환을 의미한다.

PS-규칙과 어휘삽입규칙의 역할은 특정 어휘항목을 올바른 구조에 삽입하는 것이다. 즉, 다음 정문인 (2a)만을 생성하고 비문인 (2b)를 배제하기 위해서는 NP 보충어를 택하는 VP속에 동사 *kill*을 삽입하여야 한다.

(2)   a. Mary killed the iguana.
       b. *Mary killed.
(3)   *kill*: [V; ___ NP]

어휘삽입규칙이 *kill*을 NP 보충어를 택하는 VP속에 삽입할 수 있는 것은 (3)과 같은 하위범주화 특성을 이용하기 때문이다.

다음 단계로, PS-규칙을 제거하였으므로 *kill*이 올바른 구조에 사용될 수 있게 하기 위해 다음과 같은 투사원리가 필요하다.

(4)   투사원리
       모든 통사적 단계는 어휘항목의 하위범주화 특성이 지켜질 수 있도록 어휘부가 그대로 투사된다.

투사원리는 하위범주화 특성이 통사구조에 제대로 반영되게끔 하기 위해 만들어진 원리이지만, 동시에 이동규칙이 적용된 후 원래 의미역의 자리에 흔적이 남아야 한다는 흔적규약을 뒷받침해준다. 흔적규약은 최소주의에 들어서 복사와 삭제라는 방식으로 이름이 바뀌지만 기본적으로는 동일한 내용이다. 즉 의미역이 주어진 본래의 위치가 표시되도록 하는 것이다. 만약 이동이 일어난 후에 흔적이 남지 않는다면 표면구조는 더 이상 투사원리를 만족시키지 못하게 된다. 다음 예를 살펴보자.

(5) a. this problem, I can [$_{VP}$ [$_V$ solve]]

   b. this problem$_i$, I can [$_{VP}$ [$_V$ solve] t$_i$]

(5a)처럼 화제화가 적용된 다음 흔적이 남지 않는다면, (5a)는 (3)과 같은 *solve*의 하위범주화틀을 만족시키지 못한다. 결국 투사원리는 하위범주화된 위치에는 반드시 이동 후 흔적/복사본(copy)을 남겨야 한다는 것을 요구하지만, 하위범주화되지 않은 위치, 즉 주어 자리에서의 이동에 대해서는 아무런 제약을 가하지 않는다. 주어 자리로부터의 이동도 흔적을 남겨야 하는데 이것은 뒤에서 살펴보게 될 확대투사원리(extended projection principle, EPP)에 의해 요구된다.

또한, 구구조규칙이 포기된 이유 중 하나는 어휘범주와 구범주만으로 설명할 수 없는 문장들이 있고, 이들 자료들은 중간투사범주(X-bar)로 설명할 수 있기 때문이다.

7.2 핵계층 이론

X-bar 이론은 '핵계층 이론'이라고 불리는데 XP라는 구범주 안에는 반드시 X라는 핵이 존재한다는 점을 명시적으로 보여준다. 동시에, 위에서 설명한 PS-규칙은 X^0라는 어휘수준의 범주(zero-level category)와 XP라는 구범주 (phrase-level category)만이 허용되어 있다. 하지만, 영어 문장을 구성하는 각종 표현들 중에는 어휘범주(N, V, A, P, etc), 구범주(VP, NP, PP, AP, etc) 외에도 중간투사범주(intermediate projection)를 설정하고 인정하는 것이 언어자료나 현상을 더 잘 설명할 수 있다.

이런 범주를 설정하고 인정하는 것이 특정한 구문이나 영어자료를 설명할 수 있기 때문에 PS-규칙을 포기하게 되었다.

또한, PS-규칙을 포기하고, 핵계층이론으로 넘어가게 된 동기 중의 하나는 PS-규칙이 강제적인 규칙이며, '다시쓰기규칙'(rewriting rules)이므로 (6) 같은 PS-규칙에서, 통사범주상 존재할 수 없는 S 같은 범주가 화살표의 왼쪽에 출현하는데 이를 막을 수 없다.

(6) a. S → NP (Aux) VP
     b. S는 NP, 임의적인 조동사(Aux), 그리고 동사구 VP로 다시 쓴다

즉, 문장 (S) 라고 하는 범주는 직관적인 이름이기는 하나, 명사는 NP로, 동사는 VP로, 전치사는 PP로, 형용사는 AP 등으로 투사되어 범주적 특성을 보유하고 있는데 비해, 문장(S)은 해당되는 어휘범주 없이 갑자기 출현한 셈이다.

따라서, 문장(S)은 시제(Tense)를 핵으로 하는 시제구(tense phrase, TP)라는 표찰로 그 이름을 바꾸게 된다. 이 밖에도 지적된 몇 가지 개념적 문제점 등이 있을 수 있는데, 기본골격을 구성하는 규칙이었던 PS규칙은 1980년대 이후 핵계층이론으로 대체된다. 핵계층 도식은 일종의 틀인데, 이 틀의 형을 가진 XP들

이 모여서 문장을 이룬다는 개념이다.

(7) 핵계층 도식

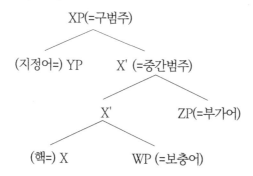

어휘핵 X를 제외한 모든 요소는 모두 임의적이어서 출현하는 경우도 있고 출현하지 않는 경우도 있다. 핵계층이론은 일종의 레고(lego) 블록처럼 작은 단위의 모듈들이 모여서 문장을 구성한다는 개념이다. 이제 아래에 X-bar이론의 원리들에 대해 살펴보자.

7.2.1 핵(Head)

PS-규칙을 살펴보면, 핵계층이론의 핵심적 포인트가 들어있다. 그것은 동사구의 핵은 동사, 명사구의 핵은 명사, 전치사구의 핵은 전치사, 등으로 XP의 핵은 X가 된다는 일반화의 기초가 되는 셈이다.

(8) a. VP → . . . V . . .
     b. NP → . . . N . . .
     c. AP → . . . A . . .
     d. PP → . . . P . . .

위와 같은 PS-규칙은 구범주와 어휘범주라는 두 종류의 범주로만 이루어져 있는 것을 알 수 있다. 즉, 어휘범주와 다른 요소들이 결합되어 구범주를 이룬다. 그런데 이 구구조규칙을 자세히 살펴보면 VP안에는 V가, NP안에는 N이, AP안에는 A가 하는 식으로 XP라는 구범주 안에는 반드시 같은 유형의 X라는 어휘범주가 들어 있는 것을 알 수 있다. 이러한 특성은 다음과 같은 규칙으로 일반화될 수 있다.

(9) XP → . . . X . . . (여기서 X는 N, V, P, A, Adv, 등)

X는 XP의 핵으로, XP의 필수적 요소이다. 따라서 다음과 같이 (9)를 어기는 규칙들은 자연언어의 구조를 포착하는 규칙으로 인정받지 못한다. (예컨대, *VP → N, *PP → A)

7.2.2 지정어와 보충어

PS-규칙의 심각한 단점 중의 하나는 하위범주화된 요소와 그렇지 않은 요소(수식어구 혹은 부가어)를 구조적으로 구분하지 못한다는 것이다. 다음 예를 살펴보자.

(10) a. Mary's solution to the problem
     b. NP → NP N PP
     c.

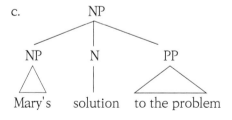

(10b)와 같은 PS-규칙에 의해 (10c)와 같은 구조가 만들어진다. 이 구조하에

서는 주어나 보충어와 같은 문법기능을 구조적으로 정의하기가 불가능하다. 왜냐하면 주어인 *Mary*, 핵인 *solution*, 보충어인 *to the problem*이 모두 NP에 의해 직접 관할되므로 구조적인 차이가 없기 때문이다.

PS-규칙에 의존하는 문법이 이런 차이를 밝히지 못하는 이유는 PS-규칙은 어휘범주(X)와 구범주(XP) 두 종류의 범주만을 인정하기 때문이다.

따라서 이러한 문법 기능상의 차이가 구조적으로 반영될 수 있도록 하기 위해서는 어휘범주와 구범주 이외에 X'라는 중간범주의 존재를 인정해야 한다. 중간범주(X-bar)를 받아들여 (10c)의 구조를 재분석하면 다음과 같다.

(11)

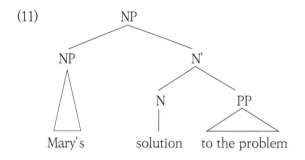

이 구조하에서는 주어는 NP에 의해 직접관할되고 보충어는 N'에 의해 직접 관할되므로 주어와 보충어의 구조적 차이가 분명히 드러난다.

지정어는 XP에 의해 직접관할되면서 동시에 X'의 자매인 범주를 가리키는 기능적인 용어이다. 따라서 종전의 주어라는 문법관계를 나타내는 말은 이제 XP의 지정어라는 보다 구조적인 용어로 대치된다.

한편 보충어는 핵(head)의 자매인 범주를 가리키는 용어이고, 부가어는 핵의 어미절점의 자매인 범주를 가리키는 말이 된다. (7)의 핵계층 도식(X-bar schema)에서 핵 범주(X)와 각각의 요소(WP, ZP, YP)의 관계를 점선화살표로 나타내면 아래와 같다.

(12)

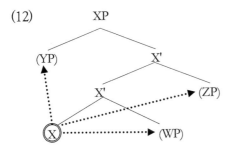

(where X=N, V, A, P, Adv, D, T, C, etc)

이러한 X-bar 도식에서 X가 무엇이 되느냐에 따라 투사되는 최대투사범주
가 결정된다. 즉, 핵이 V면 VP가, A면 AP가, P면 PP가 된다.

(13) a.   b.   c.

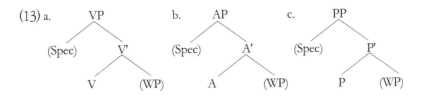

어휘범주나 최대투사범주와는 달리 중간범주는 여러 번 반복투사될 수 있는
데, 이는 *do so*와 같은 대용형의 사용을 통해 알 수 있다. 다음 예를 살펴보자.

(14) a. Jenny will [vp read the letters in the garden this afternoon]

b.

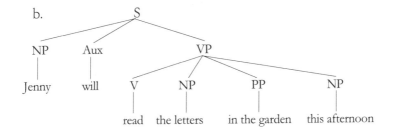

(14a) 문장을 구구조규칙만을 받아들이는 구구조문법에 의거해 나타내면 (14b)와 같은 구조가 된다. V와 VP사이에 중간범주를 인정하지 않는 이러한 구조는 *do so*라는 대용형의 용례를 설명하는 데 적합하지 않다.

(15) a. Jenny will read the letters in the garden this afternoon and Bill will *do so*, too.

   b. Jenny will read the letters in the garden this afternoon and Bill will *do so* tonight.

   c. Jenny will read the letters in the garden this afternoon and Bill will *do so* in the garage tonight.

   d. *Jenny will read the letters in the garden this afternoon and Bill will *do so* the magazine in the garage tonight.

(15a)에서의 *do so*는 *read the letters in the garden this afternoon* 전체를 대체하는 것이고, (15b)에서의 *do so*는 *read the letters in the garden*을 대체하는 것이며, (15c)에서의 *do so*는 *read the letters*만을 대체하는 것이다. 그러나 (15d)가 비문인 것처럼 *do so*가 *read*만을 대체할 수 없다.

이미 언급하였듯이, 대체라는 변형규칙은 하나의 구성소를 이루는 요소에 적용되는 것인데, (14b)의 구조에서 *read the letters in the garden*이나 *read the letters*는 하나의 구성소를 이루지 못한다. 따라서 *do so*가 대체할 수 있는 세 가지가 모두 구성소가 될 수 있으려면 V′라는 중간범주가 필요할 뿐만 아니라 여러 차례 반복해서 투사되어야 한다. V′를 이용하여 새로 분석한 (14a)의 구조는 다음과 같다.

(16)

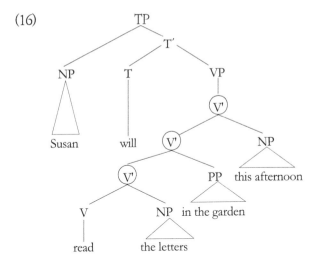

이제 *do so*는 V'의 대용형이라는 일반화를 얻을 수 있다. (16)속 3개의 V'중에서, (15a)의 *do so*는 (16)의 제일 위 V'를 대체, (15b)의 *do so*는 (16)의 가운데 V'를 대체, (15c)의 *do so*는 (16)의 제일 깊이 내포된 V'를 대체한다. *do so*는 V' 보다 핵범주 V만을 대체할 수 없다. (15d)가 비문인 이유이다.

또 다른 종류의 구문을 살펴보자. *do so*가 V'를 대체하는 자료는 핵계층이론의 중간투사범주의 존재를 정당화하는데 사용되는 논증이다.

(17) a. The housekeeping staff sanitized the bathroom meticulously, and the manager *did so* too.
   b. The housekeeping staff sanitized the bathroom meticulously, and the manager *did so* clumsily.

(17a)의 둘째 절, *do so*는 *sanitized the bathroom meticulously*를 받는 대용어이다. 그런데, (17b)는 *do so*가 *sanitized the bathroom*만을 받고 있음을 보여준다. 이 경우, *do so*는 *meticulously*라는 부사구를 제외한 V' 구성소를 받고 있다.

(18)

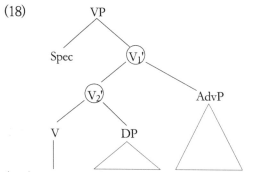

(17a)... sanitized the bathroom meticulously

(17b)... sanitized the bathroom clumsily

위의 (17a)와 (17b)가 다 정문임을 보건대, *clean the windows*의 V₁'를 대체한
것이 (17b)이고, *clean the windows meticulously*의 V₂'를 대체한 것이 (17a)이
다. 이런 설명은 중간투사범주 V'가 있어서 가능한 일이다. 따라서, 중간투사범
주의 설정은 핵계층이론에서는 매우 중요한 기제이다.

물론, 최소주의 통사론에서도, 핵, 보충어, 부가어 등의 개념과 각종 구구조
의 형상성(configurations)등은 매우 중요하지만, 주변의 다른 자매가지가 없
는 절점들은 간략하게 생략된 범주표찰을 가지게 된다.

7.2.3 부가어

핵계층 도식에는 지정어나 보충어 이외에 부가어(또는 전통 문법적 관점에
서는 수식어)라는 것이 있는데 형용사가 그 대표적 예이다. 형용사를 명사의 보
충어라고 볼 수는 없다. 왜냐하면 영어에서 보충어는 핵을 후행해야 함에도 불
구하고 형용사는 오히려 자신이 수식하는 명사를 선행하기 때문이다. 형용사는
명사의 지정어라고도 할 수 없는데, 그 이유는 첫째 형용사가 명사의 지정어와
함께 사용될 수 있기 때문이다.

(19) a. *Mary's the solution to the problem

b. Mary's latest solution to the problem

c. The latest solution to the problem

위 예문들을 통해 알 수 있듯이 명사 *solution*의 지정어로 쓰이는 명사구 *Mary*나 관사 *the*는 같이 사용될 수 없다. 그런데 형용사 *latest*는 지정어 *Mary* 나 *the*와 같이 사용될 수 있으므로 형용사를 지정어라고 할 수는 없다. 둘째, 하나의 범주는 하나의 지정어만을 가질 수 있는데 형용사는 여러 개가 되풀이되어 나타날 수 있으므로 역시 지정어라고 할 수 없다.

(20) a. A tall dark handsome stranger

b. The big red car

따라서 형용사는 부가 구조를 통해 주어진 범주에 부가되는 부가어이다. 부가 구조를 이용하여 (20b)를 나타내보면 다음과 같다. 앞서 살펴본 것처럼 V' 라는 중간범주가 반복 투사되듯이 N'라는 중간범주도 반복 투사될 수 있다는 것을 다음 구조를 통해 알 수 있다.

(20) c.

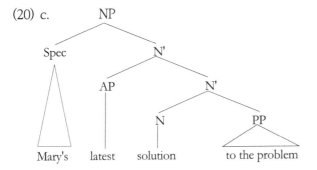

또 다른 부가어의 예로 VP-부사를 들 수 있다. VP-부사를 부가어로 간주하

는 이유는 형용사를 부가어로 보는 이유와 같다. 첫째, 형용사가 명사를 앞에서 수식하듯이 부사도 동사나 동사구를 앞에서 수식한다.

(21) a. The army's total destruction of the city
    b. The army totally destroyed the city.

둘째, 반복되어 사용되는 것이 형용사만큼 아주 자연스럽지는 않지만 부사도 여러 개가 반복되어 사용될 수 있다.

(22) a. John repeatedly viciously attacked Bill.
    b. Mary cleverly (only) partially solved the problem.

(22b)의 구조를 수형도로 나타내면 다음과 같다. 이 구조에서도 중간범주는 반복 투사된다.

(22) c.

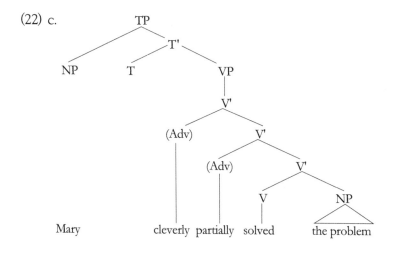

또 다른 부가어의 예로 관계절(relative clause)에 대해 알아보자.

(23) a. The suggestion [CP that [[TP John should resign]] is absurd.

b. The suggestion [CP that [TP John made]] is absurd.

(24) a. The claim [CP that [[TP John should study generative syntax]] seems groundless.

b. The claim [CP that [TP John made]] turned out to be false.

(23a, 24a)의 CP는 동격절(complement clause)이고 (23b, 24b)의 CP는 관계절이다. 위의 경우, 동격절과 관계절이 모두 that-으로 시작되는 시제절이 긴 하나, 둘은 구조적으로 현저한 차이가 있다. 표면상으로도 동격절속의 TP는 완전한 문장이다(*John should resign*). 그러나 관계절 속의 TP는 자체적으로 완전한 문장이 못되고, 일종의 공백이 있다(*John made ___ *).

관계절은 형용사와 같이 명사를 수식하는 기능을 지니므로 동격절과는 달리 부가어로 여겨진다. 동격절과 관계절을 수형도로 나타내면 다음과 같은 차이가 있음을 알 수 있다.

(25)

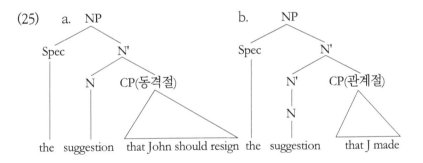

부가구조를 인정하게 되면 중간범주나 최대투사범주가 반복되어 투사되는 가능성이 열리기 때문에 최근에 이르러 부가를 XP-부가로 보는 학자들도 있다.

(26) XP-부가를 선택한 경우 핵계층 도식

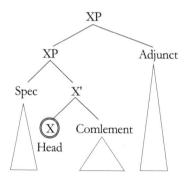

결국 부가구조는 X'-이론의 정신과 일치하지 않는 문제점이 있다. 이러한 문제점으로 인해 (26)과 같은 부가 도식을 인정하지 말아야 한다는 주장과 부가 도식은 X'-도식이 확장된 것으로서 반드시 X'-이론의 원리들과 일치하지 않는 것은 아니라는 주장이 있다.

이 문제에 대해서는 더 이상 깊이 논의하지 않고 단지 X-bar 수준의 부가구조가 존재한다는 가정하에 논의를 전개해 나가겠다.

(27) a.

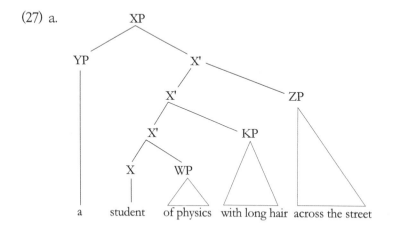

위 수형도 (27)에서 XP란 구범주를 형성하는 각 부분의 핵계층 요소는 다음과 같다.

(27) b.

	범주명	(27)의 실제 표현
XP	NP	a student of physics with long hair across the street
YP	DP(Det)	a (지정어구)
X	N	student (핵)
WP	PP	of physics (보충어)
KP	PP	with long hair (부가어구)
ZP	PP	across the street (부가어구)

핵을 제외한 나머지 모든 요소들은 임의적이어서, 출현할 수도 출현하지 않을 수도 있다. 또한 부가어는 수식하는 표현으로 여러번 출현할 수 있으므로, 위의 예문은 하나의 보충어구와 2개의 부가어구, 그리고 1개의 지정어구가 명시적으로 출현한 명사구의 구조가 된다.

핵계층 통사원리를 이해한다면, 부가어와 보충어의 차이에 대해 실제 자료를 살펴볼 필요가 있다. 다음을 살펴보자.

(28) a. an English teacher

　　 b. a teacher who teaches English

　　　 (maybe a teacher is from Canada)

　　 c. a teacher who is from England (maybe a teacher of Chemistry)

(28a)은 기본적으로 중의성을 가지고 있다. (28b)처럼 "영어를 가르치는 교사" 라는 의미일 수도 있고 (28c)처럼 "영국출신 교사"라는 의미일수도 있다. 핵계층이론은 이 중의성을 정확히 포착해줄 수 있도록 해준다.

(29)

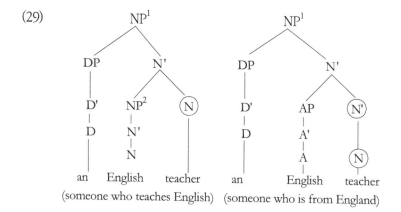

(someone who teaches English)   (someone who is from England)

발음의 관점에서 보면, *an English teacher*가 '영어선생님' 일 때는 *English*에 강세가 있다. 그러나 '영국인 선생님' (어떤 과목선생님인지는 알 수 없다)일 때는 *teacher*에 강세가 있다. 동시에 한국인 영어선생님도 가능한데, 그 수형도는 아래와 같다. 위 수형도의 점선 동그라미는 NP¹의 핵을 표시한 것이고, 각각의 XP는 자체적인 핵 X가 있다.

(30)

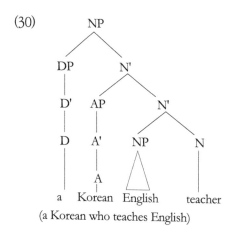

(a Korean who teaches English)

이번에는 동사구전치(VP Preposing) 현상을 통해 VP-adjunction보다 V'-adjunction이 더 잘 설명할 수 있는 자료를 제시한다. Aarts (2008:195)

의 자료에 의하면 다음과 같은 자료는 V-bar를 인정하지 않으면 설명하기 어렵다.

(31) a. Ralph says that he will carefully clean his room, and he will carefully clean his room.

b. Ralph says that he will carefully clean his room, and [carefully clean his attic] he will [___].

c.*Ralph says that he will carefully clean his room, and [clean his attic] he will carefully [___].

위의 예문을 보면, (31a)는 어떤 이동도 일어나지 않은 표준적인 예문이고, (31b)는 *Carefully clean his room*은 [___]로부터 동사구전치되었고 이 문장은 정문이다. 한편 *Clean his room*만 전치되고 부사 *carefully*가 뒤에 남은 것은 (31c)는 비문이다. 만일 부가어구의 부가가 VP에 부가된 (32a)가 (31c)의 구조라면, 이 예문(31c)이 비문인 것을 설명할 수 없다. 왜냐하면 (31c)는 동사구전치가 일어나고, 그 뒤에 *carefully*가 남아있는 형상구조이기 때문이다.

(32)

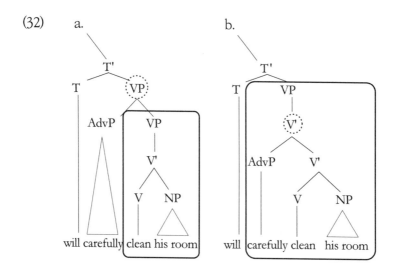

　따라서 만일 수형도가 V'-adjunction된 (32b)라면, 동사구전치가 일어날 때 *carefully*까지 전치되어야 하는 것을 잘 설명할 수 있다. 부가어인 *carefully*가 VP-adjunction된 (32a) 구조라면 작은 VP (*clean his room*)가 전치되고 나서, 뒤에 남은 *carefully*가 뒤에 남은 (31c)가 비문인 것을 설명할 수 없다.

　결론적으로, 적어도 이 자료에 의하면, 부가어가 되는 AdvP는 VP 속 V'-부가된 구조임을 알 수 있다.

7.3　S= TP (시제구)

　우리는 지금까지 어휘범주에 국한시켜 논의를 진행해왔다. 이제는 S나 S'와 같은 기능범주가 과연 X' 이론과 부합하는지에 대해 살펴보고자 한다.

　우리는 앞서, '문장'이라는 문법범주가, 직관적인 이름이기는 하나, 해당되는 어휘범주가 없다는 점에서 X'-구조에 일치하지 않는다는 점을 지적한 바 있다. 그리고 '문장'에서 가장 중요한 요소('핵')는 시제(tense, T)이므로 문장은 이제부터 TP가 된다.

문장에서 왜 시제가 가장 중요한 요소, 즉 핵인가에 관한 설명은, 시제가 있는지 없는지가 문장의 형태를 결정짓기 때문이다. 즉 동사의 굴절도 시제에 따라, 시제가 있으면 굴절하고 시제가 없으면 동사의 원형이 출현한다.

참고로, 비교를 위해, 아래와 같은 PS-규칙과 구구조를 X-bar 도식으로 표시해보면 아래와 같다.

(33) a. S → NP Aux VP
b.

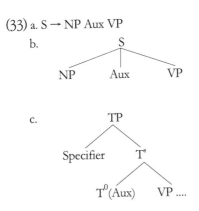

(33a)의 PS규칙에 의해 만들어진 (33b) 구조는 S가 NP, Aux, VP의 세 구성소로 이루어져 있음을 보여준다. 이 구조는 두 가지 점에서 문제가 있는데, 첫째는 S의 핵이 무엇인지 알 수 없다는 것이고, 둘째는 X'-도식에 맞지 않는다는 것이다.

따라서 S의 구성소 중에서 무엇이 핵인지를 먼저 판별해야 한다. Aux는 구범주가 아니고 또 위치상 주어인 NP와 술어인 VP 사이에 위치하므로 Aux가 핵일 가능성이 크다. 우리는 *be*나 *have* 같은 조동사는 Aux의 구성소가 아니라 VP안에 생성되고 동사인상(verb raising)을 통해 Aux로 옮겨간다는 것을 논의하였다.

오히려 Aux에는 시제가 들어있고 시제는 굴절어미로 표현되므로 용어상의 혼란을 피하기 위해 이제부터 Aux 대신에 시제 (T)이라는 용어를 쓰고 간단히

T로 표기하겠다.

T에는 시제 이외에도 일치(agreement)의 요소가 들어있다. 다음 예들을 살펴보자.40)

(34) a. I giggle   c. You giggle   e. *She/he giggle

      b. *I giggles   d. *You giggle   f. She/he giggles

(35) a. We blush   c. You blush   e. They blush

      b. *We blushes d. *You blush   f. *They blushes

위 예들이 보여주는 굴절어미의 차이는 시제의 차이에서 오는 것이 아니고 성·수인칭을 나타내는 일치자질의 차이에서 생기는 것이기는 하나, 영어의 굴절은 중세영어를 지나면서 그 굴절이 많이 소멸되고 간소화 되어서 시제만이 가장 뚜렷한 요소로 남아있다.

따라서, 이제 S를 구성하는 세 요소 중 T를 핵으로 보고 X'-도식에 맞추어 문장구조를 다시 나타내보면 다음과 같다.

(36)

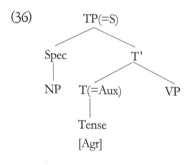

---

40) 오늘날 영어의 BE동사를 제외하고는 대부분의 굴절은 많이 소실되었으며, 독일어족 계통의 언어 특징인 시제도 과거와 현재만이 남아 있다. '미래'의 의미는 나타낼 수 있지만, 별도의 어휘항목 (예를 들면 조동사, 부사, be going to 등의 표현들)이 미래의 의미를 전달하는 기능을 하고, 본동사 자체가 미래 굴절형이 있는 것은 아니라는 말이다. (이와 달리 로만스어인 불어의 경우 동사굴절은, 과거, 현재, 미래가 각각 달리 굴절한다)

T속에는 시제와 일치의 자질들이 있고 이것은 (34)-(35)에서 보듯이 주어와 일치해야 하므로 TP의 핵인 T와 지정어인 주어는 자질 면에서 서로 일치한다고 하고, 이러한 일치를 다음과 같은 지정어-핵 일치(specifier-head agreement)로 포착한다.

핵계층 도식이 보여주는 바와 같이, 지정어는 일반적으로 임의적인데, 영어같은 언어는 시제절 TP의 지정어인 주어가 없는 경우는 문제가 생긴다.

(37) a. *__Seems that Mary has solved the problem.

b. *__ Is a unicorn in the garden.

위의 예들은 모두 TP의 지정어인 주어가 없기 때문에 비문이 된다. 위 예문들의 비문법성이 의미와는 상관없다는 것은 주어 자리에 허사가 들어가면 정문이 되는 것으로부터 확인할 수 있다.

(38) a. It seems that Mary has solved the problem.

b. There is a unicorn in the garden.

*It*과 *there*는 의미가 없는 허사이므로 주어 자리에 삽입된다고 해서 의미의 차이를 가져오는 것은 아니다. 결국, 다른 구와는 달리 TP는 반드시 지정어가 필요하다는 것을 알 수 있는데 이를 '확대투사원리'(extended projection principle, EPP)로 설명한다.

(39) 확대투사원리 (EPP): 절은 주어를 가져야 한다.

확대투사원리는 주어에 대한 조건인데 심층구조에서는 주어가 없을 수 있기 때문에 (예를 들면, *seem* 같은 동사의 주어의 위치, 수동문의 동사구의 주어 위치는 *seem* 이나 *be*-PP 로부터 의미역이 주어지지 않으므로 도출 혹은 병합 (Merge) 시작 과정에는 비어 있게 된다.

확대투사원리를 만족시키는 방법으로 (38)처럼 허사 *it*이나 *there*를 삽입하는 것 이외에 다른 요소를 이동시키는 방법이 있다.

(40) a. Mary seems to have solved the problem.

    b. 기저구조: [TP __ seems [TP Mary to have solved the problem]]

    c. 표면구조: [TP Mary$_i$ seems [TP t$_i$ to have solved the problem]]

(40b)의 예문에서 보듯이 심층구조에서 주어 위치는 비어 있다. 만약 이동이 일어나지 않고 그대로 도출된다면 문장은 확대투사원리를 위반하여 비문이 된다. 따라서 뒤에 있는 보충어가 주어위치로 이동함으로써 확대투사원리를 만족시킬 수 있다.

이제 시제절은 주어를 가져야 한다는 확대투사원리를 수용하고 나서, 종속절 주어가 비외현적인 *to*-부정사 구문을 살펴보자.

(41) a. John tried [to leave].

    b. John persuaded Bill [to leave].

    c. It is difficult [to leave].

위의 예문들의 종속절은 모두 주어위치를 차지하는 요소가 없으므로 확대투사원리를 위반한다. 그럼에도 불구하고 위 예문들은 모두 정문이므로 우리는 눈에 보이지는 않지만(즉, 발음되지는 않지만) 통사적으로 의미있는 요소가 *to*-부정사 절의 주어위치를 차지한다고 본다. 이와 같이 *to*-부정사 절의 주어위치를 차지하는 요소를 PRO라고 하는데, 이 PRO를 이용하여 (41) 구조를 다시 표시해보면 다음과 같다.

(42) a. John tried [PRO to leave].

  b. John persuaded Bill [PRO to leave].

  c. It is difficult [PRO to leave].

이제 위 예문들은 모두 확대투사원리를 만족시키게 된다.

PRO는 사용상의 제약이 있는데 주로 to-부정사 절의 주어나 혹은 동명사인 -ing 형태의 주어로만 나타난다. PRO가 무엇에 의해 통제(control)되어 자신의 지시(reference)를 갖게 되는가는 술어에 따라 달라지게 된다. (42a)의 PRO는 주어에 의해 통제되므로 주어 통제(subject control)라 하고, (42b)의 PRO는 목적어에 의해 통제되므로 목적어 통제(object control)라 하며, (42c)의 PRO는 문장 내에 통제자를 갖고 있지 못하므로 임의 통제(arbitrary control)라 한다.

이제 to-부정사 구문의 to의 범주가 무엇인지 알아보자. 다음 예를 통해 알 수 있듯이 부정사 to는 그 행동양식에 있어서 전치사 to와 전혀 다르다.

(43) a. He stayed *right/straight* **to** the end of the film.

  b. *We don't intend *right/straight* **to** surrender.

(44) a. I intend to *resign/*to resignation*.

  b. She waited for John to *arrive/*to arrival*.

(45) a. Try and do it without *complaining/*complain*.

  b. You must try to *work/*working* harder.

(46) A: Do you want to go to the cinema?

  B: No, I don't really want *to*. (infinitival)

   *No, I don't really want to go *to*. (prepositional)

전치사 to와는 달리 부정사 to는 *right/straight*와 같은 부사에 의해 수식될 수 없고, 다음에 명사가 아니라 동사가 따라오며, to 이하의 요소를 생략하는 생략

구문에 사용될 수 있다.

다음 예들을 통해 알 수 있듯이 부정사 *to*는 오히려 *should*와 같은 전형적 법조동사와 분포상 중요상 유사점을 보인다.

(47) a. It's vital that John *should* show an interest.

b. It's vital for John *to* show an interest.

(48) a. I don't really want to go to the dentist's, but I know I *should*.

b. I know I should go to the dentist's, but I just don't want *to*.

c. *I know I should go to the dentist's, but I just don't *want*.

따라서 부정사 *to*는 *should*와 같은 법조동사처럼 T에 속하는 요소인 것으로 받아들여진다. 시제절과 *to*-부정사절의 차이는 전자는 T가 [+Tense, +Agr]이라는 자질을 가지고 있는 반면에 후자는 T가 [-Tense, -Agr]이라는 자질을 갖고 있는 점이다.

7.4　소절

문장의 종류 중에서 명시적으로 시제가(T, tense) 출현하지 않은 구성성분이 의미상 주술관계(X is Y)를 형성하는 경우가 있다. '소절(small clause, SC)'이라고 부르는 다음의 예문이 이에 해당된다.[41]

---

41) Willams (1975)는 '[*John's evading his taxes] infuriates me*' 같은 요소도 소절로 보았으나, Stowell (1981)은 [NP XP]의 형태를 소절로 보았다. 여기서는 Stowell을 수용하여, [NP XP]를 소절로 본다. 한 가지 흥미로운 논란거리는, 소절을 Verbless Clause라고 부르기도 하는데(Aarts 2008), 이점은 논란의 여지가 있다. '동사 없는 절'이라는 정의를 수용하면, 원형동사가 있으므로, 소위 동사성 소절(verbless SC)은 소절이 아니고 TP이다. 이때, T가 오늘날 영어에 들어와 null 해진 것

(49) a. John considers [Bill to be incompetent]

   b. John considers [Bill very incompetent]

(50) a. They expect [that sailor off my ship]

   b. I consider [Della out of her mind]

동사 *consider*는 위 두 문장에서 비정형절(non-finite clause)을 택하는데, 특히 (49b)의 종속절은 T의 요소인 *to*가 없다는 점에서 소절이라 불리운다. 소절의 범주가 무엇인가 하는 것에 대해 많은 논란이 있어왔다. 다음에서 보듯이 T의 요소인 *to*가 사용될 수 없다는 점에서 일반적으로 술어의 최대투사범주인 것으로 분석된다.

(51) a. John considers Bill (*to) fastidious.

   b. *John considers Bill be fastidious.

(51a)의 종속절을 수형도로 나타내보면 다음과 같다.

으로 보는 것이다.

만일 소절을 '시제없는 절(tenseless clause)'이라는 정의를 채택한다면, 동사에 시제가 출현하지 않는 경우인 지각/사역 동사 등의 구문의 내포절은 동사의 원형이나 '-ing'이 출현하므로, 소절이라고 부를 수 있다. 다만 동사성 소절이 N, P, A 의 소절과 매우 다르고, Shakespearean English (혹은 Elizabethan English) 때는 T(따라서 'to')가 있었는데 이것이 생략되었거나 소실되었다는 입장을 수용한다면, (동사성) 소절이라기 보다는 null T가 있는 구조, 즉 TP라고 해야 할 것이다. 따라서, 우리는 논의는 하되, 지각/사역 동사가 있는 (즉, null T가 있는) 내포절은 TP라고 보고 이를 소절의 범위에서 제외하겠다.

(52)

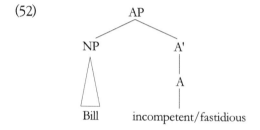

즉, 술어가 형용사이므로 주어인 *Bill*은 AP의 지정어 (즉, 주어) 로 분석된다. 반면에 술어가 P나 V인 다음의 경우 소절의 주어는 PP나 VP의 지정어로 분석된다.

(53) a. The captain expects [the drunken sailor off the ship immediately].

　　 b.

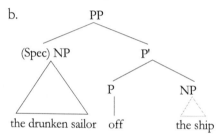

(54) a. John made Bill read the whole book.

　　 b.

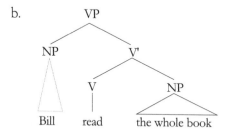

따라서, 소절은 tenseless 성분으로, 술어 (52)에서는 A, (53b)에서는 P, (54a)에서는 V가 핵범주이면서 각각의 최대 투사인 AP, PP, VP가 되며, X'-도식에 부합된다. 각주에서 언급한 바와 같이, 소절을 '동사없는 절' (verbless clause)로 보아 동사가 있는 (54)같은 경우를 소절로 보지 않는 학자도 있다. 그러나 어떤 경우에도 핵계층 구조적으로는 핵이 되는 X의 지정어, 보충어, 부가어 등이 핵계층 도식을 만족시킨다는 점은 확실하다.

7.5　S′= CP 분석

전통적으로, 문장(S)이라고 불렸던 범주를 포함하는 보다 큰 범주 중에는 S-bar라고 불렸던 범주가 있다. 예를 들면, *I think that John is an idiot*에서 *John is an idiot*은 S(문장)이고, *that John is an idiot*라는 범주는 S-bar라고 불렸다. 초기변형문법에서 S′의 구조는 아래와 같다.

(55)

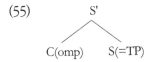

이러한 구조의 가장 큰 문제점은 의문사구 의문문의 경우 주어 앞에 두 자리 이상이 필요한데도 불구하고 주어 앞에 오직 한 위치만이 설정되어 있어 의문문 등을 비롯한 많은 문장들을 구조적으로 수용/표시할 수 없다는 점이다. 다음 예를 살펴보자.[42]

(56) a. What did [TP you buy]?

위 예문에서 주어 앞에는 의문사 *what*와 조동사 *did*가 나타나므로 두 자리가

---

[42] C는 Complementizer(보문소)의 축약어로, 조동사인 did가 왜 보문소인가 하는 질문을 할 수 있겠으나, C는 '구조적 위치'의 이름이고, 그 위치는 구조보존가설에 (structure preserving hypothesis) 따라 핵범주가 올 수 있는 곳이고, 따라서 그 위치에 핵범주인 조동사가 출현할 수 있게 된 것이다.

필요하다. 따라서 C를 S'의 핵으로 보고 TP를 보충어로 분석하면, 다음과 같이 주어 앞에는 핵과 지정어라는 두 자리가 마련됨으로써 조동사와 의문사가 들어갈 별도의 자리가 확보된다.

(57)

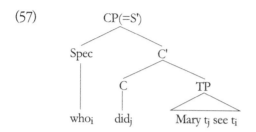

C를 S'의 핵으로 봄으로써 이제 S'는 C의 최대투사범주인 CP가 되고 (57)구조는 X'-도식과 일관성 있게 부합된다.

C를 S'의 핵으로 간주하는 것은 C가 문장의 유형을 결정짓는 의미적으로 꾱장히 중요한 요소라는 사실로부터도 뒷받침된다. 즉, C가 [+Q]라는 자질을 갖고 있으면 의문문이 되고 [-Q]라는 자질을 갖게 되면 평서문이 됨으로써 C가 문장의 유형을 결정하는 중요한 요소이다. 우리는 앞에서 S의 가장 중요한 요소 (핵)이 시제 (T)임을 논의하였고, 시제문은 TP라고 했듯이, 이제 TP를 포함하는 더 큰 문법단위인 CP는 C가 핵이다.

앞서 언급하였듯이 C가 [+Q]자질을 가지면 의문사구 이동이 반드시 일어나야 한다.

(58) a. I wonder who Mary saw.

    b. *I wonder Mary saw who.

(59) a. Who did Mary see?

    b. *Mary saw who?

(58)에서는 종속절 C가, (59)에서는 주절 C가 [+Q]자질을 갖고 있는데 (b) 예문들은 의문사구 이동이 일어나지 않아 비문이 된다. 따라서, 기능핵인 C가 [+Q] 자질을 가진다면, [+Q] 지정어를 가져야 한다. Wh-의문문에서의 Wh-구 이동은 C가 가진 [+Q]자질을 갖고 있고 같은 자질을 가진 것은 의문사구뿐 이므로, 이것이 이동을 통해 CP의 지정어 위치로 이동한다.

7.6 이분지 구조와 VP-외곽 구조

X'-이론의 재미있는 결과는 모든 절점이 최대 2개의 가지만을 관할한다는 것이다. 이를 이분지성(binarity)이라고 하는데, 이것을 보다 분명히 알아보기 위해 구구조규칙에 의해 생성된 구조와 X'-구조에 의해 생성된 통사구조를 비교해보자.

(60) a.

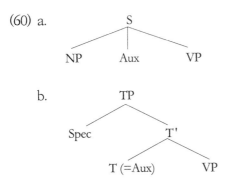

b.

핵계층 이론의 이분지구조 원리에 따르면 (60a)였던 구조는 이제 (60b)의 구조를 가진 것으로 본다. 위의 두 구조의 비교를 통해 알 수 있듯이, PS규칙에 의해 생성된 구조는 S가 3개의 절점을 관할하지만, X'-이론에 근거한 X'-규칙 들은 항상 2개의 절점만을 관할한다. 이와 같은 이분지 원칙은 문장 부사가 첨가될 경우에도 지켜진다.

(61) a. Presumably, John fixed the car.

　　 b. TP → ADV TP

　 c.

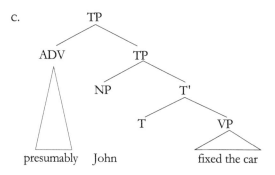

이분지 제약을 포함하는 구구조이론은 그렇지 않은 이론보다 훨씬 선호된
다. 왜냐하면 그러한 제약을 가진 이론은 가능한 통사 구조에 엄격한 제한을 가
함으로써 언어습득의 용이함을 설명해 주기 때문이다. 즉, 이분지 제약이 인간
의 문법에 존재한다면 어린아이가 어떤 문장의 구조를 배울 때 가능한 구조의
숫자가 훨씬 줄어듦으로써 언어습득의 부담을 덜게 된다. 따라서 이러한 이
분지 제약을 문법 속에 포함시킬 필요가 있는데 이분지 제약은 다음과 같이 정
의된다.

(62) 이분지 제약

　　 하나의 절점은 최대 두 개의 가지를 관할할 수 있다.

문제는 이러한 이분지 제약을 위반하는 구문이 영어에서 발견된다는 점이
다. 소위 보충어를 두 개 취하는 수여동사(ditransitive)의 구문이 여기에 해당
되는데 다음 예들을 살펴보자.

(63) a. John put the spatula *(on the shelf).

    b. John put *(the spatula) on the shelf.

(64) a. Mary gave the book *(to John).

    b. Mary gave *(the book) to John.

위에서 보듯이, *put*이나 *give* 같은 동사들은 보충어를 두 개 취해야 하므로 두 개의 보충어 중 어느 하나만을 취할 경우에는 비문이 생성된다. 이와 같은 *put*과 *give*의 하위범주화 특성은 (65a)와 같은 하위범주화틀로 나타내지고 이에 근거한 구조는 (65b)와 같다.

(65) a. *put, give*: [___ NP PP]

    b.

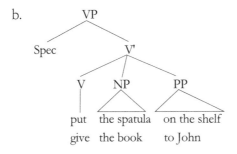

(65b) 구조의 문제점은 V가 두 개의 보충어를 취함으로써 V'가 3개의 가지를 관할하게 되고 따라서 이분지 제약과 상충된다는 점이다. 이 문제를 해결하는 한 가지 방법은 이분지 제약을 포기하는 것이다.

그러나 이 방법은 이분지 체계를 문법 기술에 도입함으로써 얻게 되는 중요한 경제성도 포기하게 만든다. 또 한 가지 방법은 이분지 제약에 일치되게 재분석함으로써 경제성을 유지하는 것이다.

두 번째 방법을 택해 (65b)구조를 재분석해보자. 이 분석은 *put*과 *give* 같은 동사들이 겉으로 보기보다는 훨씬 복잡하다는 생각에 기초한다. 좀 더 엄밀히 말해 이러한 동사들은 경동사(light verb)와 보통 대문자로 표기하는 어휘동사 (lexical verb, V), 두 개의 동사로 구성된 것으로 분석된다. 이를 수형도로 나타내면 다음과 같다.

(66)

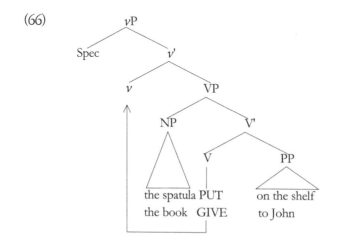

이 구조에 따르면 상위 *v*P의 핵은 경동사(*v*)이고 하위 VP의 핵은 *PUT/GIVE* 이다. 그리고 [V NP PP]의 어순은 V의 *v*로의 이동에 의해 생성된다. (66)과 같은 VP구조는 종종 VP-외곽구조라 불린다.

이 구조는 이분지 제약과 일치할 뿐만 아니라 한 단계 더 나아가 다음과 같은 주장으로 이어진다. 첫째, 명사구 *the book*이 보충어가 아니라 오히려 하위 VP의 지정어이므로, NP가 PP보다 구조적으로 더 상위에 위치한다. 둘째, NP와 PP가 VP라는 하나의 구성소로 묶여지므로 둘이 통사적으로 같이 행동하는 경우가 있을 수 있다. 다음의 예들은 이러한 두 주장을 경험적으로 뒷받침해준다.

(67) a. Which check$_i$ did you send t$_i$ to whom?

b. *To whom$_i$ did you send which check t$_i$?

(68) a. John sent [a letter to Mary] and [a book to Sue].

b. I gave [five dollars to John] and [three dollars to Mary].

동사 *send*도 보충어를 두 개 취하는 동사인데 (67)에서 보듯이 NP는 의문사구 이동을 겪을 수 있으나 PP의 의문사구 이동은 가능하지 않다. 이것은 NP가 구조적으로 PP보다 상위에 위치하고 있어 상위의 요소가 하위의 요소보다 의문사구 이동에 있어 우선권을 갖는다는 우위조건(superiority condition) 때문이다.

또한, 앞에서 살펴보았듯이 구성소만이 병열구조를 이룰 수 있는데, (68)에서 보듯이 NP와 PP가 병열 구조에 쓰였다는 것은 NP와 PP가 하나의 구성소를 이룬다는 증거이므로 (68) 구조가 경험적으로 뒷받침된다고 하겠다.

한 가지 주목할 점은 핵계층이론은 향후 더욱 간단해진 구조를 설정하는 최소주의에 따라, 주변에 가지가 없는(즉, 자매절점이 없는 경우의 성분)은 가지치기를 거쳐 단순화된다)

1. 핵계층도식으로 다음의 영어표현의 수형도를 그리시오

    a. an English teacher from Canada

    b. a Korean English teacher

    c. a literature professor at my department

2. 핵계층 도식으로 핵만 나타나 있는 명사구, 동사구, 그리고 형용사구를 그리시오.

    a. 명사구:

    b. 동사구:

    c. 형용사구:

3. 아래는 하나의 단어(X^0)가 구범주(XP)가 되기도 하고, 여러 개의 단어들이 모여 구범주가 되기도 하는 예들이다. 이들의 수형도를 그리시오.

    a. Chloe

    b. my petsitter

    c. the tutor who went to the bar that night

제8장 의미역 이론

8.1 범주선택과 의미선택

통사범주 면에서의 선택과 의미범주 면에서의 선택 사이에는 밀접한 관계가 있다. 다음 예를 살펴보자.

(1) a. John hit Chloe.
     b. The young girls giggled.

동사 *hit*은 NP를 요구하는데 왜냐하면 그 동사는 논리적으로 목적어를 선택하기 때문이다. 반면에 동사 *giggle*은 NP를 요구하지 않는데 왜냐하면 그 동사는 논리적으로 목적어를 선택하지 않기 때문이다. NP와 같은 통사범주면에서의 선택을 범주선택이라 하고 논리목적어와 같은 의미범주면에서의 선택을 의미선택이라 한다. 의미선택은 주로 어휘항목의 내재적 의미에 의해 결정된다. 예를 들어 동사 *hit*의 경우, 때리는 행위를 수행하는 주어 참여자와 때리는 행위를 당하는 목적어 참여자라는 두 참여자를 요구한다. 반면에 동사 *giggle*의 경우에는 웃는 행위를 하는 단 하나의 주어 참여자가 필요하다.

범주선택이 통사범주의 측면에서 작용하는 것처럼 의미선택은 의미역 (thematic role, θ-role)이라고 불리는 의미범주의 측면에서 작용한다. 의미역이란 술어가 나타내는 행위의 참여자들이 행하는 의미적 역할이라고 하겠다. 예를 들어 동사 *hit*은 행위자(agent: 주어 참여자)와 수동자(patient: 목적어 참여자)라는 두 개의 의미역을 의미선택한다. 그리고 *Mary decided that John should leave*와 같은 문장에서 동사 *decide*는 두 개의 의미역을 선택하는데 하나는 행위자이고 다른 하나는 *that*절 이하로 표현되는 명제(proposition)이다. 이와 같이 동사에 따라 선택하는 의미역이 다르다.

범주선택이 의미선택에 기초한다는 것은 아주 재미있는 사실이다. 대체적으로 행위자라는 의미역은 NP라는 통사범주로 실현되고, 명제라는 의미역은 CP라는 통사범주로 실현된다. 따라서 이와 같은 의미역과 통사범주간의 관계를 표준구조실현(canonical structural realization: CSR)이라 하고 다음과 같은 표준구조실현 규칙들을 설정할 수 있다.

(2) a. CSR(agent): NP
     b. CSR(proposition): CP

이러한 표준구조실현의 규칙들이 모든 술어에 적용될 수 있다면 통사범주에 기초한 각 개별 어휘항목의 하위범주화틀은 더 이상 필요 없게 된다. 왜냐하면 어휘항목의 의미선택으로부터 범주선택이 자동적으로 도출될 수 있기 때문이다. 어휘항목의 의미선택은 각 개별 어휘의 가장 기본적인 정보로서 반드시 어휘부에 수록되어야 할 필수적 정보이다. 따라서 이러한 필수적 정보만을 어휘부에 남겨놓고 나머지 범주선택은 이러한 의미선택으로부터 도출하는 것이 문법의 경제성을 이루는 방향이라고 하겠다.

그러나 과연 어휘항목의 의미선택으로부터 범주선택이 자동적으로 도출될 수 있는지는 좀 더 깊은 연구를 통해 밝혀야 할 사항이다.

어휘항목의 하위범주화 특성들이 통사적 표시에 그대로 반영되는 것을 보증하는 장치가 투사원리이다. 이제 어휘항목의 의미적 특성들도 통사적 표시에 그대로 반영되도록 만드는 장치가 필요하다. 이것이 바로 의미역 기준(θ-criterion) 이다. 의미역 기준을 정의하기에 앞서 다음 용어들에 대해 알아보자.

8.2 논항과 운용자

8.2.1 논항과 의미역

어휘항목과 그것이 취하는 의미역은 종종 논리학에서 빌려온 용어들로 기술된다. 동사나 형용사처럼 어떤 행위나 상황을 나타내는 것을 술어라 하고 술어에 의해 기술된 사건에 관련된 참여자들을 논항이라 한다. 동사 *blush*처럼 하나의 논항을 취하는 술어를 1항술어(one-place predicate), *hit*처럼 두 개의 논항을 취하는 술어를 2항술어(two-place predicate), 그리고 *give*처럼 세 개의 논항을 취하는 술어를 3항술어(three-place predicate)라 한다. 술어의 논항에 관련된 정보를 나타낸 것을 논항구조(argument structure)라고 하는데 보통 술어가 취하는 논항의 개수는 통사범주적 정보에 속하며, 흔히 *giggle, blush, smile, pant, sleep* 등의 1항 술어는 자동사, *love, hit, see* 등의 타동사, *give, send* 등은 수여동사로 1항술어의 예문을 살펴보면 아래와 같다.

(3) a. *giggle*: The girls were giggling when they saw me.
      b. *blush*: Chloe blushed at her ex-husband at the party.

주어진 어휘항목과 연관된 논항의 개수가 그 어휘항목이 배당하는 의미역의 숫자를 결정짓는다. 즉, 2개의 논항을 취하는 어휘항목은 두 개의 의미역을 배당하게 된다. 따라서 모든 논항은 어휘항목이 주는 의미역을 배당받아야 한다. 어휘항목의 의미역과 관련된 정보를 나타낸 것을 의미역구조(thematic structure)라고 하는데 의미역은 행위자, 수동자, 경험자(experiencer) 등과 같은 이름을 사용하여 나타낸다. 동사 *hit*과 *smile*의 의미역구조는 일반적으로 다음과 같이 표현된다.

(4) a. *hit*: 〈agent, patient〉
    b. *smile*: 〈agent〉

의미역은 주어진 사건에 참여하는 논항에 배당된 의미적 역할로 규정되나, 실제로 몇몇 경우에 논항에 배당된 정확한 의미역을 구별한다는 것은 몹시 어렵다. 의미역의 대표적 경우들을 살펴보자.

(5) a. The boy likes the girl.
      (경험자)   (대상:theme)
    b. Bill prepared the dinner for the guests.
      (행위자)   (수동자) (수혜자:benefactive)
    c. Jennifer put the book on the shelf.
      (행위자)   (대상)   (처소:location)
    d. Della gave the book to John.
      (행위자)   (대상)   (목표:goal)
    e. Chloe stole the money from the thief.
      (행위자)   (대상)   (근원:source)
    f. John opened the door with a credit card.
      (행위자)   (수동자/대상) (도구:instrument)
    g. Everyone is scared of snakes.
      (경험자)   (대상:theme)
    h. The sun melted the ice.
      (원인: causor) (대상:theme)
    i. London is foggy all year round (cf. It was foggy in London)
      (처소:location)

j. <u>The key</u> won't the door. (cf. I opened the door with the key)

　　(도구:instrument)

수동역은 보통 상태의 변화를 암시하고 대상역은 위치의 변화를 암시하지만 (5f)의 예에서 보듯이 이것이 불분명한 경우들이 있다. 그러나 통사구조에서 중요한 것은 앞으로의 논의에서 구체적으로 살펴보겠지만, 이러한 의미역의 정확한 이름이 무엇인가 하는 점이 아니고 술어가 취하는 의미역의 개수가 몇 개이고 이 의미역이 모두 배당될 수 있는 논항이 통사적 표시에 나타나느냐 하는 점이다.

8.2.2 유사논항

몇몇 표현들은 논항과 비논항의 특성을 둘 다 가지고 있는데 소위 '날씨의 *it*'이 이 경우이다.

　(6)　a. It sometimes rains after [PRO snowing]
　　　　b. It is difficult [PRO to predict their next move]

(6a)의 날씨의 *it*은 (6b)의 순수 허사 *it*과 비슷해 보이지만 분명히 다른 점이 있다. 날씨의 *it*은 PRO의 통제자 역할을 하나, 허사 *it*은 통제자 역할을 수행하지 못한다. PRO 통제자로서의 역할은 논항의 고유한 특성으로 날씨의 *it*은 논항의 특성을 지닌다는 것을 알 수 있다. 그러나 논항은 일반적으로 지시표현인데 날씨의 *it*은 비지시표현이라는 점에서 논항과는 또 다른 점이 있다. 따라서 이와 같은 이중적 성격으로 인해 날씨의 *it*은 유사논항이라 불린다.

다음과 같은 숙어적 표현에서의 특정 어구도 유사논항으로 간주된다.

(7) a. John kicked the bucket.

   b. *John kicked.

   c. John kicked the jug.

(7a)의 *kick the bucket*은 '죽다'라는 뜻의 관용적 표현이다. 그 뜻은 관용적 표현을 이루고 있는 요소들의 의미를 조합함으로써 도출되는 것이 아니다. 따라서 *the bucket*은 실제세계에서의 어떤 개체를 지시하는 지시표현이라고 할 수 없다. 따라서 논항으로서의 특성을 지니지 못한다. 그럼에도 불구하고 '죽다'라는 관용적 표현을 나타내기 위해서는 *the bucket*이 꼭 필요하다. *The bucket*이 생략된 (7b)는 비문이고 (7c)에서는 그러한 관용적 의미가 상실된다. 이것은 *the bucket*이 비지시표현이지만 숙어적 의미를 낳기 위해서는 동사 *kick*의 특별 논항으로서의 역할을 수행한다고 하겠다. 결국 *the bucket*은 논항과 비논항의 특성을 공유하는 또 하나의 유사논항이다.

또한, kick the bucket같은 관용어는 정상적 의미의 타동사구라고 할 수 없다. 왜냐하면 "The bucket was kicked by the toddler"같은 문장이 관용적 의미를 잃어버린 문자적 의미만 가지고 있기 때문에 kick-the-bucket은 마치 자동사 'die'처럼 하나의 동결된 단위를 형성하고, 그 속의 [the bucket]을 따로 떼어내어 수동화 규칙 같은 통사규칙을 적용하지 못한다.

8.2.3 운용자와 변항

의문사구는 특정한 지시물을 가리키지 못하므로 비지시적 표현이고 따라서 논항이 될 수 없다. 다음 예문을 살펴보자.

(8) a. Which problem did Mary solve?

   b. 기저구조: [$_{CP}$ __ [$_{TP}$ Mary [$_T$ did [$_{VP}$ solve which problem]]]]

   c. 표면구조: [$_{CP}$ which problem$_i$ [$_{C'}$ did$_j$ [$_{TP}$ Mary [$_T$ t$_j$ [$_{VP}$ solve t$_i$]]]]]

의문사구는 논항이 아니므로 (8a)에는 하나의 논항(Mary)만이 나타난다. 그러나 타동사 *solve*는 두 개의 논항을 요구하는 2항술어이므로 또 하나의 논항이 요구된다. 동사의 논항구조가 그대로 통사구조에 반영되어야 하므로 이것은 문제가 된다. 그런데 의문사구 이동이 일어난 후의 표면구조에서는 목적어위치가 의문사구의 흔적에 의해 차지되는데 이러한 의문사구 흔적을 논리적 변항이라 한다. 의문사구 흔적을 변항이라 하는 이유는 담화맥락에 따라 그 값이 달라지기 때문이다. 이제 (8a) 문장은 논리학의 용어를 사용하여 다음과 같이 나타내질 수 있다.

(9) for which problem x [Mary solved x]

즉, 이것은 어떤 특정한 담화맥락이 주어지면 의문사구 흔적에 값이 주어져 지시표현으로 해석될 수 있다는 것을 의미하므로 이제 변항을 논항으로 간주할 수 있다. 따라서 (8a)의 *solve*는 *Mary*와 의문사구 흔적이라는 두 개의 논항을 취하므로 더 이상 문제가 되지 않는다. 그리고 의문사구 이동을 겪은 의문사구는 흔적을 결속하는 운용자라고 한다.

의문사구가 그 자체로서 논항이 될 수 없고 흔적을 결속하는 운용자라는 사실은 다음과 같은 다중 의문문(multiple question)의 경우 의문사구가 모두 이동되어야 함을 의미한다.

(10) a. Who solved which problem?
(11) a. 기저구조: [$_{CP}$ C [$_{TP}$ who T [$_{VP}$ solved which problem]]]
     b. 표면구조: [$_{CP}$ who$_i$ [$_{TP}$ t$_i$ T [$_{VP}$ solved which problem]]]

*Who*는 의문사구 이동을 통해 CP의 지정어위치로 이동하고 주어 자리에는 논항인 흔적을 남긴다. 이제 목적어위치에 있는 *which problem*도 논항이 아니

므로 흔적을 남기고 이동해야 한다. 이 이동은 발음에 영향을 미치지 않으므로 표면구조 이후에 이동이 일어난다고 보고 이 표면구조 이후의 단계를 논리형태라고 한다. 논리형태에서 *which problem*이 이동되면 다음과 같은 표시가 생긴다.

(12) a. LF: [CP which problemj whoi [TP ti [VP solved tj]]]
b. for which person x and which problem y [x solved y]

(12a)와 같은 논리형태라는 단계의 필요성은 (12b)에 나타난 논리적 번역에 의해 정당화된다. 즉, 특정한 지시물을 가리키지 못하는 의문사구의 경우 이것들을 표시하고, 또 그 작용역(scope)과 같은 통사적 의미를 포착할 수 있는 단계가 필요하기 때문이다.

Wh-구처럼 LF에서 이동을 겪는 것으로 양화사(quantifier)가 있다.

(13) a. John suspects everyone.
b. Mary likes someone.

*Every*는 전칭양화사(universal quantifier)라고 하고 *some*은 존재양화사 (existential quantifier)라고 한다. 양화사도 지시표현이 아니므로 논항이 될 수 없다. 논리학의 용어를 빌려보면 (13)의 두 문장은 각각 다음과 같이 번역된다.

(14) a. for every person x, [John suspects x]
b. for some person x, [Mary likes x]

이와 같은 의미구조가 통사적으로 반영될 수 있도록 하기 위해 양화사는 논리형태에서 이동을 겪는 것으로 분석하는데 이러한 양화사의 이동을 양화사 인상이라 한다. 의문사구 이동과 달리 양화사 인상은 양화사를 TP에 부가시킨다.
(13) 문장들이 양화사 인상을 겪은 후의 논리형태는 다음과 같다.

(15) a. [TP everyone [TP John suspects tᵢ]]

b. [TP someone [TP Mary likes tᵢ]]

8.3 VP내 주어가설

8.3.1 이론적 배경

논항은 편의상 내재논항과 외재논항으로 나뉘는데, 내재논항은 VP (혹은 vP) 안쪽에 나타나고 외재논항은 VP (혹은 vP)의 밖에 나타나는 것으로 흔히 문장의 주어를 외재논항이라고 한다. 다음 문장의 구조를 살펴보자.

(16) a. The boy kicked the ball.

b. [IP the boy I [VP kicked the ball]]

(Agent)   (Theme)

(17)

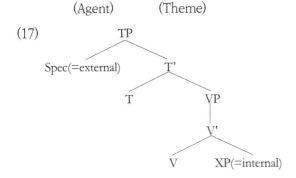

즉, 동사 *kick*은 두 개의 논항/의미역을 취하는데 하나는 VP 안에 다른 하나는 VP 밖에 나타난다. 논항/의미역과 위치에 대한 일반적 사실은 행위자 의미

역은 VP 밖에, 대상 의미역은 VP 안에 배당된다는 것이다.

내재논항은 어휘적 핵에 의해 직접적으로 의미역이 배당되고, 외재논항은 간접적으로 의미역이 배당된다. 직접적으로 의미역이 배당된다는 것은 어휘적 핵에 의해서만 의미역이 결정된다는 것을 말하고, 간접적으로 의미역이 배당된다는 것은 어휘적 핵과 내재논항의 의미 조합에 의해 의미역이 결정된다는 것을 말한다. 다음 예를 살펴보자.

(18) a. John cut the bread.
b. John cut his finger.

(18a)의 *John*은 행위자라는 의미역을 배당받는다. 그러나 (18b)의 *John*은 잘려지는 것이 자기 손가락이라는 의미일 경우, *John*이 행위자라는 의미역을 갖는다고 할 수 없다.[43] 따라서 내재논항이 외재논항에 배당되는 의미역을 결정짓는데 일정한 역할을 수행한다는 것을 알 수 있다. 결국 외재논항의 의미역 배당은 어휘적 핵과 내재논항을 관할하는 VP에 의해 중개된다는 점에서 간접적이라고 하겠다.

최근 통사론에 의하면, 외재논항과 내재논항에 관한 논의는 VP내에서 모두 출발한다는 동사구내 주어 가설(VP-internal subject hypothesis, VPSH)을 기준으로 한다. 즉, 문장의 표면상의 주어는 VP의 지정어 위치에서 기저생성되어, 표면상의 위치 즉 TP의 지정어위치(Spec, TP)로 이동한 것이다. VPSH를 주장하게 된 이론적 동기는 다음과 같다. 이 가설에 따른 의미역구조의 통사구조적 실현은 다음과 같다.

---

43) 물론 안중근 의사처럼 'John이 스스로 (의지를 가지고) 단지했다'면 이 문장에서 John은 행위자가 된다.

(19)

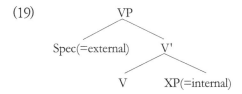

1980년대 이후 이미 학계에서는 VP내 주어가설이 일반적으로 받아들여지므로 사실 '외재'라는 용어는 적합하지 않으나 관행적으로 외재/내재 논항이라는 용어가 사용된다. 이제 외재논항의 의미역 배당은 어휘적 핵과 내재논항을 관할하는 V'에 의해 중개된다고 하겠다.

논항구조 또는 의미역구조가 통사구조적으로 어떻게 실현되는가에 따라 문법관계를 결정짓는데 중요한 역할을 하는 위치의 유형이 결정된다. 두 가지 기준에 따라 위치의 유형을 구분하는데 첫째 구분은 논항위치(A-position)와 비논항위치(A'-position)로의 구분이다. 전자는 논항이 기저생성될 수 있는 위치를 가리키고, 후자는 논항이 기저생성될 수 없는 위치를 가리킨다. 따라서 한번이라도 논항이 기저생성되는 위치는 논항위치이다. 반면에 비논항위치는 어떠한 경우라도 논항이 기저생성될 수 없는 위치로, 즉 CP의 지정어위치를 가리킨다.

한편, 문장의 표면상의 주어는 VP내주어 가설에 따라 주어가 처음부터 TP의 지정어에 기저생성되는 것이 아니고 VP의 지정어에 기저생성되어 표면상의 위치로 이동한 것이며, TP의 지정어위치도 비논항위치가 된다.

두 번째 구분은 의미역위치(θ-position)와 비의미역위치(θ'-position)로의 구분이다. 전자는 의미역이 배당되는 위치를 말하며 후자는 의미역이 배당되지 않는 위치이다. 보충어위치는 그 자리가 어휘적 핵의 내재논항에 의해 차지되어지는 한 의미역위치이다. 그러나 모든 주어위치가 의미역위치인 것은 아니다. 주어위치가 의미역위치인가 아닌가 하는 것은 특정 문장에서 어휘적 핵이 외재의미역을 배당하는가에 달려있다. 다음 예문을 통해 이 구분을 좀 더 자세히 알아보자.

(20) a. It seems that Mary has solved the problem.

    b. *seem*: ___ ⟨proposition⟩

(21) a. Mary solved the problem.

    b. *solve*: agent ⟨theme⟩

(20b)에 나타난 동사 *seem*의 의미역구조는 *seem*이 하나의 논항만을 취하며 이 논항이 내재논항으로서 명제라는 내재의미역을 배당받는다는 것을 보여준 다. 따라서 (20a)에서 주절 TP의 지정어위치는 의미역이 배당되지 않는 비의 미역위치이다. 그러므로 의미역이 배당될 필요가 없는 허사 *it*이 주어위치에 삽 입됨으로써 확대투사원리를 만족시킨다.

반면, (21a)에서 TP의 지정어위치는 행위자 의미역이 배당되는 의미역위치이 다. 따라서 TP의 지정어위치는 일반적으로 논항이 기저생성될 수 있는 자리이므 로 논항위치이지만, 개별 문장의 경우 어휘적 핵의 의미역 구조에 따라 외재의미 역이 배당되면 의미역위치가 되고 배당되지 않으면 비의미역위치가 된다.

논항/비논항 위치와 의미역/비의미역 위치의 관계를 간단히 나타내면 다음 과 같다.

(22) position ⟶ A-position ⟶ θ-position

                                        ⟶ θ'-position

              ⟶ A'-position ⟶ θ'-position

8.3.2 VP내 주어가설의 경험적 논증

우리는 위에서, 문장 표면상의 주어가 TP의 지정어위치(Spec, TP)에 있지만, 그 시작은 의미역이 주어진 VP의 지정어 위치 (Spec, VP)에서 출발하였다는

"VP내 주어가설" (VISH)을 수용하였다. 이미 학계에서 수용된 가설이지만 여기서는 그 경험적 논증을 일부 제시하고자 한다. (Radford, 1997: 318-320)의 경험적 자료로 다음을 살펴보자.

(23) a. There is someone knocking at the door.

　　 b. Someone is knocking at the door.

(24) a. There is someone knocking at the door, isn't there?

　　 b. Is there someone knocking at the door?

위의 허사구문 (23a)에서 문장의 주어의 위치에 있는 *there*는 허사로 특정한 사람/사물을 지칭하지 않는다. 그런데 (23a)와 대조적으로 (23b)를 살펴보면 *there*의 위치에 *someone*이 있다. 그리고 (23a)의 예문도 (23b)와 크게 다르지 않다. 따라서, (23a)의 의미역은 모두 VP *someone knocking at the door*에서 모두 충족되었고, TP의 지정어 위치를 *there*가 차지하고 있는 것인데, 만일 이 자리가 비워져 있다면, 의미상의 주어인 *someone*이 VP안에서 출발하여 표면상의 주어의 위치인 TP의 지정어위치로 이동한 (23b)같은 문장이라고 말할 수 있다. 즉, VP내주어가설을 인정한다면 (23a)와 (23b)를 잘 설명할 수 있다. 즉 어떤 VP내 주어는 제자리에, 어떤 VP내 주어는 TP의 지정어 위치로 이동하는 것이다.

한 가지 흥미로운 점은 의미상의 주어는 *someone*이더라도, *there*의 구조적 위치는 정상적인 주어의 위치(Spec, TP)에 있음을 알 수 있다. (24a)에 부가(Tag)의 위치에 나타난 *there*와 주어조동사도치(Subject Auxiliary Inversion, SAI)가 일어난 (24b)를 보면 알 수 있다.

문장 표면상의 주어가 실은 동사구내에서 출발하였음을 보여주는 두번째 논증으로는 *himself*, *themselves* 같은 대용어의 분포를 보아 확인 할 수 있다.

(25) a. They probably will become [t millionaires/*a millionaire]

　　　b. [t Become millionaires/*a millionaire], they probably will __.

(26) a. John certainly has [t damaged his/*my own credibility]

　　　b. [t damaged his/*my own credibility], John certainly has __.

(27) a. You definitely mustn't [t loose your/*his cool]

　　　b. [t Loose your/*his cool], you definitely mustn't __.

(28) a. They/*He really shouldn't [t live together]

　　　b. [t Live together], they/*he really shouldn't __.

　　(25)-(28)까지의 예문은, 모든 (a)는 정상적인 문장을, (b)는 화제화 (Topicalization)가 일어난 예문들을 보여준다. 그런데 여기서 't'는 흔적을, __은 화제화가 일어난 원래의 위치를 보여준다. (25)에서 *a millionaire*가 사용되면 비문을, *millionaires*라는 복수의 형태가 사용되면 정문이 되는데 그 이유가 무엇일까, 즉 *become*이란 동사가 사용되었으므로 해서 주어와 성, 수 등이 일치해야 하는데 문장의 주어인 *they*는 복수의 보충어가 사용되어야 하니, 단수 *a millionaire*는 비문을 야기하는 것이라고 말할 수 있겠다. 즉, 문장의 표면상의 주어인 *they*와 *millionaires*의 수에 있어서의 일치는 의미가 결정되어지는 VP안에서 일어난 일이라고 말하면 설명하기 쉽다. VP내 주어가설을 옹호하는 자료이다.

　　VP내 주어가설의 세 번째 논증은 흔히 양화사라고 부르는 요소들의 분포로부터 확인할 수 있다.

(29) a. They are *both* helping her.

　　　b. We can *all* work harder.

　　　c. You will *each* receive a present.

(29)의 예문들은 *both, all, each*같은 양화사를 포함하는데 이들의 구조적 위치는 어디일까? 표면상으로는 T 아래에 놓인 조동사의 뒤에 나타난 것처럼 보인다. 만일 VP내 주어가설을 수용해보면, (29a)는 (29d)가 된다.

(29) d.

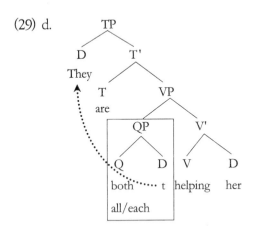

만일 (29)의 예문이 (29d) 같은 구조를 가지고 있는 것이라면, VP의 지정어 위치에 있던 QP에서 *they*만이 표면상의 주어의 위치로 이동하고 난 뒤의 문장들이라는 것을 쉽게 알 수 있다.

마지막으로 다음의 영어관용구를 살펴보면서, 표면상의 주어가 실은 VP내 지정어 위치로부터 출발한 것임을 알아보자.

(30) VP idiom

　　a. Let's have a couple of drinks to **break the ice.**

　　b. Be careful not to **upset the applecart.**

　　c. The president must **bite the bullet.**

　　d. We'll have to **grasp the nettle.**

(31) Clausal idiom

　　a. *All hell broke loose.*

b. *The shit hit the fan.*

c. *The cat got his tongue.*

d. *The chicken came home to roost.*

(30)의 예문들은 동사구(예를 들면 *break + the ice*)가 하나의 문법단위를 이루면서 숙어적, 관용적 의미를 가지는 단위이다. 그런데 (31)의 예문들은 절 전체가 하나의 관용적 단위가 되므로, 이런 예문에서 주어를 의미가 비슷한 다른 표현으로 바꾸면 관용구의 의미가 사라진다.

(32) 절 관용구 (CP-관용구)

　　a. The whole inferno broke free.

　　b. Camel dung was sucked into the air conditioning.

　　c. A furry feline bit his lingual articulator.

　　d. The hens returned to nest.

(32)는 더 이상 (31)이 가지고 있는 관용적 의미를 보전하지 못한다. 그런데 흥미롭게도 다음의 예문을 살펴보자.

(33) a. All hell will break loose.

　　b. All hell has broken loose.

　　c. All hell could have broken loose.

(34) a. The shit might hit the fan.

　　b. The shit has hit the fan.

　　c. The shit must have hit the fan.

(33)-(34)의 예문을 보면 불연속적 의존관계를 보이면서도 관용적 의미를 보전하고 있다. 즉, 주어(*All hell*, *The shit*)와 동사구(*break loose*, hit *the fan*)

의 통사적 관계는 불연속이지만 관용구 한 단위로서의 관용적 의미는 살아 있다는 점을 주목할 필요가 있다.

이를 보아 우리는 절단위 관용구에서 주어가 VP와 분리되어도 관용적 의미를 보전한다는 점을 주목하여, 주어는 실은 VP의 지정어위치에서 출발한 것으로 보는 것이다. 이 도출과정을 각괄호를 사용하여 표시하면 다음과 같다.

(35)[TP [QP All hell] [T' will [VP [QP all hell] [V' break loose]]]

결론적으로 VP내 주어가설은 잘 정립된 이론이지만, 문장의 표면상의 주어가 매번 VP내에서 이동해 왔음을 표시하지는 않는다. 그 이유는 특이한 쟁점이 없는 한 편의상 그냥 TP의 지정어위치에 놓기 때문이다.

8.4 의미역 기준

지금까지 살펴본 다른 원리들과 마찬가지로 의미역 기준도 표시상의 조건이다. 그것은 어휘항목의 의미역구조가, 각 의미역과 통사구조상의 논항과 일대일로 짝을 맺는 방식으로 구조적 표시에 정확히 반영되는 것을 보증하는 기능을 갖고 있다. 그러나 문장의 의미역기준이나 논항구조 등의 이론적 장치를 다음 (36) 문장에서 확인해 보자.

(36) a. Chloe seems to have solved the problem.

b. [TP Chloe$_i$ T [VP seems [TP t$_i$ to have solved the problem]]]

(37) a. *Chloe believes to have solved the problem.

b. [TP Chloe$_i$ T [VP believes [TP t$_i$ to have solved the problem]]]

Seem과 ("__것 같다"의 행위자는 없다는 말이다) 같은 인상동사들은 외재 의미역을 배당하지 않지만 believe와 같은 비인상동사들은 외재의미역('믿는 사람'이 있어야 한다는 말이다)을 배당한다. 따라서 (36b)의 Chloe는 기저생성된 위치에서 solve로부터 의미역을 배당받은 다음 주절 TP의 지정어위치로 이동된 후에 또 다른 의미역을 배당받지 않아 하나의 의미역만을 갖는다.

반면에 (37b)의 Chloe는 기저생성된 위치에서 solve로부터 의미역을 배당받고 주절 TP의 지정어위치로 이동된 후에 또 다른 의미역을 배당받아 두 개의 의미역을 갖게 된다. 이것으로부터 우리는 논항이 두 개의 의미역을 배당받으면 문제가 생긴다는 결론을 얻게 된다. 따라서 의미역기준은 다음과 같이 수정된다.

(38) 의미역기준
  i) 모든 논항은 하나의 의미역을, 그리고 하나의 의미역만을 배당받아야 한다.
  ii) 모든 의미역은 하나의 논항에, 그리고 하나의 논항에게만 배당되어야 한다.

예문 (36)을 통해 얻은 결론은 의미역기준의 첫 번째 조건의 수정을 요구하지만, 두 번째 조건도 수정되어야 한다는 것은 쉽게 알 수 있다. 왜냐하면 하나의 의미역이 여러 논항에 되풀이해서 배당될 수 있다면 하나의 의미역만을 취하는 동사의 경우, 수없이 많은 개수의 논항이 나타날 수 있는 잘못된 결과를 낳기 때문이다.

예문 (36)을 다시 살펴보자. 엄밀히 말해 종속절 동사 solve의 외재의미역은 Chloe의 흔적에게 배당된다. 그리고 그 흔적이 자신이 배당받은 의미역을 선행사인 Chloe에게 전이한다고 말해진다. 이동의 결과로 생기는 흔적과 선행사는 연쇄(chain)를 이룬다고 말해지는데 이 연쇄는 하나의 의미역만을 가져야 한다. (37)의 경우에는 흔적과 선행사가 각각 별개의 의미역을 배당받게 되고 따라서 이 연쇄가 두 개의 의미역을 가지므로 문제가 생긴다.

연쇄(chain)의 개념에서 의미역을 바라본다면, 이제 의미역기준은 연쇄에 대한 조건으로 간주할 수 있다. 즉, 모든 연쇄는 하나의 의미역을, 그리고 오직 하나의 의미역만을 가져야 한다. 이 조건에 따라 이동변형에 있어서의 중요한 제약 한 가지가 자동적으로 도출되는데, 그것은 논항은 반드시 비의미역위치로 이동하여야 한다는 것이다. 만약 논항이 의미역위치로 이동하게 되면 이동의 결과 생기는 연쇄는 두 개의 의미역을 갖게 되어 의미역기준을 위반하기 때문이다. *Seem* 같은 동사의 주어의 위치나, 수동태 동사구의 주어의 위치는 비의미역 위치이다.

의미역기준은 다음과 같이 종속절이 *to*-부정사 구문의 구조를 분석하는데 결정적인 단서를 제공한다. 다음 예들을 살펴보자.

(39) a. Ryan believes Chloe to be a genius.
　　 b. Ryan considers Chloe to be a fool.

종속절의 주어인 *Chloe*는 각각 종속절 술어인 *a genius*와 *a fool*로부터 외재의미역을 배당받는다. 그러므로 그들은 종속절 TP의 지정어위치를 차지하는 것으로 분석된다. 그러나 이들 명사구들은 문법적으로 주절동사의 목적어와 같은 특성을 보이기도 한다. 다음 예들은 *to*-부정사절의 주어의 이러한 이중적 특성을 보여준다.

(40) a. Ryan believes her/*she to be a genius.
　　 b. Chloe is believed to be a genius.
　　 c. Ryan (sincerely) believes (*sincerely) Chloe to be a genius.

(40a)는 문제의 명사구가 대명사일 경우 목적격으로 사용되어야 한다는 것을 보여주는데, 이것은 그 명사구가 주절동사의 목적어라는 것을 암시한다. (40b)는 문제의 명사구가 수동변형을 겪을 수 있다는 것인데, 이것도 그 명사구

가 주절동사의 목적어라는 것을 암시한다.

　마지막으로 (40c)는 타동사와 직접목적어의 어순을 결정짓는 특징인 양태부사가 주절동사와 문제의 명사구 사이에 놓일 수 없다는 것을 보여주는데, 이것 또한 그 명사구가 주절동사의 목적어라는 점을 보여주는 증거로 제시된다.

　이러한 자료는 예외적 격배당 동사(exceptional case marking verbs, ECM)라고 불려온 동사들의 의미적 분석에 기반을 두어 격은 'her/him' 같은 대격을 가지지만, 그 의미는 종속절 동사 (to-부정사 뒤에 출현하는 동사)의 주어적 의미를 한다는 일련의 구문을 말하는 것이다. 따라서 (40) 문장들은 어떠한 이동도 없이, 다만 상위절의 ECM 동사인 *believe, consider* 등이 보충어로서 하위절에 TP를 선택하는 종류의 동사임을 인정하는 것으로 정리할 수 있다.

(41)　a. Ryan believes Chloe to be a genius

　　　b. Ryan [$_{VP}$ believes [$_{TP}$ Chloe [$_{T'}$ to [$_{VP}$ be a genius]]]]]

　그러면 종속절 주어가 주절동사의 목적어와 같은 특성들을 보이는 것을 어떻게 설명할 수 있느냐는 문제가 여전히 남게 되는데, 이 문제는 3장의 결합절을 참조하면 좋겠다.

8.5　논항구조와 어휘적 파생규칙

8.5.1 동사적 수동형과 형용사적 수동형[44]

　다음 수동문과 능동문을 비교해보자.

---

44) Verbal Passives, Adjectival Passives

(42) a. [$_{TP}$ the problem$_i$ T [$_{VP}$ was [$_{VP}$ solved t$_i$ (by Mary)]]]

b. [$_{TP}$ Mary T [$_{VP}$ solved the problem]]

수동문에서 내재논항이 주어위치로 이동할 수 있는 것은 수동문의 주어위치가 비의미역 위치이기 때문이다. 그러면 동사 *solve*는 주어위치에 외재의미역을 배당하는데 수동동사 *solved*는 어떻게 외재의미역을 배당하지 않는가? 이는 수동동사의 의미역구조가 능동동사의 의미역구조와 다르다는 결론으로 이어진다.

수동문에서는 능동문의 주어인 행위자 의미역이 주로 *by*-구로 나타내진다. 따라서 수동동사는 행위자라는 외재의미역을 갖고 있지 않는 것으로 분석하는 것이 바람직하다. 수동동사는 동사의 기본형/능동형에 수동형태소 *-ed/-en*을 부가함으로써 도출된다. 이러한 접사부착의 과정이 새로운 범주의 도출을 낳지는 않지만 동사의 의미역구조를 바꾼다고 생각할 수 있다. 따라서 우리는 수동동사를 파생시키는 다음과 같은 형식을 인정할 수 있다.

(43) *solve* : [+V −N] (=V)   *solved* : [+V −N] (=V)
      agent ⟨theme⟩   →   ∅ ⟨theme⟩

(43)의 의미는 다음과 같다: 능동형의 동사 *solve*는 동사로, [+V,−N]의 자질을 가지고 있고, 주어로서 '행위자'를 그리고 직접목적어로서 '대상역'을 가진다. 수동형 동사 *solved*는 동사로 [+V,−N]의 자질을 가지고 있고, '행위자' (혹은 '주어')의 위치는 비워져 있고, 목적어로서의 대상역만 있다. 따라서 대상역의 요소는 확대투사의 원리에 의해 비워져있는 주어의 위치로 이동한다. 수동형과 능동형은 둘 다 동사라는 점에서 범주상으로는 같지만, 수동형은 외재의미역을 갖고 있지 않다는 점에서 능동형과 크게 다르다.

수동동사의 의미역구조는 외재의미역을 포함하지 않고 따라서 수동문의 주어위치는 비의미역위치이므로, 논항이 주어위치로 이동한다 하더라도 이동에 의해 생성된 연쇄는 하나의 의미역만을 갖게 되고 결국 의미역기준을 준수한다. (44a)와 같은 수동문을 살펴보자.

(44) a. The island was uninhabited.

b. The performance was uninterrupted.

위 예문의 *uninhabited*와 *uninterpreted*는 기본형에 수동형 어미 *-ed*가 붙어 파생됨으로써 수동동사와 유사하지만, 우리는 이러한 단어들을 형용사적 수동형이라 하여 앞서 살펴본 수동동사와 구별짓는다.

앞서 살펴본 수동동사는 동사적 수동형이라 부른다. 이러한 구분은 형용사적 수동형이 동사적 수동형과 여러 가지 면에서 다른 특성을 보이기 때문이다.

형용사적 수동형이 보여주는 형용사적 특성 중 첫 번째는 부정접두사 *un-*이 붙을 수 있다는 것이다.

(45) a. unhappy, unkind, unsympathetic

b. *to uninhabit (an island), *to uninterrupt (a performance)

위의 예를 통해 알 수 있듯이 반대말을 만드는 부정접두사 *un-*은 동사에 붙을 수 없고 형용사에만 붙을 수 있다.[45]

형용사적 수동형의 두 번째 형용사적 특성은 명사를 수식할 수 있다는 사실이다.

---

45) '되돌리다'의 의미를 가진 −un2가 있는데 이는 동사에 붙을 수 있다. 따라서, unbox, undo, unbutton, unlock, unfasten, undress 등은 button (단추를 채우다)−(단추를 따다), unlock, (문을 잠그다−문을 따다),등 일어난 일을 '되돌리다(reverse)'의 의미를 가지는 동사들이다.

(46) a. the uninhabited island

     b. the uninterrupted performance

세 번째 형용사적 특성은 형용사적 수동형이 *remain, seem*과 같은 일반적으로 형용사를 보충어로 취하는 동사의 보충어가 될 수 있다는 사실이다.

(47) a. The island seemed uninhabited.

     b. The performance remained uninterrupted.

지금까지 살펴본 세 가지 특성은 형용사적 수동형은 본질적으로 형용사이고 동사적 수동형과는 범주상 분명히 구별되어야 한다는 것을 보여준다.

동사적 수동형을 도출하는 규칙과 마찬가지로 형용사적 수동형을 도출하는 규칙도 어휘부에 속한 어휘적 파생규칙이다. 형용사적 수동형의 의미역구조와 동사적 수동형의 의미역구조는 둘 다 하나의 의미역만을 취한다는 점에서 공통점이 있으나, 전자는 외재의미역을 후자는 내재의미역을 취한다는 점에서 다르다. 따라서 (48)와 같은 형용사적 수동문의 도출과정에는 동사적 수동문의 도출과정과 달리 이동이 적용되지 않는다.

(48) a. The performance was uninterrupted.

     b. [TP The performance T [VP was [AP uninterrupted]]]

지금까지 살펴본 분석에 따라 동사적 수동형과 형용사적 수동형을 도출하는 어휘적 파생규칙은 기본형의 외재논항을 제거한다는 것을 알 수 있다. 그러나 동사적 수동형은 형용사적 수동형과는 달리 겉으로 명시적으로 드러나지는 않지만 행위자 의미역을 가진 외재논항을 포함하는 것 같다. 다음의 예들을 살펴보자.

(49) a. The ball was kicked (by Mary).

　　b. The room was unoccupied (*by Mary).

(50) a. The ball was (intentionally) kicked (by Mary).

　　b. The room was (*intentionally) unoccupied.

(51) a. The ball was kicked [PRO to make a point].

　　b. The room was unoccupied (*[PRO to make a point]).

(49a)같은 동사적 수동형은 행위자 의미역을 나타내는 *by*-구와 같이 쓰일 수도 있고 생략될 수도 있으나, (49b)같은 형용사적 수동형은 *by*-구와 같이 쓰일 수 없다는 것을 보여준다. 이것은 동사적 수동형은 행위자 의미역이 완전히 제거되는 것이 아니고, *by*-구가 명시적이지 않은 경우에도 어떤 식으로든 살아남아 있다는 것을 의미한다.

(50) 동사적 수동형은 여전히 행위자 의미역을 갖고 있다는 것을 보여준다. *Intentionally*와 같은 행위자 지향 부사는 자신과 연관될 수 있는 행위자가 있을 경우에만 사용된다. 형용사적 수동문과는 달리 동사적 수동문에서는 이와 같은 행위자 지향 부사가 사용될 수 있다는 것은 이 부사와 연관된 행위자 의미역이 어딘가에 남아있음을 보여준다. (51)도 동사적 수동형만이 *to*-부정사 목적절의 PRO 주어의 통제를 허용한다는 것을 보여준다. 일반적으로 PRO 주어는 자신의 통제자를 요구하므로 행위자 의미역이 어딘가에 남아있어 PRO의 통제자 역할을 한다는 것을 암시한다.

이처럼 반드시 통사구조에 표현될 필요가 없는 숨어있는 논항을 암시논항 (implicit argument)이라 한다. 물론 이러한 암시논항이 동사적 수동형의 의미역구조에 어떤 식으로 표기되어야 하는 것은 좀 더 연구되어야 할 문제이지만, (49)-(51)이 보여주는 동사적 수동형과 형용사적 수동형의 대조는 동사적 수동형의 외재논항이 완전히 제거된 것이 아니라는 결론을 뒷받침해준다.

8.5.2 비대격동사와 중간태동사[46]

다음에 나타난 동일한 형태의 동사, *break*를 비교해보자.

(52) a. The student nurse broke the vase.　〈broke는 타동사〉
　　 b. The vase broke.　　　　　　　　〈broke는 비대격동사〉

위 두 예문의 *break*는 분명히 연관되어 있지만 서로 다르다. (52a)의 *break*는 타동사이고 (52b)의 *break*는 비대격동사이다. 비대격동사가 타동사로부터 어휘적 파생규칙에 의해 도출된다는 전제하에, (52b)에 나타난 비대격동사 *break*의 의미역구조에 대해 알아보자. 여기엔 (53a)와 (53b) 같은 두 가지 가능한 구조가 있다.

(53) a. *break*: agent 〈theme〉 → theme 〈∅〉
　　 b. *break*: agent 〈theme〉 → ∅ 〈theme〉

(53a)는 이 하나의 의미역(즉, 대상역)이 외재의미역으로 나타나고 (53b)는 내재의미역으로 나타남을 보여준다. 즉, (53a)는 (52a)의 *the vase*가 주어위치에 기저 생성된 채 본래의 위치에 남아 있어서 *The vase broke*가 되었다고 보는 분석이고, (53b)는 (52b)의 *the vase*가 목적어 위치에 기저생성 되었다가 이동을 통해 비어 있던 주어위치로 옮겨가서, *The vase broke*가 되었다고 보는 것이다. 이 도출과정을 나타내면 각각 다음과 같다.

(54) a. the vase T [$_{VP}$ broke]
　　 b. [$_{TP}$ the vase T [$_{VP}$ broke]

---

46) unaccusative verbs vs middle verbs

(55) a. [$_{TP}$ e T [$_{VP}$ broke the vase]]

    b. [$_{TP}$ the vase$_i$ T [$_{VP}$ broke t$_i$]]

    표면상 동일한 문장 *The vase broke*을 도출함에 가능한 두 가지 분석 중, 대격을 주지 못하는 동사라는 의미에서 비대격동사라는 말이 생겨났으니, (55)의 도출과정이 옳다고 본다. 일반적으로 내재논항을 취하는 동사(즉 보통의 타동사)는 내재논항에게 대격을 배당하므로 대격동사라고 하는데 (53b)의 *break*는 내재논항을 취함에도 대격을 주지 못한다고 보고 비대격동사라고 이름을 붙인 것이다.

    이와 표면상의 유사성을 보이는 소위 자동사인 arrive, occur같은 동사는 (54a)같은 의미역구조로부터 출현한 것으로 보인다. 이에 대한 상세한 논의는 6장에서 논의되었다.

    비대격동사는 중간태동사라 불리는 또 다른 부류의 동사와는 전통적으로 구별되어 왔다. 다음은 중간태동사들의 예들이다.

(56) a. Greek translates easily.

    b. It is easy for anyone to translate Greek.

(57) a. Bureaucrats bribe easily.

    b. It is easy for people in general to bribe bureaucrats.

    *Translate, bribe*와 같은 중간태동사들은 하나의 논항만을 취하며 이 논항이 주어위치에 나타난다는 점에서 비대격동사와 유사하지만, 다음과 같은 이유로 비대격동사와 구별된다.

(58) a. This bread doesn't/won't cut.

    b. Not many/few bureaucrats bribe.

중간태동사는 문장의 수식어구 성격의 보완요소들을 필수적으로 요구하는데, (58)에서 보듯이 주로 부사에 의해 수식된다. 또한 부사 이외에 다른 요소들에 의해 수식될 수도 있다. (58)에서 보듯이 부정어귀나 양화사 주어가 이러한 수식 기능을 담당한다. 중간태동사에게는 반드시 이러한 수식 기능이 요구된다는 점에서 비대격동사와 구별된다.

중간태동사와 비대격동사의 또 다른 차이는 전자는 동사적 수동형과 같이 행위자 의미역을 내포한다는 점이다. 즉 다음 차이를 살펴보자.

(59) a. Greek translates easily. (=It is easy for anyone to translate Greek.)

b. The vase broke. (≠Someone broke the vase.)

위 예문을 통해 알 수 있듯이 중간태동사는 행위자 의미역이 남아있는 해석이 가능하나, 비대격동사는 행위자를 전제하지 않아서, '꽃병이 (왜그런지 알 수없지만) 깨졌다' 라는 의미만 있다.

한편 어떤 중간태동사는 보통의 행위타동사처럼 사용되기도 한다. 그럴 때는 수동문도 별도로 존재한다는 특징이 있다.

(60) a. The customs officials weighed twenty pounds of rice

b. Twenty pounds of rice were weighed by the customs officials

c. Her assistant measured the younger children.

d. The younger children wee measured by her assistant.

그러나 중간태동사는 동사적 수동형과는 또 다르다는 것을 다음 예들을 통해 알 수 있다.

(61) a. *The book sold (quickly) by Mary.

b. *The book sold voluntarily.

c. *The book sold (widely) [PRO to make money].

(61)은 중간태동사가 암시논항의 존재를 알아보는 일반적 시험을 만족시키지 못한다는 것을 보여준다. 따라서 중간태동사가 행위자 의미역이 남아있는 해석을 가능하게 하면서도 암시논항의 존재를 입증하는 일반적 시험을 만족시키지 못한다는 모순을 해결하기 위한 적절한 방안이 마련되어야 한다. 그러나 이러한 방안은 현재의 논의를 훨씬 벗어나는 많은 연구를 필요로 하기 때문에 이 책에서는 언급하지 않겠다.

다만, 수동태를 논의할 때 전치사구의 목적어도 수동태의 주어로 출현하는 예문들을 살펴본다. (McCawley 1988: 88)

(62) a. Everyone threw coins into the fountain.

b. Coins were thrown $\varnothing$ into the fountain by everyone.

c. *The fountain was thrown coins into $\varnothing$ by everyone.

d. This bed has been slept in $\varnothing$.

e. The Wright brothers were laughed at $\varnothing$ by everyone.

또한, 이중목적어 구문일 때와 여격구문일 때 수동태로의 변환여부는 흥미로운 패턴을 보여준다. (McCawley, 1988: 89)

(63) 여격구문(DC)의 수동태 여부

a. Oscar sold a car to my brother for $200.

b. A car was sold $\varnothing$ to my bother for $200 by Oscar.

c. *My brother was sold a car to $\varnothing$ for $200 by Oscar.

d.*$200 was sold a car to my brother for $\varnothing$ by Oscar.

(64) 이중목적어구문(DOC)의 수동태 여부

    a. Oscar sold [my brother] [a car] for $200.

    b. My brother was sold [∅] [a car] for $200 by Oscar.

    c.%A car was sold [my brother] [∅] for $200 by Oscar.[47]

    d. Fred bought [Ethel] [a birthday present].

    e. ?Ethel was bought [∅] [a birthday present] by Fred.

    f. ??A birthday present was bought Ethel [∅] by Fred.

(65) Huddleston & Pullum (2002: 249, 1432)예문

    a. My father gave me this watch.

    b. I was given [∅] this watch by my father.

    c. *??This watch was given me by my father.[48]

(66) Huddleston & Pullum (*ibid*)

    a. I sent Sue a copy.

    b. Sue was [∅] sent a copy.

    c.*??A copy was sent Sue.

(67) Jocobs (1995: 58)

    a. The group awarded the college two special scholarships.

    b. The college was awarded two special scholar ships (by the group).

    c. *Two special scholarships were awarded the college (by the group).

---

47) 이중목적어 구문에서 간접목적어(indirect object)를 수동태의 주어가 되는 것은 문제가 없는데, 직접목적어 (direct object)가 수동태의 주어가 될 수 있는가 하는 문제는 미국영어와 영국영어의 차이를 보여준다. 따라서, 이 예문의 경우 'a car'가 수동태의 주어가 된 (63c)는 McCawley에는 %로 혹은 (64c)는 ??로 표시되어 있다. 미국영어에서는 비문이라고 (*)표시한 학자도 있다. Jacobson (1995) 참조.

48) Huddleston& pullum 도 이중목적어구문의 직접목적어가 수동태의 주어가 되는 것은 미국영어의 경우 거의 비문이고, 영국영어도 극히 제한적으로만 수용된다고 지적하였다. 따라서, DOC구문에서 직접목적어는 수동태가 비문이라고 확정해도 될 것 같다.

따라서, '이중목적어구문의 직접목적어가 수동태의 주어가 될 수 있는지는 지역적 방언의 차이가 있다'는 지적은 확실해 보이며 Jacobs나 Huddleston and Pullum도 지적한 것처럼, 이중목적어구문의 경우 미국식영어 기준, 간접목적어만이 수동태의 주어로 쓰일 수 있다.

또한, 수동태는 종종 by-구가 생략된 채 출현하는 '절삭된 수동태' (reduced passives)가 있는데, 그 주어를 추정하는 일이 만만치 않다.

(68) a. Some one attacked John last night.

b. John was attacked by someone.

c. John was attacked last night.

(69) a. We have been outvoted in the presidential election.

b.?Someone has outvoted us in the presidential election.

8.5.3 파생명사(derived nominals)

다음 문장들과 명사구들을 비교해보자.

(70) a. The barbarians destroyed the city.

b. *The barbarians destroyed.

c. *There destroyed the city.

(71) a. the barbarians' destruction of the city

b. the destruction of the city

c. The destruction was awful

(70)의 예들은 동사의 논항은 의미역기준과 투사원리에 따라 반드시 통사적으로 실현되어야 한다는 것을 보여준다. 그러나 동사로부터 도출된 파생명사의 경우에는 상응하는 논항들이 반드시 통사적으로 실현될 필요는 없다는 것을

(71)의 예들을 통해 알 수 있다. 이것은 동사로부터 파생명사를 도출해내는 어휘적 파생규칙이 의미역구조를 변화시킨다는 것을 의미한다. 그러나 이것이 파생명사는 상응하는 동사의 논항을 완전히 제거한다는 것을 의미하지는 않는다.

(72) a. the destruction of the city by the barbarians

b. the deliberate destruction of the city

c. the destruction of the city [PRO to prove a point]

위의 예를 통해 알 수 있듯이 파생명사는 암시논항의 존재를 입증하는 일반적 시험을 모두 만족시킨다. 그러므로 파생명사는 외재논항이 통사적으로 드러나지 않아도 암시적으로 갖고 있다는 점에서 동사적 수동형과 같다.

8.6 구조적 중의성

주어진 구나 문장이 종종 두 가지 이상의 해석을 가지는 경우가 있는데, 우리는 이런 경우를 중의성(ambiguity)이 있다고 말한다. 어휘적 중의성(lexical ambiguity)의 경우를 제외하고, 구조적으로 중의적인 문장들을 논의해보자. 통사구조의 실체를 인정하면 중의성을 잘 설명할 수 있다. 통사구조와 의미/해석이 1:1의 관계에 있을 것이라는 전제하에 하나의 동일한 문장이 두 개의 의미를 가지는 것은 표면상 보이지 않더라도 두 개 이상의 구조가 있음을 보여주는 증거가 된다.

(73) a. John loves Della more than Chloe.

b. John loves Della more than (John loves) Chloe.

c. John loves Della more than Chloe (loves Della).

(74) a. He loves her more than you.

b. He loves her more than (he loves) you.

c. He loves her more than you (love her).

(73a)-(74a) 같이 생략관련 중의성이나, 혹은 보다 더 광범위하게는 아래 (75a)같이 PP의 구조적 위치여부에 따라 중의성이 발생하기도 한다.

(75) a. The King killed the eunuch with a dagger.

b. The King who had a dagger killed the eunuch.

c. The King killed the eunuch who possessed a dagger.

(76) a. The teacher hit the student with an umbrella.

b. The teacher used an umbrella and hit the student.

c. The teacher hit the student who had an umbrella.

(75a)는 구조적으로 중의적이다. PP인 with a dagger가 killed 가 핵인 VP 속에 속한 구성요소인지, 아니면 the eunuch가 핵인 NP 속에 속한 구성요소인지를 표면상으로는 알수 없기 때문이다. 따라서, 그 가능성에 따라 (75b)처럼 King이 '단검'으로 '그 환관을 죽였다'는 말일 수도 있고, (75b)처럼 '단검'을 소유하고 있던 the eunuch (환관)을 '왕이 죽였다'는 말일 수도 있다.

(76a)의 두 가지 가능한 수형도를 살펴보자. 삼각형으로 표시된 부분은 더 복잡한 내부가 편의상 생략되어 있다.

(77) a. (=76b) 그 선생님은 우산으로 학생을 때렸다

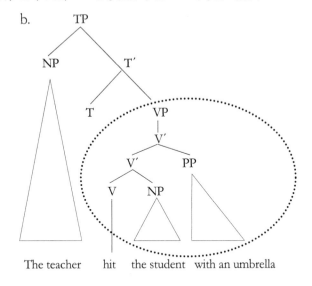

b.

(78) a. (=76c) 그 선생님은 우산을 가진 학생을 때렸다

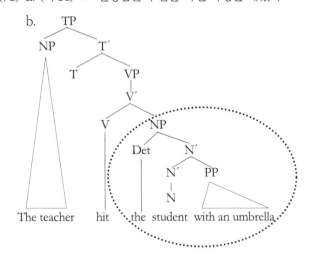

b.

(77a)와 (78b)에서 PP(*with an umbrella*)의 위치를 보면 중의성이 왜 생겼는지를 쉽게 이해할 수 있다.

구조적 중의성의 문제는 최근 자연언어 처리분야에서 처리하기 힘들어하는

부분이기도 하다. 어휘적 중의성의 문제는 해당 어휘에 여러 개의 가능한 의미를 허용하면 가능하나, 표면상 동일한 의미의 동일한 단어들로 이루어졌지만, 전혀 그 의미가 달라지는 구조적 중의성 문장의 파싱 (parsing)은 별도의 장치가 있어야 하는 것이 아닌가 하는 문제를 야기한다.[49] 다음에, 널리 알려진 구조적 중의성 예문 몇 개를 더 제시하기로 한다.

(79) a. Flying planes can be dangerous.

b. Visiting relatives are boring.

c. The missionaries are too hot to eat.

(80) a. Small boys and girls are playing hide and seek.

b. Stray cats and dogs are easy to spot in the street.

c. The chicken is ready to eat.

d. The burglar threatened the Buddhist monk with the knife.

---

49) 000기업(주)의 빅데이터 및 머신러닝팀 자연언어처리 분야를 담당하는 연구원이 구조적 중의성이 있는 자료를 어떻게 해석하고 처리하는가 하는 문제를 연구하고 있어, 이를 자문한 바 있다 (홍성심).

1. 다음은 중의성이 있는 문장이다. 두 가지 해석을 쓰시오

   a. The judge looked at the convict with suspicious eyes.

   b. They decided on the boat.

   c. The professor saw the gorilla on the tree.

   d. Bill wondered which picture of himself John sold.

   e. Ryan decided that they would move after Easter.

   f. (어제 밤 경부고속도로에서)흰색 소나타가 중앙선을 넘어 마주오던 25톤 픽업트럭과 충돌했다.

2. 다음 문장의 밑줄친 부분의 의미역, 문법기능, 통사범주를 쓰시오.

   a. <u>Ryan</u> went to school on foot.
   - 문법기능:
   - 통사범주:
   - 의미역:

   b. <u>Everyone</u> is scared of snakes.
   - 문법기능:
   - 통사범주:
   - 의미역:

c. <u>Snakes</u> easily scare everyone.
- 문법기능:
- 통사범주:
- 의미역:

3. Green ideas sleep furiously가 왜 이상한 문장인지 설명하시오.

4. "The monkey wrote a poem on its favorite banana" (Adger 2003)는 중의적이다. 이 예문의 두 가지 의미를 영어로 다시쓰기 하시오.

의미1: _____.

의미2: _____.

5. "The professor said on Monday that he would give an exam."은 중의적인 예문이다. 이 두 가지 의미가 각각 명확해 지도록 영어로 다시쓰기 하시오.

의미1: _____.

의미2: _____.

제9장 | 비교 통사 현상과 매개변항

9.1 이론적 배경

우리는 지금까지 영어의 여러 통사적 현상을 Chomsky의 변형생성문법적 입장에서 논의하였다. 지금까지 논의해온 Chomsky (1981, 1982)의 지배결속 이론 중 가장 중요한 부분을 차지하고 있는 것은 과연 이런 다양한 통사현상들과 보편문법(UG)은 어떤 연관이 있는가 하는 것이다. 즉, 다양한 통사현상이 매개변항으로 고정되어야 하는지 아니면 보편문법의 영역으로 포함되어야 하는지에 관한 답을 하는 것은 매우 중요한 일이 될 것이다. 영어라는 개별 언어의 통사현상이 표면상 매우 다양하고 서로 전혀 연관이 없는 것 같지만, 좀 더 추상적인 수준에서는 이런 개별 언어의 다양함이 밀접하게 연관을 맺고 있다고 말할 수 있기 때문이다.

영어라는 개별 언어의 통사현상이 표면상 매우 다양하고 서로 전혀 연관이 없는 것 같지만, 좀 더 추상적인 수준에서는 이런 개별 언어의 다양함이 밀접하게 연관을 맺고 있다고 말할 수 있기 때문이다.

다시 말해서 이런 추상적 수준의 공통점은 보편문법의 영역에 포함되고, 보편문법과 개별언어의 문법이 어떻게 연관지어져야 하는 지에 대한 논의도 또한 중요한 연구주제가 될 수 있다. 따라서, 그동안 각각의 언어들이 가지는 표면상의 다양함은 매개변항 값으로 고정되거나 특정될 수 있을 것이다.

표면상의 이러한 다양함을 한눈에 알 수 있게 해주는 것은 역시 소리, 발음, 음성적 값, 통사 범주, 어순 등이다. 따라서, 겉으로 보기에 영어의 발음이나 음소는 예를 들면 한국어나 일본어의 발음이나 음소와 전혀 다르다는 것을 우리는 알고 있다. 또 영어의 어순은 한국어의 어순이나, 일본어 어순과 전혀 다르다는 것을 알 수 있다.50)

그러나, 의미는 어느 언어를 막론하고 동일하므로, LF 층위는 어느 언어라도 동일하다고 말할 수 있다. 즉, 표면적인 차이는 LF층위에서는 보이지 않으며, 어느 언어라도 LF 층위가 같다고 전제 할 수 있다는 것이다.

일단 다양한 언어 간의 차이와 통사현상들을 보편문법의 영역으로 포함시킬 것인가 아닌가 하는 것에 대한 두 가지의 가능한 접근법이 있을 것이다. 우선 한 가지는 다양한 통사현상을 보편문법의 원리들로 관련짓는 방법이 있다. 그리고 두 번째 접근법은 이런 다양한 통사현상을 보편문법의 원리로 포함시키지 않고, 어휘 범주 개개의 특성으로 인정해 버리는 방법이 있다.

최소주의 프로그램 이후 (Chomsky, 1995), 보편문법과 매개변항이 많이 언급되지는 않지만, 여기서 Chomsky의 PP문법(Principles & Parameters)에서 일반적으로 인정되고 있는 매개변항 3가지 예로 들어 논의해 보자.

이론적으로만 따진다면, 이분지 값(binary value)을 가지고 인간의 언어 7,000개를 개별적으로 구별해 내려면51), 약 13개 정도의 매개변항($2^{13}=$)이 필요할 것이다.

---

50) 중세영어(Middle English)는 한국어와 마찬가지로 SOV의 어순을 가지고 있다.(Radford, 2008).

51) "언어"라는 정의에 따라 달라질 수 있지만, 이 세상에 존재하는 "자연언어의 개수"는 대략적으로 7,000여개라고 알려져 있다. 비교적 최근 새로이 발견된 언어로, 인도의 북부지역에 약 800여명의 화자만을 가진 Goro라는 언어도 있다. 이 언어를 모국어로 하는 800여명이 더 이상 이 언어를 사용하지 않는다면, 이는 Goro라는 언어는 소멸된다. 물론 현재에도 소멸위기의 언어이다.

9.2 주요 매개변항

이 절에서는 영어의 여러 가지 통사현상이나 어순에 관여하는 가장 대표적인 매개변항 2가지를 논의하기로 한다.

9.2.1 SVO = 핵우선 매개변항

어순을 결정짓는 매개변항은 일반적으로 영어가 SOV의 어순인데 비해 SOV가 아닌 언어들과의 어순상의 차이점을 설명해준다. 이는 방향성(directionality)의 문제 또는 어순(word order)의 문제를 결정짓는데 중요한 역할을 하는 매개변항이다.

영어를 SOV 언어라고 말함은 일반적으로 VP에서 동사는 목적어의 앞에 위치하고, PP에서는 전치사가 그 목적어의 앞에 위치하고, AP는 형용사가 그 앞에 위치하는 등의 순서를 알려준다. 즉, 보충어가 먼저냐 아니면, 핵이 먼저 출현하느냐 하는 어순과 관련이 있다. 핵이 먼저인 언어(head first language, 핵선행언어)는 핵이 나중인 언어(head last language, 핵후행언어)와 여러 가지 면에서 차이를 보이는데, 예컨대 핵선행언어인 영어는 핵이 되는 전치사(preposition)가 있고 그 보충어인 XP가 뒤따른다. 이에 비해 핵후행언어인 한국어는 후치사(postposition)가 존재하며, 보충어인 XP가 핵인 후치사의 앞에 온다. 따라서, 영어에는 "**at** the library" 라는 PP가 있지만, 후치사가 있는 한국어의 경우는 "도서관**에서**"라는 후치사구가 존재한다. 여기서 핵이라 함은 X° 범주를 말한다. 즉 V°, P°, A°, N° 등의 어휘범주 핵과 T°, C°, D° 등의 기능범주 핵이 있다.

우리는 이런 핵 매개변항을 근거로 해서 언어 간에 존재하는 어순상의 다양함이 과연 보편문법의 영역에 포함되는 것인지 아니면, 개개의 어휘차원에서 일어나는 일인지를 논의해 볼 수 있다. 우선 영어는 핵과 보충어의 순서가 높은 일관성이 있다.

(a) C°는 TP를 보충어로 하여 TP 앞에 온다.

(b) T°는 VP를 보충어로 하여 VP 앞에 온다.

(c) V°는 DP를 보충어로 하여 DP 앞에 온다.

(d) D°는 NP를 보충어로 하여 NP 앞에 온다.

(e) P°는 DP를 보충어로 하여 DP 앞에 온다.

(f) A°는 PP를 보충어로 하여 PP 앞에 온다.

(1) ... [CP [C° that] [TP John [T° will [VP [V° solve [DP [D° the] [NP problem] [PP
        └─(a)─┘   └─(b)─┘ └─(c)─┘ └─(d)─┘

[P° in [DP the room]]]]]]
  └─(e)─┘

(2) He is [AP [A° fond [PP of Italian cuisine]]]
            └─(f)─┘

그런데, 독일어의 경우 어순은 그 같은 일관성이 발견되지 않는다. 따라서 어떤 범주는 핵이 보충어를 뒤따르는가 하면, 어떤 범주는 핵이 보충어의 앞에 위치하는 것이다. 구체적으로 말해보면, T°는 보충어 VP 뒤에 오고, V°는 보충어인 목적어 DP의 뒤에 온다. 여기까지는 핵이 보충어를 뒤따르는 핵후행어의 양상을 보인다.

그러나, C°는 TP의 앞에, D°는 NP의 앞에, A°는 PP의 앞에, 그리고 P°는 DP의 앞에 선행하는 것은 보충어가 핵을 뒤따르는 핵선행어의 특징이다.

따라서, 독일어의 경우, 핵 매개변항을 설정하는 것이 바람직한지 아닌지를 결정해야 한다. 즉, 각각의 개별적 범주에 따라 어순이 달라지는 것이라고 말하든지, 아니면 이런 표면상의 차이점들을 어떤 일관성 있는 원리로 묶을 것인지를 결정해야 한다.

한 가지 확실한 것은 이런 핵과 보충어의 순서가 어순과 관계가 있으며, 의미역이나 격이 어느 쪽에 할당되느냐와 관계가 있다는 것을 시사하고 있다.

9.2.2 국부성 조건

매개변항을 논의할 때, 흔히, 국부성조건의 이동에 관여하는 한계절점이 매개변항의 주요한 요소가 되기도 한다. 어떤 범주의 이동과 관련하여서는 하위인접조건이 위배되었는가 아닌가가 중요한 기준이 된다. 이 경우, 언어마다 국부성조건, 혹은 한계절점이 달라질 수 있다. 그러므로, 매개변항을 설명할 때 국부성조건을 자주 논의하게 되는 것이다. 이동이 제약을 받는 많은 경우를 일반화 하여보면, 일단 일정한 수의 한계절점(bounding nodes)을 교차하여 지나간 경우가 있는데, 영어의 경우 NP/DP나 TP를 두 개 이상 넘어간 경우는 하위인접조건을 위배한 경우이다.[52] 이런 문장들의 비문법성은 하위인접조건이 위배되었다고 설명하는 것이다. 예를 들어보자.

(3) *What$_i$ did [$_{TP}$ you wonder [$_{CP}$ who$_j$ [$_{TP}$ t_j wrote t_i]]]

(4) a What$_i$ did you ask [[if [she would say t_i]]]

   b.*What$_i$ did you ask [when [[she would say t_i]]]

(5) *What$_i$ did [$_{TP}$ you believe [$_{DP}$ the rumor [$_{CP}$ that [$_{TP}$ Chomsky wrote t_i]]]]

---

52) 원래 섬현상을 논의하기 시작한 초기변형문법의 시점에서는 영어의 경우, NP와 S가 한계절점(bounding nodes)이었다. 그러나 최근 통사이론으로는 DP-가설이 보편적으로 수용됨에 따라 국부성조건에 관여하는 영어의 한계절점은 DP와 TP라고 말할 수 있다. 물론 최소주의에 이르러 이를 적용하는 방식이 국면기반으로 바뀌었는데 국면핵에 해당되는 C와 타동사 v가 이에 해당된다. 이 책 11장에 이를 상세히 소개하기로 한다.

위의 예문 중 (3)은 Ross (1967)의 의문사 섬제약(Wh-island constraint)을 위배한 것이고, (4b)는 역시 의문사 섬 조건을 어긴 것이 된다. 왜냐하면, (4b)의 경우는 (4a)의 경우와 달리, C의 지정어 위치가 비어 있지 않아서 — *when*으로 채워져 있으므로 — 역시 일정수의 한계 절점을 넘어간 것이 된다. (5)의 경우는 복합명사구제약(complex *NP* constraint)을 위배한 것이다. 아무런 문제가 없이 순환적으로 장거리 이동을 하는 의문사의 경우는 다음과 같은 종류의 예문들이다.

(6) 순환주기적으로 장거리 이동한 의문문

    a. [CP2 Which book [C'2 do [TP2 you think [CP1 [C'1 that [TP1 John read Ø]]]]]]

    b. [CP2 Which book [C'2 do [TP2 you think [CP1 [C'1 that [TP1 John read Ø]]]]]]

따라서 (6)과 같은 방식으로 이동한 경우의 영어 의문사 이동은 정문이 되지만, 비문법적인 예문들의 경우는 섬-구성소 안에서 섬 구성소 밖으로 이동하면서 하위인접조건이라는 국부성조건을 위배했다고 설명하는 것이다.

다음의 경우들도 일정한 섬조건을 가진 구문들로, Radford (1981, 1988), McCawley (1998: 526), Boeckx (2012: 5-6), Sportiche, Koopman, & Stabler (2017: 272-273)의 예문들이다.

(7) 복합명사구제약(complex *NP* constraint)

    a.*__What__ can't you explain [the fact [CP that he bought Ø]] ?

    b.*__What__ did you hear [the rumor [CP that Mary broke Ø] ?

    c.*__Where__ did he dismiss [the assertion [CP that Bill slept Ø] ?

    d.*__Which__ book did John meet [a child [who read Ø]]?

e.***Where** did you dislike [the suggestion [CP that Susan should go Ø]?

복합명사구제약을 보면 *the fact* CP, *the rumor* CP, *the claim* CP, *the assertion* CP 같은 동격절을 내포하는 복합명사구가 해당 된다. 이때 동등절 CP 속의 어떤 요소도 이동하지 못하는 것을 확인할 수 있다. 이 이동이 불가한 이유는 이동하려는 요소가 복합명사구 속에 있을 때 이동의 경로가 한계절점인 DP와 TP 두개를 지나가야 한다는 점에 있다. 즉 하위인접조건이나 이동에 관여하는 국부성조건을 위배한다는 공통점이 있는 것이다. 이를 도식화해서 제시하면 아래와 같다.

(8)   *What [C' can't [TP you explain [DP the fact [CP that [TP he bought Ø]]]?

위의 도표를 보면 TP, DP들이 한계절점이 될 터인데, 의미역이 주어진 Ø의 위치에서 처음 하나의 TP를 건너가지만, 그 다음 이동은 DP와 주절의 TP를 건너가게 됨을 알 수 있다. 따라서, 위 문장의 비문법성은 하위인접조건을 위배한 두 번째 이동 때문이라고 말하는 것이다. 복합명사구 조건에 관련된 추가의 예문들은 아래와 같다

(9)   복합명사구가 들어있는 기타 구문들
    a. *[Which book [did [John hear [a rumor [t that [you had read Ø*i*]]]]]]
    b.*[CP How*i* [did [TP John hear [DP a rumour [CP t*i* that [TP you had fixed the car Ø*i*]]]]]]

이 밖에도 이동현상의 국부성 조건을 보여주는 구문은 아래와 같다.

(10) 주어섬제약(sentential subject constraint, McCawley 526-527)

    a. ***Who** did [$_{CP}$ that [$_{TP}$ Mary kissed Ø]] bother you?

    b. ***Which book** did [that John had read Ø] surprise Chomsky?

    c. ***How many oysters** would [for Alice to eat Ø] be vulgar?

    d. ***What** would [for me to give up Ø] be a pity?

    e. ***How many oysters** did [Alice's eating Ø] offend Wilbur?[53)]

주어섬제약의 경우는 복합명사구 섬제약이나 Wh-섬 조건의 경우보다 조금 더 복잡하다. 그 이유는 시제절의 주어로 출현하는 범주가 CP이지만 그 지정어 위치는 비어있다고 말할 수 있는데, 이 지정어 위치를 탈출구로 사용해서 (escape hatch) 이동이 발생한다고 말한다면 하위인접조건을 위배하지 않을 수도 있기 때문이다. 그럼에도 불구하고 위 (10)의 예문은 비문들인데, (10a)를 가지고 살펴보자:

(11) *[$_{CP2}$ **Who**$_i$ [$_{C'}$ did [$_{TP2}$ [$_{CP1}$ **t**$_i$ that [$_{TP1}$ Mary kissed Ø$_i$]] bother you]]]]?

위의 구조를 보면, 영어의 한계절점이 2개가 있는데 'who'의 의미역이 주어 진 본래의 위치(Ø)로부터 CP2의 지정어 위치가 이동의 착지점이 된 것을 알 수 있다. Ø가 CP1의 지정어 위치를 들렸다 이동하는 경로도, CP1의 지정어 위치 에서 다시 CP2의 지정어 위치로 이동하는 경로도 모두 한계절점 2개 이상을 넘

---

53) (i) *Which book* did it surprise Ruth [that [John had read Ø]]?

    (ii) It surprised Ruth [that [John had read his book]]?

    (iii) Which book was Ruth surprised [that [John had read Ø]]?

    위의 예문들은 주어섬조건구문과 관련이 있으나, 정문이 되는 경우들인데, (i)은 (ii)로부터 extraposition이 적용된 구문이고, (iii)은 수동문의 경우이다. 이때의 절주어는 왜 Wh-적출이 가능 한지 추가적 논의가 필요하다.

어가지 않는다. 즉, 이 두 가지 도출과정은 모두 하위인접조건을 만족시킨다는 점은 확실하다. 그럼에도 불구하고 이런 문장들은 모두 비문법적인데, 이처럼 주어섬 조건을 위반한 비문법적인 문장을 설명하려면, 별도의 전제가 있어야 한다.

만일 절주어 논항이 영범주 DP라는 전제를 한다면, 즉, 절 논항 CP가 Null D의 보충어라는 전제를 한다면, 하위인접조건을 위배하는 문장이 될 것이고, 그다지 무리한 방식이 아니다. 따라서, 위의 구조는 다음과 같다.[54)]

(12) 주어섬 위반문장의 구조

    a. *[$_{CP2}$ **Who** [$_{C'}$ did [$_{TP2}$ [$_{CP1}$ t_i that [$_{TP1}$ Mary kissed Ø]] bother you]]]]?

    b. *[$_{CP2}$ **Who** [$_{C'}$ did [$_{TP2}$ [$_{DP}$ [$_{D'}$ D [$_{CP}$ t_i that [$_{TP1}$ Mary kissed Ø]]]] bother you]]]?

(12a)를 기준으로 보면, Ø의 위치에서 who가 통과하는 한계절점은 CP1 속의 t_i 1개를 넘고, CP1에서 다시 CP2로 TP2를 넘는다. 결국 (12a)의 구조로는 이 예문이 왜 비문인지 설명할 수 없다.

따라서, Null D의 존재를 인정하는 (12b)의 구조를 전제한다면, Ø는 TP1을 건너고, 다시 CP2로 이동할 때, 한계절점 2개 (DP와 TP2)를 건너가게 된다. 이는 하위인접조건 위배가 되며, 따라서 비문법적인 (12b)를 설명하고자 할 때, 하위인접조건에 근거하여 그 비문법성을 설명할 수 있게 된다.[55)]

---

54) 우리는 이미 Null D라는 영범주를 인정할 수 있는 몇가지 통사적 근거가 있다. 예를 들면, 'Students'(학생들)이란 총칭적 명사성표현은 Null D가 있는 구조라고 생각할 수 있기 때문이다. [$_{DP}$ Ø Students]

55) McCawley 같은 경우는 절주어 S가 null NP아래 지배받고 있는 구조를 설정하였다.

(13) 동등접속구문 제약(coordinate structure constraint)

 a. *Mildred, I really like [George and $\emptyset_i$] ?

 b. ***What**$_i$ did you eat [ham and $\emptyset_i$] ?

(14) a. [John and Mary] played the Chopin's violin sonata.

 b. ***Who**$_i$ did [John and $\emptyset_i$] play the Chopin's piano and violin sonata?

 c. *Your mother attributed your low grades to organizational inability and laziness.

 d. ***What**$_i$ did your mother attribute your low grades to $\emptyset_i$ and laziness?

 e. ***What**$_i$ did your mother attribute your low grades to [laziness and a distaste for $\emptyset_i$] ?

그밖에도 동등접속구문 속의 어떤 요소도 국부성 조건을 준수한다. 따라서 (14)의 예문도 '[[George] and [XP]]' 혹은 '[[XP] and [George]]' 라는 동등접속 DP안에서 XP를 추출하여 이동시킬 수 없다. 이를 하위인접조건으로 설명하려면, (동등접속구가 DP라는 전제하에) DP와 TP가 영어의 한계절점이므로, 하위인접조건의 위배를 이끌어 낼 수 있겠다. 즉 하위인접조건에 의지하여 동등접속구문으로부터의 이동이 불가능함을 설명할 수 있을 것이다.

(15) 부가절 섬제약 (adjunct island condition, Sportiche, Koopman, & Stabler: 273, Boecks: 16)

 a. He went home [$_{XP}$ before [Mary finished WHAT]]

 b. *What did he go home [$_{XP}$ before [Mary finished $\emptyset$]] ?

 c. *Which girl did John arrive [$_{XP}$ after [Bill kissed $\emptyset$]]

(16) Wh-섬제약 (wh-island constraint)

 a. *[CP How2 [C' does [TP she know [CP which car1 [TP John fixed t1 t2]]

b. *[CP Which book2 [C' did [TP you wonder [CP whether [TP John read t2]]

(17) 좌분지조건 (left branch condition, Boeckx: 5)

    a. You have a very nice car.

    b. How nice a car do you have?

    c. *How nice do you have [Ø a car]?

    d. *Whose did you read [Ø book]?

    cf. Whose book did you read Ø?

이상의 논의를 요약 정리하면 다음과 같다. 영어의 한계 절점은 DP와 TP라고 할 수 있고, 이런 한계절점을 2개 이상 이동하는 것은 '하위인접조건'이라고 부르는 일종의 국부성제약(locality constraint)에 위배가 된다고 말할 수 있다.56)

최소주의 이론 하에서는 국부성조건은 국면핵과 국면침투불가침조건으로 처리하게 된다. 이에 관한 상세한 논의는 11장에서 한다.

9.2.3 Wh-이동 매개변항

일반적으로 의문형태소([+Q] morpheme)가 따로 존재하지 않는 경우는 의문사가 자체적으로 명시적 이동을 하는 언어가 많고 의문형태소가 명시적으로 존재하면, 의문사 자체는 이동하지 않는 언어들이 많다. 예를 들면, 영어는 의문사가 명시적 이동을 하는 언어로서 명시적인 [+Q] 형태소는 존재하지 않는다.

---

56) 로만스 언어 중에서 가장 대표적으로 이태리어는 한계절점이 NP와 S-bar (오늘날의 DP와 CP)라고 한다면 섬제약현상을 종합적으로 설명할 수 있겠다.

(18) a. I wonder [$_{CP}$ who$_i$ [$_{C'}$ [+Q] [$_{TP}$ Mary saw t$_i$]]]

b. *I wonder [$_{CP}$ e [$_{C'}$ [+Q] [$_{TP}$ Mary saw who]]]

c. [$_{CP}$ What [$_{C'}$ did/[+Q] [John buy t]]]

d.

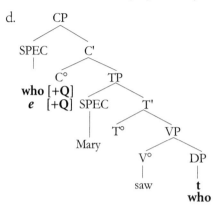

영어의 경우, 다음의 예문들처럼 의문사인 *what*이 반드시 문장의 앞으로 이동해 와야 한다. (19a)는 그렇지 못해서 비문법적이다.

(19) a.*John bought what?

b. What did [$_{TP}$ John buy t]

c. Who [t$_i$ bought which book]

d. [$_{CP}$ [who$_i$]-[which book$_j$] [$_{TP}$ t$_i$ bought t$_j$]]

for which person x, for which book y, [x bought y]

한편, 일본어의 경우는 명시적 의문 형태소 [+Q] 형태소 -*ka*가 있고, 의문사가 명시적으로 이동하지 않아서, D-구조에서 생겨난 본래의 위치 (in situ)에 의문사가 자리하고 있다. 한국어나 중국어가 이와 유사한 의문사 의문문의 구조를 가지고 있다.

다만, 한국어나 일본어의 의문사 이동과 관련하여서 영어와 다른 점이 있다. 그것은, 영어의 경우 관계절도 일종의 Wh-이동이라는 Chomsky (1977)의 주장이 일반적으로 수용되고 있으나, 한국어나 일본어의 관계절은 의문사이동처럼 비명시적 이동이 아니고 명시적 이동이라는 주장도 있다.

(20) a. John-wa   nani-o   kaimasita ka?

　　　John-Top   what$_i$ -**acc**   bought-Q

　　　(What$_i$ did John buy t_i ?)

　　b. Mary-ga John-ga hon-o   katta   to   kiite iru koto

　　　Mary-nom [John-nom book-acc bought] comp] **heard** fact

　　　(the fact that Mary heard that John bought a book)

　　c. Mary-ga John-ga nani-o   katta   ka   kiite iru koto

　　　Mary-nom [John-nom what-**acc** bought] comp] **heard** fact

　　　(the fact that Mary heard what$_i$ John bought t_i)

　　d. *Mary-ga John-ga hon-o   katta   to   siritagatte iru koto

　　　*Mary-nom [John-nom book-acc bought] comp] **want-to-know**

　　　fact

　　　(the fact that Mary wants to know that John bought a book)

　　e. Mary-ga   John-ga nani-o   katta   ka   siritagatte iru koto

　　　Mary-nom [John-nom what-acc bought] comp] **want-to-know** fact

　　　(the fact that Mary wants to know what$_i$ John bought t_i)

　만일 Lasnik과 Saito (1992)의 주장대로 일본어의 '*heard*' 동사는 [+Q] CP를 보충어로 허락하고, *want-to-know*동사는 [+Q] CP를 반드시 보충어로 가져야 한다면, (20d)가 왜 비문법적인지 설명할 수 있다. 즉, (20b)는 [+Q] CP를 보충어로 가지고 있지 않고도 문법적이다. (20c)는 문법적인데 이 경우는 [+Q] CP를 가지고 있다.

　따라서, *heard* 동사는 [+/-Q]가 다 보충어로서 허락된다. 한편 *want-to-know*

동사는 반드시 [+Q] CP만을 보충어로 가질 수 있는 동사이다. 따라서, 그것이 만족된 (20e)는 허락되는 문장인데 비해 [+Q]가 없는 — 즉 [-Q]인 (20d)는 비문법적이다.

그렇다면, 이렇게 통사적으로 S-구조에서 전혀 이동하지 않는 의문사가 LF에서는 이동하는 것일까? 그에 대한 답은 물론 긍정적이다. 그것은 설사 명시적으로는 이동하지 않으나, 이들 의문사가 가지고 있는 작용역의 범위를 살펴보아도, LF에서는 의문사가 이동한다는 것을 알 수 있기 때문이다.

즉, 우리는 명시적으로 의문사이동을 하는 언어든, 아니면 명시적 이동을 하지 않는 언어든, LF에서는 반드시 문장의 운용자(Operator)의 위치로 의문사가 이동한다고 전제하고자 한다.

헝가리어의 경우는 의문 허사(Wh-expletive)가 C°의 위치에 있다. 즉, wh-어가 [Spec, CP]에 위치하는데, [+Q] 형태소는 존재하지 않는다는 특징을 가지고 있다.

(21) Mit   gondolsz hogy kit   ʃatott ʃanos?
     What-acc think-2s that who-acc saw-3s John-nom
     (Whoi do you think that John saw ti)
     for which person, x. you think that John saw x
     LF 표시 : **What**-Whoᵢ do you think John saw *t*ᵢ

영어의 경우에도 간혹 명시적으로 이동하지 않는 의문사가 발견되는 경우가 있다. 그 경우는, 바로 영어의 다중의문사 의문문(double/multiple *Wh*-questions)인데, 하나의 의문사가 문장의 앞으로 이동하고 나면, 나머지 한 개의 (또는 두 개의) 의문사가 D-구조 본래의 위치를 지키는 수밖에 없다. 다음의 예문이 이에 해당된다.

(22) a. Who bought what?

    b. [$_{CP}$ Who$_i$ [$_C$ [$_{TP}$ t$_i$ bought what]]]

    c. [$_{CP}$ Who$_i$-what$_j$ [$_{C'}$ [$_{TP}$ t$_i$ bought t$_j$]]]

그러나, 명시적 이동을 한 *who*나 명시적 이동을 하지 않은 *what*이나 모두 LF에서는 문장의 앞으로 이동한다. 왜냐하면 두 언어가 통사구조적으로 다르지만, 이중의문사 예문의 의미는 같기 때문이다. 따라서, 표면적으로는 상이한 두 언어가 보다 추상적인 수준에 이르면 많은 공통점을 가지고 있다는 것을 알 수 있다.

결론적으로, 우리는 이 장의 내용을 다음과 같이 요약 정리할 수 있다.

첫째, 의문사가 명시적으로 이동을 하든 안하든, 모든 의문사는 그 작용역(scope)을 위해서 CP의 지정어 위치인 논리 운용자의 위치로 LF에서 이동한다.

둘째, 명시적 이동을 하지 않는 중국어/한국어/일본어 같은 언어는 대체로 의문사 의문문임을 나타내주는 [+Q] 형태소가 있다. 그리고 영어처럼 의문사가 명시적 이동을 하는 언어는 대체로 [+Q] 형태소가 없다.

셋째, 의문사 이동과 관련된 매개변항의 경우, 영어는 명시적으로, 일본어는 비명시적으로, 그리고 불어는 명시적일 수도 있고 비명시적일 수도 있어서 S-구조나, LF에서 임의적으로 만족되는 언어라고 말할 수 있다.

이상과 같이 이 절에서는 표면상 눈에 띄는 명시적 이동현상과 다양한 어순에 대한 논의를 하였다. 결국, 이동이란 현상이 자연언어에 존재하는 것은 확실하나, 어떤 조건이나 상황에서 이동하는지, 구체적으로 어디로 이동하는지, 어떤 요소가 이동하는지 등에 관한 것은 매개변항의 영역으로 남겨두어야 할 것이다.

매개변항 요약표

매개변항에 관한 논의는 최소주의에 이르러 많이 약화되었으나, 7,000여개 나 되는 자연언어를 몇 개의 매개변항으로 구별해 낼 수 있을까를 생각해보면 흥미롭다. 산술적 계산으로만 한다면, 이분지 원리에 기반하여, 2^{13}=8192개 이 므로 7000여개의 자연언어를 충분히 구별해 낼 수 있다.

이상의 매개변항에 관한 논의를 도표로 그려보면 다음과 같다.

Parameter Setting의 표 (예시)

	English	Italian/Spanish	Korean	French	Chinese	Japanese	German
Null Subject (pro-drop)	–	+	+	+	+	+	
null Expletive	–	+		+		+	
Wh–fronting	+	+	–	+	–	–	+
Head–first	+	+	–		?	–	
V2 effect	?					–	+

1. *What did you hear the rumor that Chloe bought at the mall?의 내부 구조를 각괄호로 표시하시오.

   What did you hear the rumor that Chloe bought at the mall

2. 영어의 전치사구는 핵이어서 그 보충어의 앞에오는데 한국어의 후치사구는 후치사가 뒤에 온다. 후치사구가 온 예를 하나 들고 핵선행인가 핵후행인가 논의하시오

   at the library: PP

3. Who do you think contracted the COVID-19? 의 도출과정을 설명하시오.

10.1 이론적 배경

이 장에서는 Abney(1987)이후 DP로 분석되어온 영어 명사류의 범주적 특성과 구조를 논의해 보자. 특히, 핵계층이 널리 받아들여졌던 시점 이후에는 몇 가지 이유로 전통적이고 보다 직관적 의미를 가진 이름에 해당되는 명사구(NP) 대신 오늘날은 한정사구(Determiner Phrase, DP)로 분석하기 시작했다. 그러나 여전히 논란이 많이 있으며, 이에 대한 명확한 입장은 분석틀과 수용하는 문법이론에 따라 달라질 수 있다.

'a lollipop' 같은 XP는 명사구 분석에 의하면, lollipop이란 명사가 핵이고, 'a'가 한정사로 지정어위치에 오는 NP이지만, DP분석에 의하면 'a'가 되는 한정사구로 lollipop은 한정사구 속의 보충어인, 명사구 (NP)가 된다. 따라서 본 장에서는 그동안 명사구로 분석했던 명사류를 한정사구로 분석하는 DP-가설을 상세히 제시하고 두 분석방식을 비교해 보고자 한다.

영어 명사류를 DP로 분석하는 방식과 전통적 의미의 NP로 분석하는 방식을 비교해보고, 양화사구(QP), 수사구(NumP), 속격구(PossP), 그리고 속격의 지정어 위치에 대명사가 나타난 경우와 재귀대명사가 나타난 명사류등 각종 명사류의 구 구조가 어느 접근 아래에서 더 일관성있고 설명력 있는지를 비교하여 보고자 한다.

우리는 여전히 명사구(NP)라고 지칭하면서도, 이론적으로는 한정사구(DP), 혹은 관형사구등의 용어로 설명되어오고 있는 영어 명사류의 범주적 특성, 유형, 그리고 형태통사적 분포 등을 개념적 일관성과 경험적 설명력을 논의하고자 한다.

10.2　전통적 NP 분석

전통적으로, *the bagel* 같은 영어 명사류는 명사구(NP)라고 인정되어 오다가, Abney(1987) 이후 DP라고 받아들여지는 일종의 기능범주 (functional category)이다. 따라서, 현대 통사론 학계에서는 DP를 인정되는 것이 대체적인 흐름이지만, 학교문법, 전통문법, 참고문법, 일부 구구조 문법, 일부 핵계층 통사론, 각종 EFL/ESL 영어교육 학계 등에서는 여전히 보다 더 직관적인 용어인 NP가 수용되고 있다.[57]

따라서, Chomsky의 최소주의 생성문법틀에서는 DP가 NP보다 더 보편적으로 인정되지만, 생성문법 이외의 문법틀에서는 여전히 전통적인 용어인 NP로 분석되고 있다. 예를 들면, Word-Grammar(Richard Hudson, 1984)을 제외한, 구구조 문법 (Phrase structure Grammar), Head driven structure grammar, Meaning-text Theory, 기능문법 (Functional Grammar), 어휘문법 혹은 격문법 (Lexical-Case Grammar), 구성문법 (Construction Grammar), 역할지시문법(Role and Reference Grammar) 등의 문법틀에서도 여전히 DP-분석보다 NP-분석을 유지하고 있다. 또한 규범문법이나 전통문

---

57) On-line resource인 wikipedia https://en.wikipedia.org/wiki/Determiner_phrase
　　실제로 한국의 임용고사 등의 영어학을 취급하는 시험에서는 명사구를 인정하고, 한정사구를 범주관련 문제에 포함시키지 않는다.

법, 참고문법 등의 관점에서의 영어교육,58) 혹은 ESL/EFL 등의 제2언어습득 교육분야 등에서 DP는 범주의 일부로 가르치지 않는다.

좀 더 구체적으로 예를 들어보자. NP 분석을 수용하는 관점에서는 'the bagel'이란 표현은 명사구(NP)가 된다. 이 명사구의 핵심적 요소는 'bagel'이란 명사이며 이 명사의 수(number)에 의해서 단-복수의 관사가 허락되기도 하고 불허되기도 한다. 즉, 명사와 한정사의 형태적 상관관계에 대해서, 명사가 그 '결정권'을 가진다는 의미이다.

따라서, 다음에서 보이는 바와 같이 한정사-명사에 있어, 수 일치현상 혹은 더 나아가 인칭, 성 일치 등 *phi*-자질 등과의 일치도 찾을 수 있다.

(1) a. *a bagels, the bagels, ø Bagels, this bagel
     b. *this bagels', 'these bagels', '*these bagel'

따라서, '*man with diabetes'는 NP-분석 옹호의 관점에서는 비문법적인 범주표현이다. 그러나, DP-관점을 수용한다면 'man with diabetes'는 한정사 (D) 핵의 보충어인 명사구(NP)이며, NP 위쪽에 DP가 놓여지는 구조로 문제가 없다. DP의 핵은 한정사(D)이며, NP의 핵은 명사(N)라는 의미에서 이 둘은 구별되지만, D는 항상 NP를 보충어로 선택한다.

생성문법학계에서는 S. Abney(1987) 이후 DP가 수용되고 있지만, DP의 존재는 통사론 학계에서는 여전히 논쟁거리이다. 따라서, 이 소절에서는, 전통적인 NP-분과 최소주의적인 DP-분석을 비교하면서 DP의 장점을 제시하고자 한다. 아래의 표는 상보적 분포관계에 있는 영어 명사류에 출현하는 요소들이다.59)

---

58) Determiner Phrases(DPs) are not taught as part of grammar when learning a language in school, as opposed to linguistics classes such as Chomskyan generative linguistics.

(2) 한정사의 유형

Types	Determiner/Articles (definite,indefinite)	Quantifiers	Demonstratives	Possessives
Examples	a/an, the	all, every, some, each, no	this, that, those, these	my, his, her, your, their

전통적 NP-분석은 동명사구를 분석함에 있어서 문제를 일으킬 수 있다. 예를 들면, [John's translating the book]같은 명사구는 그 핵이 'translating'이라는 동사이다. 'translating' 뒤에 전치사 'of'가 없이 직접목적어인 'the book'이 사용된 것으로 보아, 'translating'이 동사지만, 결국, [John's translating the book]라는 NP의 핵이 동사 (V)가 되도록 허용해야 하는 모순이 생기기 때문이다.

10.3 DP-가설

이 절에서는 그동안 전통문법에서나 초기변형문법 시대 이후로 항상 명사구(Noun Phrase)로 인정되었던 요소를 한정사구(Determiner Phrase)로 처리하는 관점과 분석을 논의하겠다.

10.3.1 이론적 배경

핵계층이론이 도입된 이후로, 핵계층도식(X-bar schema)을 따르자면, 지정어의 위치에 놓이는 요소는 XP(구범주)이다. 즉 핵(X^0)을 제외한 보충어, 부가어, 지정어는 모두 XP임을 적시하고 있다. 그런데 이 경우 Det를 명사구의

---

59) 수사(number)는 'the'같은 한정사와 상보적 분포를 보이지 않을 수 있다. 'the two analyses'가 가능하므로 일단 표에서는 제외한다.

지정어로 표찰하는 경우, 핵계층도식이 문제가 된다.

따라서, 널리 일반적으로 수용되고 일반화가 결정된 핵계층도식을 유지하기 위해서는 지정어의 위치에 놓이는 Det를 핵으로 하여, DP로 하여 명사구의 지정어(구)는 DP라고 할 수도 있다. (Bruhn 2006) 여기에서는 지정어 위치에 DP가 놓여지는 NP-분석(N-핵)과 D가 핵인 DP-분석과 NP-분석을 비교한다.

10.3.2 속격(genitive case)

명사구는 여러 가지 면에서 절과 비슷한 특성을 보인다.

(3) a. Mary's translation of the book

   b. Mary translated the book.

(4) a. the city's destruction (by the barbarians)

   b. The city was destroyed by the barbarians.

(3b)의 절처럼 (3a)의 명사구도 주어와 보충어를 다 포함하는 명제적 내용을 가지고 있다. 단지 차이는 명사는 격을 배당할 능력이 없어 보충어 앞에 전치사 *of*의 삽입을 요구한다는 것과 명사에는 동사에 표현되는 시제가 표현되지 않는다는 것이다. 명사구가 명제적 내용을 갖고 있음에도 완전한 문장의 형식을 갖추지 못하는 이유는 바로 시제가 없기 때문이다. (4a)는 명사구내에서도 절과 마찬가지로 주어위치로 내재논항이 이동될 수 있음을 보여준다.

이러한 명사구와 절의 유사성을 포착하는 방법은 명사구에도 절의 구조에 상응하는 구조를 배당하는 것이다. 따라서 명사구의 구조로 (5a)와 같은 DP 구조를 설정한다. 이 구조를 절의 구조인 (5b)와 비교해보자.

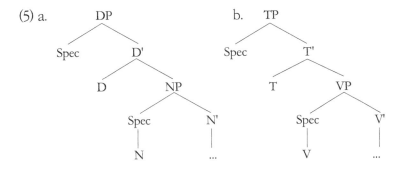

(5) a. DP b. TP

DP의 핵인 D는 한정사(determiner)를 가리키며 TP에서의 T에 상응한다. T처럼 D도 어휘범주인 NP를 보충어로 취하는 비어휘범주, 즉 기능범주(functional category)이다. 절의 주어위치가 TP의 지정어위치인 것처럼 명사구의 주어위치는 DP의 지정어위치이다. 명사구가 (5a)와 같은 구조를 갖는다는 주장을 DP 가설이라 한다. 이 가설에 따르면 명사구의 핵은 명사가 아니라 한정사이므로 명사구라는 이름 대신에 한정사구라는 이름이 일관성이 있으나 앞서 언급한 바와 같이 학교 문법에서나, 혹은 관행상 여전히 명사구라는 이름이 사용된다.

앞서 이야기한 대로 명사구는 시제를 포함하지 않는다는 면에서 절과 구별된다. 그런데 T속에 있는 일치(Agr)범주에 상응하는 일치범주를 D도 포함하고 있다는 증거가 있다. 다음 예를 살펴보자.

(6)   a. this/that book, these/those books

영어는 풍부한 일치굴절을 보이는 언어는 아니지만 (6)처럼 명사구 내에서 한정사와 명사 사이에 수 면에서의 일치를 보이는 경우가 있다. 이러한 수(number) 면에서의 일치를 나타내기 위해서는 명사구 내에도 일치를 관장하는 핵범주가 있는 것으로 분석할 수 있다.

(7)

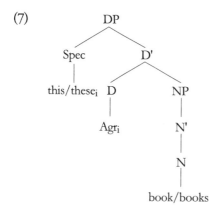

*This, that*과 같은 지시사(demonstrative)는 DP의 지정어위치를 차지하고 D의 일치범주와 지정어-핵 일치 관계를 통해 일치자질을 얻는다. 그리고 N과 D가 수 면에서 일치하기 위해서는 D가 하강하여 N에 부가되거나 아니면 N이 상승하여 D에 부가되는 것으로 본다.

이러한 DP 가설이 옳다는 전제하에 속격의 배당자는 무엇이며 어떤 식으로 배당되는지에 대해 알아보자. 이를 알아보기 위해 속격이 나타나는 다음 명사 구를 살펴보자.

(8)   a. Mary's translation of the book
      b. Mary translated the book.

절의 구조와 명사구의 구조가 상응한 구조를 가진다는 DP 가설에 따라 (8b) 의 *Mary*가 TP의 지정어위치를 차지한다면 (8a)의 *Mary*는 DP의 지정어위치 를 차지한다고 보아야 한다. 이를 구조로 나타내면 다음과 같다.

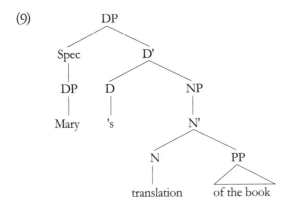

(9)

T속의 Agr이 주격을 배당하듯이 D속의 Agr이 속격을 배당한다. 그리고 주격이 지정어-핵 일치를 통해 격배당이 이루어진다고 하였듯이, 속격도 똑같은 구조하에 DP의 지정어와 D와의 지정어-핵 일치를 통해 격배당 혹은 격점검이 이루어진다. 최소주의에서는 격 배당이라기 보다는 격 점검이라고 할 수 있는데, 격자질을 PF자질이라고 생각한다면, 당연히, 'he'가 'him'으로 발음되는 것은 PF에서 결정되는 일이며, 'him'이나 'he'가 의미상 차이가 없다고 생각해도 무방할 것이다.

TP 구조에 상응하는 DP 구조에 기초한 속격 배당에 관한 분석은 명사구인 경우에도 D가 속격을 배당하지 못하는 경우가 있을 것이라고 예측된다. 왜냐하면 비정형절의 T는 Agr이 없기 때문에 주격을 배당하지 못하므로 D도 Agr이 없다면 속격을 배당할 수 없을 것이기 때문이다. 이러한 예측은 다음 대조를 통해 입증된다.

(10) a. Mary's translation of the book
　　 b. ∅ the translation of the book
　　 c. *Mary's the translation of the book

(10c)가 보여주는 것처럼 DP의 지정어위치를 차지하는 명사구와 한정사 *the*

가 동시에 같이 나타날 수는 없다. 이는 한정사가 나타나는 D는 Agr이 없어 지정어위치에 있는 명사구에게 속격을 배당할 수 없기 때문이다. 결국 T에 Tense/Agr이 있는 경우와 없는 경우 두 가지가 있듯이 D에도 Agr가 있는 경우와 없는 경우 두 가지가 있고 Agr이 있는 D는 속격을 배당/점검한다.

법조동사가 출현한 아래의 예문을 명사구와 비교해 보자.

(11) a. Ryan [will [study generative syntax]]
　　 b. Ryan ['s [bagel with anchovy cheeze]]
　　 c. the man ['s [bagel with anchovy cream cheese]]

여기서 주목할 것은 조동사의 분석과 한정사구의 분석이 동일한 패턴에 따라 제시될 수 있다는 점일 것이다. (11a) 처럼 ... 'will [study generative syntax]' 같이 동사와 조동사가 결합된 구조를 생각해 보면, 'will' 같은 서법조동사가 어휘범주인 본동사 'study.....'의 위에 놓이는 구조로 간주하는 것이다.

이런 방식으로 (11b)를 분석하자면, 'the'가 'bagel with anchovy cheese' 위에 놓여지는 구조가 된다. 한정사인 기능 범주 'the'는 어휘범주인 명사 'bagel....' 위에 위치한다. 그렇게 함에 있어 the bagel with anchovy cheese는 자연히 DP가 된다.

10.3.3 대명사= D 분석

'대명사'라는 용어는 명사를 대신하는 요소라는 뜻이다. 그러나 엄밀히 말해 대명사는 명사를 대신하는 것이 아니고 명사구 전체를 대신하는 것이다. 왜냐하면 명사구 중의 명사에 해당되는 부분만을 대명사로 대체할 경우 문제가 생기기 때문이다.

따라서 대명사는 명사구 전체를 대신하는 것인데, 명사구를 DP로 보는 DP 가설에서는 대명사를 D로 분석할 수밖에 없다. 왜냐하면 명사구 전체가 하나의 대명사로만 이루어져 있는데, DP의 핵은 D이고 핵은 반드시 있어야 하기 때문이다.[60)]

따라서 대명사는 (12a)같은 구조를 가지지만, 최소주의에 의하면, (12b)나 (12c)와 동일한 것으로 표시할 수 있다. 주변의 다른 성분이 없는 경우 가장 간단한 구조를 받아들일 수 있기 때문이다.

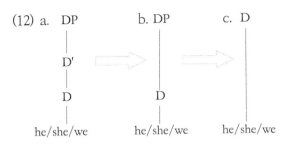

(12) a. DP   b. DP   c. D

DP의 핵이 대명사 (D)라는 것을 자료에 기반하여 논증할 수 있을까? 그 주장을 뒷받침해주는 증거가 다음에 있다.

(13) a. We politicians are active in party politics, seeking to achieve political power.

     b. Most people dislike you linguists.

*We politicians*와 *you linguists*는 주어위치와 목적어위치를 차지하는 명사구이다. 따라서 이들이 DP인 것이 분명하므로 구조는 다음과 같다.

---

60) 어휘핵은 XP의 어휘핵은 반드시 존재하지만 기능핵의 경우는 논란의 여지가 있다.

(14) a. [_DP_ [_D'_ we [_NP_ politicians]]]

    b. [_DP_ [_D'_ you [_NP_ linguists]]]

(15) [_DP_ [_D'_ we (*the) [_NP_ linguists]]]

(15)가 보여주듯이 대명사와 한정사 *the*가 동시에 쓰일 수 없다는 것은 대명사가 D 위치를 차지한다는 것을 뒷받침해준다. 같은 위치에 나타나는 두 요소가 동시에 나타날 수는 없기 때문이다.

(16) a. [the guy with a hat]'s dog

    b. [the girl who was laughing]'s scarf

위와 같은 구조를 살펴보면, 영어 소유격 -'s는 DP-분석 하에서는 쉽사리 설명할 수 있다. 소유격 -'s는 속격구(possessive phrase, PossP)의 핵이다: -'s의 바로 앞에 오는 위치는 지정어 위치이며, -'s 뒤에 오는 명사는 핵인 -'s의 보충어가 된다. 이런 구문은 NP-분석으로는 설명하기 어려운데, 왜냐하면 -'s에 해당하는 통사범주가 존재하지 않기 때문이다. 따라서, NP-분석은 -'s를 설명하기 위해 PossP를 허용하고 -'s를 그 핵으로 해야 한다. 핵계층이론을 충실히 따르자면, 결국 PossP의 핵으로 Poss='s가 존재해야 함을 수용해야 한다. 한편, DP-분석은 -'s를 D로 인정하므로, DP의 핵이 되며, 정관사 *the*와 상보적 분포에 놓임을 자연스럽게 설명할 수 있다.

<h2>10.4   DP가설의 문제점</h2>

우리는 위에서 'he', 'we' 같은 인칭 대명사 D라는 분석의 타당성을 살펴보았다. 즉, 인칭대명사는 'the' 같은 한정사와 동시에 출현하지 못하는 분포를 보

아서 인칭대명사가 D라고 했던 것이다. 그런데, DP-분석옹호자라면, 한정사와 공기(co-occur)할 수 있는 *one, few, many* 같은 부정대명사는 D가 아니라고 해야 하는 상황이 된 것이다. 즉, 이들이 한정사와 동시 출현할 수 있음을 설명해야 한다.

Radford (2009: 56)가 택한 방식은 DP와 'a bagel' 같은 명사류를 Quantifier Phrase (QP)라고 취급하였다. Radford에서는 *the*는 DP, *a*는 QP라고 해야 한다는 점이며, *he, she, they* 등의 인칭대명사는 D로, *one, few, many* 같은 부정대명사는 '양화사'로 취급해야 한다는 점이다.

(17) a. the driver/∅ drivers =〉 DP

    b. a/any/some/many drivers =〉 QP

one, few, many 같은 일부 부정대명사(indefinite pronoun)들은 한정사 *the*와 함께 쓰일 수도 있고, 영 한정사(null determiner, ∅)가 출현하기도 한다.

(18) a. the (government) ban on imports

    b. any (government) ban on imports

따라서, DP-분석은 인칭대명사 등은 D로 취급하지만, 불특정 대명사등은 다른 범주, 특히 양화사로 달리 취급해야 한다.

끝으로, Adger가 논의한 다음의 예문을 보면 DP는 확실히 다른 범주가 관여되어 있는 것 같다.

(19) a. [David]'s every wish

    b. [John's every wish] was granted.

c. [The king]'s every wish has been fulfilled.

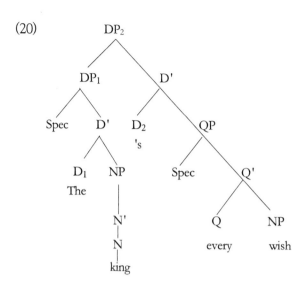

위 (20)은 (19c)의 DP기반 수형도인데, 다른 예문으로 (21)도 있다.

(21) a. The man who went to the conference's lollipop.

b.

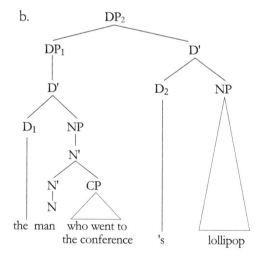

그러나, DP 가설의 약간 다른 버전에 의하면 다음 수형도가 제시되어 있다. (Radford, 1997: 165, 2009: 202)

(22) a. My car

　　 b. The president's car

　　 c. [Whose car] have you borrowed?

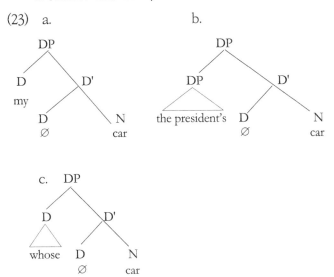

위 수형도에서는 일종의 일관성 결여를 살필 수 있다. (23b)는 속격의 DP가 있는데 비해 속격인 *my, whose*는 모두 D-핵으로 처리한 것인데 소유대명사나, 속격의 내부구조에 대해 좀 더 깊이 있게 살펴보아야 할 것 같다.

한편, 범언어적으로는 소위 한정사가 없는 언어(D-less languages)라고 주장되어진 언어들이 많이 있는데, N이 없는 언어는 존재하지 않는다. 따라서, D-less 언어는 명사류를 분석함에 있어 DP-분석틀보다는 NP-분석틀을 선호할 것이다. 여기서는 자료를 중심으로 어떤 방식이 더 잘 설명하는지에 초점을 두고 있을 뿐이다.

1. 다음 자료의 수형도를 그리시오.

   a. the book

   b. John's book

   c. John's every wish to be rich and famous

2. 다음 자료속의 DP와 NP를 논의하고 수형도를 그리시오.

   a. The man who went to the party's hat.

   b. John's translating the novel into Korean.

   c. We Republicans hate what you Democrats do.

3. 다음 예문의 문법성의 차이를 살펴보고 논의하시오.

   a. Who did you see a picture of ?

   b. Who did you see many pictures of ?

   c. Who did you buy some pictures of ?

   d. *Who did you see the picture of ?

   e. *Who did you see those pictures of ?

   d. *Who did you buy Chomsky's picture of ?

제11장 | CP 층위

11.1 이론적 배경

여러 층위의 구성요소들이 문장을 형성하는데, 보통 VP(동사구) 층위를 의미역, 의미자질 등이 완전히 표시되거나 할당된 층위라고 하여 의미역 층위(thematic layer)라고 하고, TP층위는 문법기능이나 문법자질 등이 표시되거나 할당되는 층위라 하여 문법층위(grammatical layer)라고 하고, 문장의 화용적 영역에 속하는 CP는 TP라는 절경계 바깥쪽의 영역으로 보문소 C가 진술문인가 의문문인가 아니면 명령문인가 등의 양태(mood)를 표시한다.

이때 명시적 시제가 있나 없나, 화제구인가 아닌가, 아니면 초점구인가 아닌가 등도 CP-와 확장된 CP의 영역에 속하므로 이를 화용적 층위 (pragmatic layer)라고 한다. (Gelderen, 2013: 150)

초기변형문법의 시기인 1970년대에는, S-bar라는 범주만 있다가 1990년대 이후 핵계층이론과 더불어 문법층위에 속하는 TP와 CP라는 보다 상세한 범주로 발전되어왔다. 그리고 1990년대 말 CP층위는 화제, 초점, 단문일 때, 복문일 때, 영어와 영어이외의 범언어적 고려과정을 거쳐, Split-CP(분리 보문소구) 가설로 발전하여 왔다.

CP 지정어 위치로 이동하는 가장 대표적인 문법현상은 의문문이다. 영어 의문사구는 간접의문문의 경우를 제외하고 문장의 제일 앞쪽으로 이동한다. 이

장에서는 단순 CP 구조만으로는 그 형상성을 설명하기 어려운 보다 확장된 분리 CP구조를 요구하는 Wh-의문문 이외에도 화제화, 초점화, 관계절 등을 분리 CP구조에 기반하여 설명하겠다.

11.2   화제화 현상

화제화(topicalization)는 의문사 이동과 매우 유사한 점이 많다. 따라서, 이 절에서는 화제화가 의문사 이동의 일종이라는 Chomsky(1977)의 주장과 더불어 CP구조를 살펴보기로 한다.

화제화와 밀접한 연관이 있는 구문으로 다음의 두 구문이 있는데 대명사가 명시적으로 나타나기도 하고, 주절에 별칭구(epithet)가 나타나기도 한다.

(1)   a. That guy, I hate him.   (좌향전위구문)

      b. That guy, I hate the idiot.   (별칭구 출현구문)

      c. That guy, I hate Ø.   (화제화구문)

화제화 구문은 보통 뒤에 공백을 남기는 (1c)가 맞지만, 흥미로운 사실은 Chomsky (1977) 이후로 화제화도 영운영자의 Wh-이동의 일종이라고 볼만한 많은 이유가 있다는 점이다.

(2)   a. That man I hate

      b.*That man, I heard the rumor that she met.

      c. That man, I believed that John said that Chloe kissed Ø.

따라서 화제화 현상도 Wh-이동에 의해서 생성된다는 이동의 관점에서 분석한 것은 이동에 가해지는 제약현상 때문에 (2b)가 비문임을 설명할 수 있는 것이다. 그러나 화제화를 오늘날 화제구(TopP)의 지정어위치에 기저생성된 것으로 보는 관점에서는 국부성조건을 달리 설명해야 할 것이다. 화제화가 없는 표준어순 문장과 화제화를 비교해 보면서 더 많은 예문을 살펴보자.

(3) a. I like generative syntax. (표준어순 문장)
    b. Generative syntax, I like. (화제화 문장)

(4) a. Chloe read a magazine in the attic. (표준어순 문장)
    b. In the attic, Chloe read a magazine. (화제화 문장)

(5) a. Della would eat the enoki mushrooms. (표준어순 문장)
    b. Eat the enoki mushrooms, Della would. (화제화 문장)

(6) a. The Captain was proud. (표준어순 문장)
    b. Proud, the Captain was. (화제화 문장)

위의 (3)-(6)의 문장에서 (a)와 (b)쌍은 어떤 의미에선 그 해석이 매우 유사하며, 밀접한 연관성이 있다. 그런데 핵계층이론으로나 병합이론 등으로 기본 골격을 만드는 규칙들은 (3a), (4a), (5a), (6a) 같은 문장의 생성은 허용하지만, (3b), (4b), (5b), (6b) 등은 문장의 기본구조생성규칙을 매우 복잡하게 만들지 않는 한 어렵다. 따라서 (3a)로부터 (3b)가, (4a)로부터 (4b)가, (5a)로부터 (5b)가, (6a)로부터 (6b)가 문장의 앞으로 전치이동(fronting) 혹은 비논항 (A-bar)이동을 통해 도출되었다고 본다.

(7) 화제화: TP의 왼쪽 TopP의 지정어 위치에 XP를 위치시킨다.

화제화의 중요한 특징은, 화제가 되는 XP가 문장의 앞으로 전치이동 되었으나, 이동한 XP의 위치를 제외한 나머지 부분은 표면상 어순에 영향이 없다는 점이다. 바로 다음에 논의될 초점화(focalization)는 화제화와 달리, T-to-C

이동 (혹은 SAI)가 있다. 따라서 화제화와 초점화는 별개의 통사현상이라고 보는 중요한 근거가 된다.

화제화가 일어난 문장의 수형도를 그려보면 다음과 같다.

(8) a. Eat the enoki mushrooms, Della would.

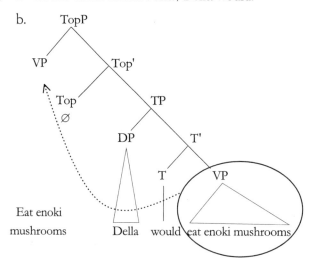
b.

수형도 (8)은 *eat enoki mushrooms*가 TopicP로 이동한 것으로 보이지만, 사실 TopP의 지정어위치에 기저생성된 것으로 볼 수도 있다. 그러나 TopP에 기저생성되었다고 말하려면, 적정한 해석을 위해, 문장의 뒷부분에 있는 의미역의 위치와 Topic Phrase의 관계를 설명해야 한다. 우리는 전통적 생성문법의 관점에서 TopP의 위치로 비논항 이동 혹은 화제화 이동에 의해서 화제화구문이 도출되었다고 본다.

11.3 초점화와 분리CP가설

11.2 에서 논의된 화제화는 초점화와는 매우 중요한 점에서 차이를 보인다. 그 차이는 초점화의 경우에는 해당절의 조동사가 주어의 앞으로 이동하는 T-to-C (혹은 전통적 이름인 SAI)가 발생한다는 점이다. 그리고 이 관찰은 내포문에서도 발생한다는 점에서 지금까지 해왔던 단순 CP (simple CP)로는 그 구조를 설명하기 어렵다.

지금부터 초점화를 알아보고 이의 내부구조를 생각해 봄으로써 보다 복잡한 분리 CP구조를 논의해 본다. 우선 아래의 예문을 살펴보자.

(9) a. Never have we seen anything like that.
     b.*Never we have seen anything like that.

(9a)는 정문인 반면, (9b)는 비문이다. 이 두 문장의 문법성의 차이는 *have*가 도치되었는가 아닌가의 여부이다. 따라서 비문이 된 (9b)는 *have*가 제자리에 남아있다는 점이 비문의 원인일 것이다. 우리는 앞 절 11.2에서 화제화는 TP위의 TopP의 지정어위치를 차지하는 것으로 논의하였다. 이때 조동사는 도치해서 주어 앞의 위치로 이동하지 않는 것을 확인하였으므로, (8b)같은 구조를 제시하였다.

그런데 (9)의 예문은 조동사 *have*가 주어인 *we* 앞으로 도치되어야 정문(9a)이고 도치되지 않은 (9b)는 비문임을 알 수 있다. 따라서 (9a)같은 예문은 초점화라고 부르고 이런 예문들은 조동사도치를 동반한다는 관찰을 확인할 수 있다.

문제는 (9a)에서 *Never*와 *have*가 어떤 구조적 위치를 차지하는가 하는 문제이다. 위의 예문들은 단문이므로, 아래의 (10)에 해당된다고 말할 수 있다.

(10) a. [CP Never [C' have [TP we [T' **have** [never seen anything like that]]]]]

   b.*[CP Never [C' [TP we [T' have [never seen anything like that]]]]]

(10a)와 (10b)를 비교하면, 소위 T-to-C (혹은 SAI)이동이 일어난 (10a)는 정문이고 T-to-C 이동이 일어나지 않은 (10b)는 비문이다. 따라서, 간단히 생각하면, *have*는 C의 위치로 T-to-C 이동하고 *never*는 CP의 지정어 위치로 이동한 것이라고 생각할 수도 있을 것이다.

그러나 다음의 내포문에서 동일한 현상이 일어난 것을 살펴보면, 초점화는 내포문에서도 T-to-C 이동이 일어나는 것을 볼 수 있는데 문제는 이 조동사 도치가 보문소 *that* 뒤에 놓인다는 점이다.

(11) a. The committee resolved [CP that [XP under no circumstances [C' would [TP John be allowed to continue in his work]]]].

   b. ??The committee resolved [CP that [XP under no circumstances [TP John [T' would be allowed to continue in his work]]]].

(11a)는 정문으로 *that*-이하의 내포문에서 *under no circumstances*라는 PP와 *would*가 종속절의 주어 *John* 앞에 위치하고 있음을 알 수 있다. 이 문장은 정문인데 반해, (11b)는 비문에 가까운 문장으로 동일한 *that*-이하 내포문에서 *under no circumstances*라는 PP는 종속절의 주어 *John* 앞에 있지만, 모문의 경우인 (11b)에서처럼, 조동사 *would*가 제자리에 놓여진 경우는 비문이 된다.

문제는 (11a)의 경우 보문소인 *that*이 *under no circumstances* 앞에 위치하고 있으므로, 보문소 C와 내포절 TP 사이에 구조적으로 갈 수 있는 위치가 따로 없다. 따라서, CP는 보다 상세한 분리구조를 가져야 내포문에서 발견되는 화제화, 초점화 구문을 구조적으로 설명할 수 있다. 이를 분리CP가설(Split CP Hypothesis)이라고 한다. 다른 예문을 살펴보자 (Radford 2004: 328,

(12) a. No other colleague would he turn to.

   b. I am absolutely convinced that no other colleague would he turn to.

(13) I am absolutely convinced [CP ....[TP ....]]

   ==〉[CP [C' that no other colleague would [TP he turn to]]]

(14) John swore [that [under no circumstances would [he accept their offer]

따라서, Rizzi (1997, 2001, 2003)는 복잡한 문장들의 경우 보다 세분화된 CP구조가 필요하다는 점을 제안하였는데, CP를 더 상세한 여러 개의 최대투사 범주로 분리하고자 하였다.

이를 분리보문소구가설이라고 부르고, 진술문, 의문문, 명령문, 감탄문등의 문장유형에 따라 보문소인 C를 ForceP(Force Phrase), 초점화 구문의 경우 FocP(Focus Projection), Topic의 경우 TopP(Topic Phrase) 등으로 나누었다. 더 상세한 분리 보문소구의 구조를 위해 Radford의 다음 예문을 고려해 보자.

(15) a. He had seen something truly evil ㅡprisoners being ritually raped, tortured and mutilated. *He prayed that atrocities like those, never again would he witness.*

   b. .... [ForceP that [TopP atrocities like those], [FocP never again] [Foc' would] [TP he witness]

(16) a. No mountain lion do I ever need to encounter again!

    b. Only five of the questions did she answer correctly.

(17) 내포문 (15b)의 수형도

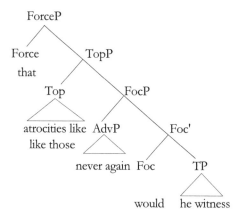

(18) 단순 카토그라피적인 구조

    [FocP..... [TP^2... [ForceP.... [TopicP.. [FocP.... [TP^1...]]]]]]

(19) a. A university is the kind of place [in which, that kind of behavior, we cannot tolerate]

    b. Syntax is the kind of subject [which only very rarely will students enjoy]

(20) a. ...[ForceP in which [TopP that kind of behavior] [Topic Ø][TPwe cannot tolerate]

    b. ...[ForceP which [Force' Ø] [FocP only very rarely] [Foc' will] [TP students enjoy]

    초점이 되는 구는 강핵 Foc가 조동사도치를 촉발해서, would 같은 것이 TP 의 앞으로 전치되지만, 화제핵은 약한 핵이어서 (Topic) 조동사 도치를 촉발하 지 않는다. 다음 절에서 상세히 논의될 화제화 구문에서는 조동사가 앞으로 도 치되는 일이 없음을 확인할 수 있다. 따라서 조동사가 앞으로 도치되는 초점화 현상과 앞으로 도치되지 않는 화제화 현상은 구별되는 데, 이를 구조적으로 확인 할 수 있는 것이 위의 (17)이다.

한편, Rizzi는 내포문의 경우와 주절의 경우를 별도로 처리하였는데, 주절에서 발생하는 의문사 이동구문에서는 Wh-의문사가 기존의 Spec-CP가 아닌 FocP의 지정어 위치로 이동한다고 주장하였다. 다음을 살펴보자.

(21) a.*What never again will you do?

 b. *What will never again you do?

분리보문소구 가설을 수용하면 (21a)와 (21b)가 비문인 것을 설명하기 쉽지 않다. 왜냐하면, ForceP의 지정어 위치에 *What*이 이동하여 들어가고 그 밑의 FocP 지정어에 *never again*이란 AdvP가, Foc의 위치에 *will*이 놓일 수 있는데, 이 문장은 여전히 비문이기 때문이다. 따라서 분리보문소구 가설에 의해 모문인 (21a)와 (21b)에서 *What*이 이동한 착지점은 ForceP의 지정어가 아니라 FocP의 지정어 위치라고 한 것이다. 이 주장을 옹호할 만한 자료로 다중의문문이 있다.

(22) a.*Who where did he send?

 b.*Who did where he send?

분리보문소구가설에 의해 Wh-의문사가 두 개 이상 놓여질 수 있는 구조적 위치가 확보되었으나, 위 (22a)-(22b)예문은 비문이다. 따라서, 모문의 의문사는 FocP의 지정어 위치가 착지점이라고 하면, 위 문장들의 비문법성을 설명할 수 있게 된다.

이런 접근법은 주절에서 의문사가 이동하거나 내포절의 의문사 이동의 착지점이 구조적으로 다른 곳이라는 (주절의 경우 FocP의 지정어 위치로, 내포절의 경우 ForceP 의 지정어 위치로) 다소 조작적인 인상이 있다. 그러나, 다음의 비문법적인 예문들도 주절과 내포절을 구별하면 잘 설명할 수 있게 해준다.

(23) a.*[Will [never again [things be the same]]]?
  b.*Can [that kind of behavior [we tolerate in a civilized society]]?

만일 주절과 내포절의 의문사 이동을 구별하지 않고 동일하게 처리한다면, *Will*은 Force의 위치에, *never again*은 FocP의 지정어 위치에 놓이게 된다. 그러나 (23a)는 비문이므로, *Will*이 FocP의 Foc에 위치하고 있다고 한다면 *never again*이 놓여질 위치가 더 이상 없으므로, 비문임을 설명할 수 있다.

(23b)는 *that kind of behavior*가 화제구인데, *Can*이 FocP의 Focus위치로 핵이동한 것이라면, 초점구(FocP)가 화제구(TopP)보다 높은 위치에 놓여진 구조를 가지게 된다. 앞서 (17)의 구조가 보여주듯이, 화제구는 초점구보다 아래에 위치하는 것이 맞다고 인정되므로, (23)의 비문법성은 잘 설명된다. 이 점을 Radford는 다음의 문법적인 예문를 들어 옹호하였다.

(24) That kind of behavior, can we tolerate in a civilized society?

(24)를 보면 *that kind of behavior*가 *tolerate*의 목적어위치에서 이동하였음을 알 수 있다. *can*이 주어-조동사 도치되었으며, 이 경우 *that kind of behavior*가 화제구의 위치로 이동한 바, *can* 보다 앞에 있다. 또한 (24)가 정문이므로, 우리는 화제구가 초점구보다 위쪽에 놓여진다는 점을 (24)를 통해 알 수 있다.

그러나, 흥미로운 것은 비시제절 보문소 C인 *for*가 이끄는 *For-CP*의 경우는 조금 다른 어순을 보인다는 점이다.

(25) Radford (2004: 334-335)

> Speaker A: What was the advice given by the police to the general
> public?
>
> Speaker B: (i) Under no circumstances *for* anyone to approach the
> escaped convicts
>
> (ii) *That* under no circumstances should anyone
> approach the escaped convicts.

위의 자료를 보면, (25)의 speaker B가 한 대답은 비시제절 보문소 *for*는 *under no circumstances*라는 초점구의 뒤에 출현하지만, 시제절 보문소 *that*은 *under no circumstances*라는 초점구의 앞에 온다. 이런 이유로 초점구의 형상적 위치를 시제절/비시제절 보문소의 선택과 관계없이 동일한 절구조를 수용할 수 없다. 따라서, 보다 복잡한 분리 CP가 제안되었다.

(26) 비시제절 보문소 *for*-CP

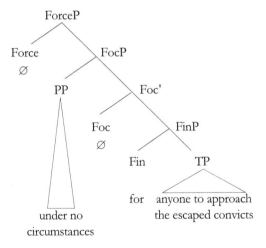

따라서, 위의 예문에서, (The advice given by the police to the general public was) *Under no circumstances for anyone to approach the escaped*

*convicts*의 구조를 보여준 것이며 이때는 Finiteness Projection (FinP)가 나타났다고 제안하고 있다.

(27) 시제절 보문소 *that*-CP의 구조

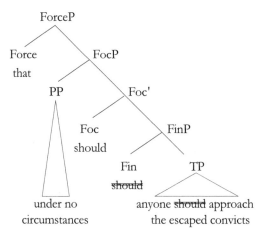

(The advice given by the police to the general public was) *That under no circumstances should anyone approach the escaped convicts*의 구조는 TP의 T에 있던 조동사 should가 T-to-Fin이동을 하였으나, 계속해서 Fin-to-Foc으로 핵이동을 계속해 나간다고 말해야 하는 셈이다.

만일 화제구나 초점구가 있으면 CP는 상세히 분리되어, ForceP, TopP, FocP, FinP 등으로 분리 투사되고, 만일 이러한 요소들이 없는 평이한 문장의 경우는 ForceP와 FinP는 통합(syncretized)된다.

초점화구와 화제구의 의 주요한 차이점은, 화제는 구정보를 제공하고, 초점은 신정보를 제공한다는 점이다. 구정보와 신정보는 theme과 rheme의 관점에서 설명되기도 하고, backgrounded냐 혹은 foregrounded 냐의 관점에서 논의되기도 한다. 우리가 명시적으로 확인할 수 있는 차이는 화제화는 주어-조동사 도치가 없고, 초점화는 주어-조동사 도치가 있다는 점이다. 따라서, 초점화구는 항상 FocP의 지정어위치에 놓여져 있는 것이라고 말할 수 있다.

그 밖에도 조금 더 복잡한 구조를 수정 제안한 카토그라피적 접근이 있지만 이 책에서는 더 이상의 논의는 하지 않겠다.

11.4 관계절

의문문에만 *wh*-구가 나타나는 것은 아니다. 다음 예가 보여주듯이 관계사절에도 *wh*-구가 나타난다.

(28) John heard the claim which Bill made.

관계사절의 *wh*-구도 의문문처럼 의문사 이동을 통해 움직인 것으로 이해하는데, 그 이유는 (28) 예문의 경우 *make* 동사가 목적어를 요구하기 때문이다. 즉, *which*가 *made* 다음 위치에서 이동한 것이 아니라면 위 예문은 *make* 동사의 하위범주화틀을 위반하여 비문이 되어야 한다.

관계사절의 관계사로 *wh*-구뿐만 아니라 *that*이 사용될 수 있고 또는 아무 것도 나타나지 않을 수도 있다.

(29) a. John heard the claim which Bill made.
     b. John heard the claim Ø[+wh] that Bill made.
     c. John heard the claim Ø Bill made.

(29a)는 관계사 *which*만 나타나 있고, (29b)는 관계사는 비명시적이고 보문소 *that*만, (29c)는 보문소도, 관계사도 비명시적이다. 관계사가 비명시적인 (29b)의 경우는 영운용자(null Wh-Operator)가 있는 것으로 보고 다음과 같이 그 구조를 분석한다.

(30) a. ... [DP the claim [CP Opi (that) [TP Bill made ti]]]

b.
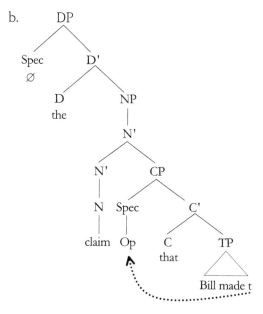

즉, (29b)는 보문소가 영운용자(Op)와 *that*으로 구성되어 있는 경우이고, (29c)는 영운용자만으로 구성되어 있는 경우이다. 이와 같이 실제 발음되지도 않음에도 불구하고 이러한 추상적인 영운용자를 설정하는 이유는 다음과 같다.

(31) a. *I know the way (that) John wonders why Bill went.

b. ... [NP the way [S' Opi (that) [S John wonders [S' why [S Bill went ti]]]]]

(31a)는 비문인데, 이 문장의 비문법성을 일관성있게 설명하기 위해서는 영운용자가 *went* 다음에 있다가 앞으로 이동하였다고 분석하여야 한다. 이러한 이동은 *wh*-섬 제약을 위반하기 때문에 (31a)가 비문인 이유가 자연스럽게 설명된다.

이러한 이점에도 불구하고 *wh*-구가 나타나지 않은 관계사절에 영운용자를 설정하는 분석은 다음과 같은 예문을 어떻게 설명해야 하는가라는 문제에 부딪

힌다.

(32) *I know the problem which that Mary solved.

(31b)에서 보듯이 보문소는 운용자와 *that* 두 가지로 이루어질 수 있고, 따라서 영운용자 대신에 *wh*-구가 나타날 수 있으므로 (32)가 비문인 이유가 설명되지 않는다. 이에 따라 우리는 영어라는 개별언어에 적용되는 다음과 같은 여과장치를 마련해야 한다.

(33) 이중보문소 여과(doubly filled Comp filter)
　　　*[Comp wh-XP that], (만약 wh-XP가 발음이 될 경우라면)

영운용자를 인정하는 분석은 (33)과 같이 *wh*-구와 *that*이 동시에 나타나는 경우를 걸러내기 위해 이중보문소 여과라는 굉장히 제한적인 여과장치를 마련해야 하는 문제점이 있지만, 다음 예에서 볼 수 있듯이 실제로 *wh*-구와 *that*이 동시에 나타나는 언어들이 많다는 점에서 나름 영어의 PF에 가해진 제약조건으로 처리한다면 설득력있는 분석이라고 하겠다.

(34) a. a man *who that* he knew well (중세영어)
　　 b. *Ou　que* tu vas? (불어)
　　　　 where that you go
　　 c. *Mamn　lli* hdarti? (모로코 아랍어 구어체)
　　　　 with-whom that you-spoke
　　 d. *Che belle gambe che* hai! (이태리어)
　　　　 what pretty legs that you-have

11.5 국면과 국면침투불가조건

이 절에서는 이동, 특히 Wh-구 이동에 관여하는 국부성 제약조건을 설명한다. 이동현상은 소위 섬-효과에 민감하며, 섬제약 조건을 준수한다는 점은 널리 알려진 현상이다(9.2.2장 참조) 국부성 제약조건은 생성문법 문법틀의 발전과 변화에 따라, 변화를 해왔는다. 예를 들면, 순환절점(cyclic nodes), 하위인접조건과 관련한 한계절점(bounding nodes), Barriers의 개념, 그리고 최소주의 통사론에서의 국면침투불가조건(phase impenetrability condition, PIC) 등 국부성효과 (국부성조건)를 설명하는 개념과 문법장치는 수정과 보완을 거쳐왔다.

영어가 보이는 국부성 현상은 화자-청자가 비문으로 느끼는 일종의 분해(parsing)의 과정의 문장처리영역이라고 생각하는 학자들도 있으나, 주어섬조건, 의문사구섬조건, 복합명사구 제약조건, 부가절 섬조건 등의 국부성 섬현상은 통사적 의존관계(syntactic dependency)임이 틀림없다.

이 통사적 의존관계를 자연언어에서 이동에 가해지는 문법작용의 기제로 처리하고자 하는 것이 생성문법의 관점이다. 최소주의 통사론에서는 Chomsky(2000, 2001, 2008) 이후 "명제적 성격"의 국면(phase)을 도입함으로서 국면단위로 통사적 의존관계 혹은 국부성을 설명하고자 한다.

국면이란 술어의 명제적 의미가 완성된 통사적 영역과 문장유형을 결정하는 발화력(force)이 표현된 영역을 말하는데, 타동사구인 vP와 CP가 해당된다. 하나의 문장이 도출되는 과정 중에 통사구조는 국면의 영역, 즉 vP나 CP에 이르게 되면 전이(transfer)라는 문법기제를 통해 음운부와 통사부로 전이되게 된다. 일단 음운부/의미부로 전이되고 나면, 그 시점부터 전이된 부분에 더 이상의 문법작용 혹은 통사기제가 가해질 수 없다.

즉 각각의 vP나 CP 단위별로 전이가 일어나므로 해서 국부성효과와 유사한 결과를 낳게 되는 셈이다. 따라서, 전이가 발생될 때, vP구조나 CP구조가 매우 중요한 한계절점과 유사한 효과를 내게 되므로 그런 통사구조에 대한 Chomsky 의 분석을 수용하고 논의를 진행한다.

11.5.1 탐침과 목표

최소주의의 통사기제는, 근접한 탐침(Probe)과 목표(Goal)라는 관계속에서 설명된다. Chomsky(2001: 5-13)에서 언급한 바와 같이, "P와 G는 '최소탐색' (minimal search)를 위한 국부적인 관계여야 한다"라고 언급하면서, 인간의 활동기억력(active memory)의 한계는 제한적인 양의 구조만을 보유할수 있기 때문이라고 했다.[61]

국면이란 그 성격상 '명제적 (propositional)'이고 외재적 논항을 가진 타동사구 v*P와 CP를 국면이라고 정의한다. 왜 다른 많은 범주들 중에서 이들만을 국면이라고 하며 그 성격이 명제적인 것일까?

(35) v*P와 CP을 국면이라고 하는 근거/정당성
    a. v*P: 내재논항은 물론 외재논항까지 본연의 의미역이 이 영역내에서 완전히 할당된 의미역완전체 (complete thematic complex)
    b. CP: 문장유형을 결정짓는 발화력 (Force)을 비롯한 절구조완전체 (complete clausal complex)

(35)에 의하면, 타동사구인 v*P와 CP는 국면단위가 되면서, 국면단위로, 전이가 발생한다. 일단 국면영역내에서 모든 문법기제가 끝나면, 그 국면은 더

---

61) '...the P and G relation must be local in order to minimise search' because Language Faculty can only hold a limited amount of structure in its 'active memory' (Chomsky 1999:9) Accordingly, syntactic structures are built up one Phase at a time that phases are propositional in nature, and include CP and transitive vP (only the v*P with an external argument).

이상 다른 문법작용이 가해지지 않는 국면침투 불가영역이 된다

(36) 국면침투불가조건 (PIC)
국면의 성분통어 영역은 외재 탐침이 침투할 수 없다. (즉, 성분통어하는 어떤 탐침(P)이라도 국면핵에 의해서 성분통어되고 있는 목표(G)는 침투되지 않는다)

국면핵의 영역이 외부탐침에 의해서 침투불가영역이 되는 이유는, 일단 국면영역이 음성음운적 해석을 위해 음운부로 전이(transfer)되고, 동시에 의미 해석을 위해 의미부로 전이되고 나면, 더 이상 해당 통사체에 어떤 통사/문법/구조적인 작용도 가하는 것이 불가능해지기 때문이다.

예를 들어 TP는 국면 핵인 C의 보충어로서 일단 국면핵 CP가 형성되면, TP는 음성부와 의미부로 전이되고, 이 TP는 더 이상 통사규칙이나 통사부에 "보이지 않는다". 즉 위쪽의 그 어떤 탐침도 TP속의 요소를 목표(G)로 삼아 탐색할 수도 없다. 예를 들어보자:

(37) Will the president withdraw troops from Tibet?

(37)의 국면기반 도출과정은 우선 어휘동사구인 VP가 경동사구인 vP안에 포함된 방식을 전제로 할 때, 다음의 수형도를 거친다.

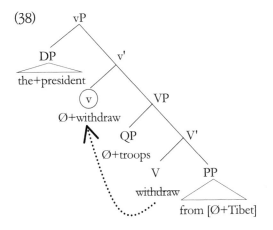

(38)

위의 수형도 (38)을 보면 국면핵인 v (Ø+withdraw)가 QP와 일치를 통해 대격을 할당한다. *Troops*는, 따라서, 눈에 보이지는 않지만 대격이다. 타동사구 v는 국면핵이므로, *the president*, VP에 속한 모든 요소들은 음운부와 의미부로 이제 전이를 거치게 된다. 일단 전이가 일어나면, 모든 차후의 문법작동이 더이상 가능하지 않다.

그런데, 여기서 전이의 과정을 생각할 때, 흔적은 음운부에 영철자화(null spell-out)를 받게 되는 것(카로긋커)이라고 가정해보자. 또한 의미부에서는 일치라는 문법작용에 의해서 삭제된 비해석성자질들은 의미부에 전달되는 구조에서는 제거되지만, 그러나 음성부에 전달되는 구조에서는 삭제되지 않는다고 전제해보자.

그 결과로, 음운부는 동사 *withdraw*의 흔적을 철자화하진 않고, *troops*와 *from Tibet*만이 음운부에서 명시적 철자화로 발음된다. 그 경우 통사적 연산작용은 한번 더 진행이 되는데 [T will]은 위 수형도에서 vP와 T-bar를 형성하기 위해 병합된다. *will*은 주어인 *the president*와 성, 수, 격의 일치 자질을 가지고 있어 *the president*과 일치한다.

또한, *will*은 EPP자질도 가지고 있는데, 가장 가까운 목표(G) *the president*가 탐침(P)인 T와 일치하고, 그 결과 *The president*가 지정어 위치로 이동하게

된다. (Radford, 2004: 382) 이 과정은 아래와 같다:

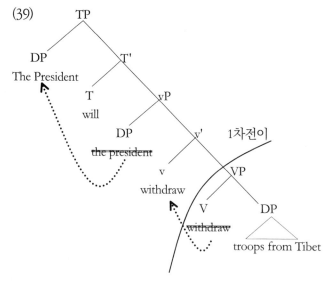

(=The president will withdraw troops from Tibet)

문장의 도출이 여기서 끝난다면, "*The president will withdraw troops from Tibet*"이 되지만, 의문자질과 시제자질을 가진 C와 병합하게 되면, 즉 C는 탐침이 되고 will은 목표 (G)가 되어 will을 C의 위치로 끌어온다. 이 결과 아래의 수형도가 그 도출을 보여주는데, C가 국면핵이므로 그 보충어인 TP는 역시 음운부와 의미부로 두 번째 전이가 일어난다. 끝으로 나머지 모든 부분이 전이되어 음성적 해석과 의미적 해석을 받게 된다.

(40)

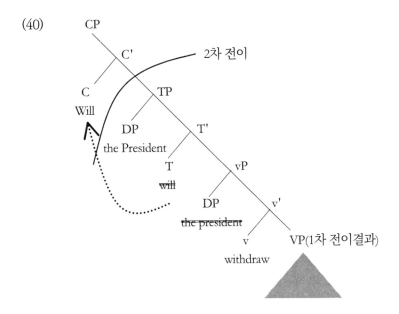

따라서, 2차 전이의 결과는 TP가 모두 더 이상의 문법기제나 작용이 통하지 않는 불투명한 영역이 된다.

11.5.2 비국면핵 구문의 도출

이제, 국면핵에 해당 되지 않는 경우를 살펴보자. Radford(2004: 383)는 다음의 예를 들면서 국면핵이 되지 않는 결함절과 자동사 구문을 설명하고 있다:

(41) There are thought by many to remain numerous problems in Utopia.

예문 (41)의 경우는 다음에 대략적인 도출을 보이겠다.

(42)

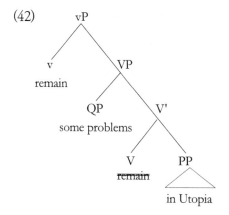

　　vP는 국면이지만, 위 (42)의 vP는 외재논항이 없는 자동사구이다. 따라서 (7)의 vP는 국면이 안된다. 따라서 여기서 전이도 발생할 수 없다. 이 vP는 T(to)와 병합하게 된다. 허사인 *there*는 Chomsky의 제안대로 Spec-TP에 기저생성되고, '이동보다 병합이 우선한다'는 원리를 전제로 해보면, 다음 (43)과 같은 수형도가 도출된다.

(43)

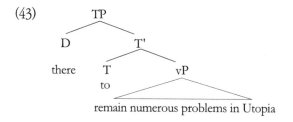

　　(43)의 TP는 이제 수동태형인 어휘동사 *thought*의 보충어가 되는데 이때 *by some*은 VP의 지정어 위치에 놓여지는 행위자역의 PP이다. (43)의 TP를 삼각형으로 처리하였다.

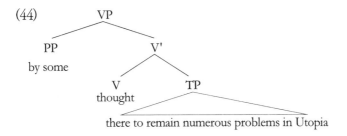

(44) VP

(44)에서 모든 VP는 경동사v의 보충어가 되므로 결국 접사적 성격의 v의 보충어가 된다. 위의 VP는 아래 (45)에서 삼각형이다.

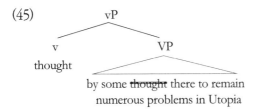

(45) vP

(45)에서 (수동형) 본동사 *thought*는 접사적 성격의 경동사 v로 이동하게 되며, 이 도출결과는 (45)의 vP이다.

이제 (45)는 수동의 조동사 BE와 병합하는데, BE는 T의 위치에서 기저생성된다고 가정하면, T-bar를 이루게 되고 이 수형도는 아래 (46)이다. 여기서도 (10)의 vP는 삼각형이다.

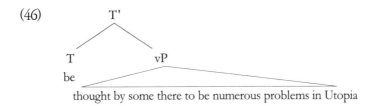

(46) T'

(46)에서 BE는 활동성있는 탐침인데, 그 이유는 값이 매겨지지 않은 비해석

성 문법자질(*phi*-features)을 갖고 있기 때문이다. 따라서 이들 자질의 값을 매겨줄 활동성있는 목표를 찾게 되는 것이다. 이때 2개의 목표가 있는데, 3인칭 허사 *there*라는 목표 (인칭자질이 비해석성임)와 3인칭복수의 QP *numerous problems* (이 경우는 격자질이 값이 없음). *there*와 *numerous problems*가 모두 BE에게 접근 가능한 목표이다. 그 이유는 어느 것도 전이되지 않은 상태이기 때문이다. Chomsky(2001:13)는 하나의 탐침에게 두 개의 가능한 목표가 있을 때 둘 다와 일치(agree)할 수 있도록 허락하고 있다:

> *P can find any matching goal in the phase PH that it heads, simultaneously deleting uninterpretable features.*

인칭자질이 비해석적-값이 매겨지지 않은 *there*라는 목표와 3인칭복수의 격자질이 없는 양화사구 *numerous problems*가 일치하여, BE는 [3-person plural-number] 3인칭 복수의 값이 할당된다. *numerous problems*는 *phi*-자질이 충만하므로 BE의 인칭/수 자질을 삭제할 수 있고, 반대로 BE는 (시제가 존재하므로) *numerous problems*의 미결정된 격자질을 주격으로 결정하게 된다.

이제 *phi*-자질이 완전히 다 결정된 BE는 격자질을 삭제하고, *there*의 인칭자질도 삭제한다. T가 가진 EPP자질은 가장 가까운 활동성있는 목표 *there*를 원래의 위치였던 T(to)의 지정어위치에서 BE의 지정어위치로 옮겨올 수 있게 된다. 아래의 수형도는 지금까지 했던 논의를 한번에 보여주는 도출과정이다. 여기서는 (46)의 T'를 삼각형으로 표시했다.

(47)

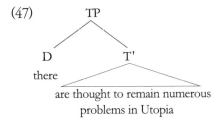

우리는 이상과 같이 국면핵이 없는 자동사가 들어있는 there-허사구문의 도출과정을 살펴보았다. 국면침투 불가에 대한 Chomsky의 정의는 아래와 같다.

(48) PIC (Chomsky 2001: 14)

[Given the structure [$_{ZP}$ Z [$_{HP}$ α [H YP]]], with H and Z the heads of phases]:

The domain of H is not accessible to operations at ZP; only H and its edge are accessible to such operations.

이상으로 국면과 국면침투불가침조건을 살펴보고 문장의 도출과정을 설명하였지만, 더 많은 문장들의 도출과정을 살펴보는 것은 이 책에서 다루지 않겠다.

1. 다음의 관계절의 수형도를 그리시오.

   a. the watch that Ryan has lost at the party

   b. my sister who lives in Canada

2. 화제화와 초점화가 일어난 다음 문장의 수형도와 도출과정을 설명하시오.

   a. English syntax, I really enjoyed.

   b. Never would Chloe take in such a lousy job at a low pay.

   c. I believed that never in my life would I study generative syntax.

3. 다음은 의문사구 이동이 순환주기적으로 일어난 장거리 이동의 경우이다. 의문사구의 도출과정을 설명하시오.

   a. Who do you believe that John said that the police have arrested last week?

   b.*He believes the rumor that John kicked the puppy.

제12장 | 최소주의 이론

12.1 이론적 배경

　구조문법과 달리 언어의 개별성보다는 보편원리를 추구하고 언어수행보다는 언어능력에 초점을 맞춘 변형생성문법은 언어학사의 전기를 마련했다는 점에서 Chomsky의 혁명(Chomskyan revolution)이라고도 불리었는데 1950년대 말 기초이론에서 출발한 Chomsky의 문법은 80년대의 지배결속이론(Government & Binding: GB) 또는 원리매개변항이론(Principles and Parameters: P&P)으로 발전하였다. 이후 90년대 중반부터 완결되지 않은 이론이라는 의미에서 최소주의 계획(minimalist program)으로 시작된 Chomsky의 최소주의이론(minimalism/minimalist theory)은 현재까지 생성문법의 주된 이론으로 활발한 연구의 중심이 되어왔다.

　최소주의는 인간의 언어능력에 대한 보편문법 연구의 관점에서 언어의 본질을 논의한 생물언어학적 연구방법을 취한다. 인간은 궁극적으로 생물의 일부이며 언어가 인간에게 가장 특징적인 요소라면 언어의 발달현상은 생물학적인 발달과 무관하지 않을 것이라는 전제가 된다. 즉, 생물학적 관점을 언어에 도입하여 언어습득과 언어발달현상을 설명하려는 시도로써 자연언어의 문법습득을 최대화하려는 목표는 언어를 기술하는데 사용되는 이론적 기제를 최소화하려는 노력으로 이어졌는데 그 결과가 문법체계, 문법운용 그리고 문법조건을 최소화하려는 목표를 실현하는 최소주의이론으로 나타났다.

최소화 목표를 위한 문법체계의 최소화로 배번집합(numeration), 문자화(Spell-Out), 음성형태(PF)와 논리형태(LF)로 이어지는 간결화된 Y-모델을 설정했고, 문법운용의 최소화는 내포성조건(inclusiveness condition), 일관성조건(uniformity condition), 개념적 필연성(conceptual necessity) 등을 포함하며 문법조건의 최소화는 필수출력조건(bare output condition), 음성형태와 논리형태의 해독조건(legibility condition) 등을 포함한다.

Chomsky(2005, 2008)에서 새롭게 강조되는 생물언어학의 목표는 강력최소주의(strong minimalist theory)에 기초한 접합면 조건과 자연계의 일반원리만으로 언어현상을 체계적으로 설명하는 것인데 Chomsky의 저서에 기초한 생성문법의 이론적 변화를 살펴보면 다음과 같다.

(1) Chomsky(1957) 기초이론 & Chomsky(1965) 표준이론 ⇒ Chomsky (1981) GB이론 (원리매개변항이론 (P&P)) ⇒ Chomsky(1993, 1995, 1999, 2000, 2005, 2008) 최소주의 이론

최소주의의 기본 개념을 다시 요약하면. 최소주의란 이론적 기제(theoretical machinery)를 최소화한다는 말이며 "언어는 완벽하다"는 전제하에 영가설(null hypothesis)의 최소화를 추구하려는 노력이라고 할 수 있다.

"모든 과학의 최대 목표는 최소의 가설이나 공리로부터 연역적 논리의 방법으로 최대의 가능한 실험적 사실을 발견하는 것이다"라고 한 Einstein(1954)의 말처럼 최소의 이론(가설)으로 가능한 최대의 언어현상을 설명하려는 경제원리(economy principle)에서 최소주의의 기본 핵심을 찾을 수 있다.

최소주의이론의 최소주의 계획(minimalist program)이란 최소주의 이론이 명료하게 완성된 이론이라기보다는 아직 미완성의 이론이라는 의미에서 초기에는 계획이라는 용어를 사용했다. 최소주의는 두 가지 경제성의 개념을 갖

는데 하나는 방법론적인 경제성(methodological economy)이며 다른 하나는 언어적 경제성(linguistic economy)이다.[62] 따라서 위에서도 언급했듯이 최소주의는 구조형성 운용과 표현에 대한 최소의 노력으로 가능한 최대의 실질적인 자료를 설명할 수 있는 가장 간결하고도 경제적인 최소의 이론을 찾는 연구전략을 추구한다.

12.2   최소주의 모델

12.2.1 최소주의 핵심적 특질

최소주의는 좀 더 자연스럽고 덜 약정적인 제약을 제시하려는 노력이며 여기서는 최소주의 모델의 전반적인 틀을 그릴 수 있도록 먼저 최소주의의 핵심적 특질들을 살펴보겠다. Hornstein(1999)은 Chomsky(1995)의 최소주의 모델의 주요한 핵심적 특질을 10가지로 요약하고 있는데 먼저 Hornstein의 요약에 기초한 최소주의 10가지 핵심내용을 살펴보고 이후 Chomsky(2005, 2008)에서 새롭게 강조되는 생물언어학(biolinguistics)의 관점을 살펴보겠다.

첫째, 표시계층의 최소화이다. 최소주의는 SS와 DS 계층은 제거하고 LF와 PF의 두 표현계층만을 갖는다. 개념적으로만 필요한 표현 계층을 설정하기보다는 문법은 실질적으로 소리(sound)와 의미(meaning)의 짝이라는 기본적인 특질을 포착할 수 있어야 한다는 경제적 원리의 관점에서 볼 때 표현계층의 최소화는 성공적이라 할 수 있다. 아래에서 (3a)는 GB의 표현계층이고 (3b)는 최

---

62) 간결성과 연관되는 개념으로 2개의 관계보다는 1개의 관계가 좋고 4개의 모듈보다는 2개의 모듈이 좋고 4계층보다는 2계층이 좋은 "적을수록 좋다"는 경제개념이 전자인 방법론적인 경제성에 속하며 실질적인 최소의 노력으로 문법적 현상의 설명을 최대화하는 최소이동조건, 최후수단원리, 완전해석조건, 포함조건 등이 후자인 언어적 경제성에 속한다.

소주의 층위로 심층구조와 표층구조가 제거되고 소리(PF)와 의미(LF)의 두 계층만을 갖는다.

(3) a. 어휘부(Lexicon) → 심층구조(D-structure)

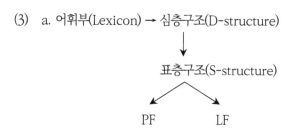

b.

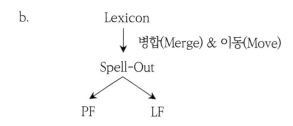

둘째, 회귀성(recursion)은 변형부문으로 이관되어진다. DS 층위의 제거로 인해 회귀성은 기저의 특질이 될 수 없다. 그러나 문장의 길이에 제한이 없는 언어의 무한성은 분명하다. 따라서 문법적 회귀성은 부활된 일반화 변형(generalized transformation) 안의 엄밀순환조건(strict cycle condition)에 의해 나타나는 회귀적 규칙의 적용에 의해 나타난다.

셋째, 문법적 모듈은 좀 더 광범위한 인지 모듈 안에 내포되어진다. 따라서 문법적 대상들은 음성적으로 인지적으로 문장을 해석하는 부문과 상호작용하며 이들은 적어도 이러한 접합점(interface)의 짝에 의해서 음성적으로 그리고 인지적으로 합법적이어야 한다. 결과적으로 모든 문법적 대상은 LF와 PF가 만나는 접합점에서 완전하게 해석될 수 있도록 합법적이어야 한다.

넷째, 병합(merge)과 이동(move)이라는 두 개의 기본적인 문법적 운용이 있다. 단어로부터 문장이 형성되는 과정을 설명한 운용은 병합이며 전위현상을 설명한 운용은 이동이다.

다섯째, 이동은 최후수단(last resort)원리이다. 접합점에서 격(Case)과 같은 비해석성(uninterpretable) 자질은 완전해석(full interpretation: FI) 원리의 위배를 피하기 위하여 제거되어야만 한다. 이러한 비해석성 자질들은 도출의 과정 중 점검(checking)되고 제거(delete)되어야 한다. 어떤 적용도 이동 후에는 비점검자질들이 점검될 수 있도록 정의되어야한다. Chomsky는 이러한 원리를 이기(greed)원리로 설명하였는데 이는 자질점검이 모든 도출단계를 인허할 수 있어야한다는 것이며 이는 이동은 목표 또는 이동된 표현의 자질점검이 일어날 수 있는 경우에만 가능하다는 Lasnik(1995)의 제안과 유사하다.

여섯째, 해석성(interpretable), 비해석성(uninterpretable), 강(strong), 약(weak)과 같은 자질들이 있으며 강자질은 외현적 통사론에서 점검되는 자질이고 약자질은 비외현적 부문에서 점검되는 하는 자질이다. 강·약 자질의 구분은 *wh*-이동과 관련한 영어나 한국어와 같은 언어들 사이의 문법적 차이점이나 동사인상(V-raising)과 관련한 영어나 불어의 차이점을 설명하기 위하여 제안되었다. 자질의 다양함과 강·약의 차이로 통제구문, 확대투사원리, 허사구문 그리고 최소주의 개념의 pro-탈락 현상들을 설명한다.

일곱 번째, 이동은 짧아야 한다. 이는 실질적인 경제개념이며 Chomsky는 이동의 정의에 최소주의의 개념을 설정할 수 있는 다양한 국부적 영역을 설정하였는데 이는 규칙적용에 있어 원리와 여과로부터 규칙과 제약으로의 개념적 전환이라 할 수 있다. 개념적으로는 국부적 이동이 아닌 것은 이동이 아니다. Chomsky는 이러한 국부적 개념에 기초하여 이동은 실질적으로 한 자질이 다른 자질을 유인(attract)하는 결과라고 주장하였다. 이러한 이동의 개념은 경제성에 기초하는 것이다. 자질 유인은 최소의 문법관계이며 자질이동(feature move)은 최소의 전위형태이다. 이러한 접근은 이동의 길이를 측정하고 순환적 규칙적용을 정의하는데 사용된다.

여덟 번째, 자질들은 지정어-핵(specifier-head), 또는 핵-핵(head-head) 구문에서 점검된다. 관련된 국부적 개념들은 구절구조 구문에서 정의된다. 특히, 지배(government)의 개념은 잉여적인 것으로 제거되며 대신 이 지배개념은 다른 방법으로 나타난다. 전형적으로 외현적(overt) 이동은 유인자질을 포함하고 있는 핵의 지정어 자리로 이동하며 비외현적(covert) 이동은 전체 범주가 아닌 유인자질만을 이동하며, 따라서 비외현적으로 이동된 자질들은 핵의 부가 자리에서 점검된다.

아홉 번째, Chomsky는 문법적 운용은 도출의 과정 중 자질들을 첨가할 수 없다고 가정한다. 어휘자질의 조합을 제외한 어떠한 것도 접합점에서 나타날 수 없음을 규정한 내포성조건과 같은 원리들은 좀 더 핵심적인 용어로 X'-구조의 중간계층인 바(bar)계층은 구의 관계적 특질들이며 근원적인 개념은 아니다. 이러한 "필수(bare)" 구구조이론은 Kayne (1994)의 구구조 표지의 계층적 구조를 선행순서와 연결하는 어순대응공리(linear correspondence axiom)의 수정을 가져온다. Chomsky는 이러한 어순대응공리의 한 이형을 채택하지만, 자신의 필수구구조의 접근방법에 일치하도록 재조명하였다.

열 번째, Chomsky는 격과 같은 형태자질(morphological features)과 의미역(theta roles)을 구별한다. 의미배당 영역과 형태론적 점검은 서로 분리되는데 의미역은 어휘영역에서 일어나며 이는 자질이 아니므로 점검될 수 없고 이동을 허가할 수도 없다. 더욱이 의미역은 관계적이다. 의미역은 격이나 일치와 같은 기능영역(functional domain)에서 점검되는 형태론적 자질들과 대조되는데 이동은 형태론적 자질 중의 하나가 점검될 때에만 합법적이라는 관점에서 볼 때 형태론적 자질만이 이동을 허가한다.

이상과 같이 최소주의의 핵심특질들을 Hornstein(1999)의 요약을 중심으로 살펴보았다. 이제 다음 절에서 이러한 핵심특질의 한 요소인 표현계층의 최소화와 최소주의가 제안하는 역 Y-모델(inverted Y-Model)을 살펴보겠다.

12.2.2 표현계층의 최소화와 역 Y-모델

문법은 도출적(derivational)인 것과 표현적(representational)인 것으로 나눌 수 있다. 이 절에서는 도출의 경제성과 긴밀하게 연결된 위에서 언급한 최소주의 기본개념의 첫 번째 특질인 표현계층의 최소화에 속하는 표현의 경제성에 대하여 좀 더 자세히 살펴보자.

최소주의는 표현계층의 최소화를 추구하는데 DS와 SS는 개념적이라는 이유로 제거하고 오직 LF와 PF만을 가정한다. 최소주의는 언어가 소리접합면(PF-interface)과 의미접합면(LF-interface)과 같이 "개념적으로 필요한(conceptually necessary)" 것만을 남기고 다른 층위들은 제거한다. GB의 원리와 매개변항 이론은 DS, SS, PF 그리고 LF라는 네 개의 통사계층을 가정하고 있는데 LF와 PF는 독립적으로 필요한 외현적인 접합계층이며 전자는 개념의도(Conceptual-Intentional: C-I)체계와 후자는 조음감지(Articulatory-Perceptual: A-P)체계와 관련을 맺는다. DS는 통사론과 어휘부를 연결하는 내부 접합계층으로 투사원리(projection principle)와 의미역 기준이 적용되는 계층이다. 결속이론 또는 격이론과 같은 다양한 조합적 이론들이 적용되는 계층인 SS는 DS와 함께 이론 내적인 증거를 기초로 설정된 이론적 허구라 생각되어 소위 개념적 필연성(conceptual necessity)과 필수출력조건(bare output condition)에 기초한 최소주의에서는 설정 근거를 잃게 되었다.

실제로 심층구조와 표면구조의 사용은 처음부터 불필요한 혼란을 일으켰다. 사고에 가장 가까운 표현을 암호화하는 측면에서 심층구조가 있다면 그것은 LF일 것이다. 또한 학습에 의해서 배우고 정보화하는 암호화가 있다면 그것은 PF이다. 사고와 말의 의미는 인간의 마음과 언어를 통해 나타나는 두 가지 양상이다. 따라서 DS와 SS를 제거하고 경제적으로 이전의 DS와 SS의 현상을 LF와 PF에서 설명할 수 있는 대안적인 체계를 개발하려는 노력의 결과가 최소주의

이며 이는 GB의 원리와 매개변항 이론과는 달리 표현계층을 최소화하려는 최소주의의 급진적인 출발이라 할 수 있다.

최소주의의 PF와 LF는 언어학의 전통적인 쉬운 용어로는 '소리'와 '의미'라 할 수 있으며 이는 어떤 언어에서도 제거될 수 없으며 독립적으로 필요하고 또한 개념적으로도 필요한 요소라 할 수 있다. 최소주의는 D-구조와 S-구조를 제거하고 PF와 LF만을 유지하는데 이 PF와 LF는 "접합면" 층위라고 불린다. 소리와 의미라는 필연적인 두 개의 표시 계층만을 인정하는 최소주의에서는 DS와 SS의 현상을 LF와 PF의 현상으로 설명해야만 한다. 몇몇 예를 들면 다음과 같다. DS에서 적용되는 투사원리와 의미역 기준은 LF의 해석조건으로 대치될 수 있으며 결속이론, 격이론과 같은 SS 원리는 도출의 어디에든 적용되는 선택적인 문자화(spell-out)에 의해서 제거된다. Chomsky(1993)는 한정적인 형태-매개변항의 다양성은 별개로 두고 언어는 유일한 어휘부(lexicon)와 유일한 연산체계(computational system), 즉 통사부로 구성된다고 한다. 이 연산체계가 어휘부로부터 어휘항목을 선택하여 구조기술을 도출한다. 이 구조기술은 LF와 PF를 포함하는데 이는 외부 접합성 조건인 필수출력조건을 만족시켜야한다.

PF 또는 LF 접합점에 이르는 도출의 어느 시점에서도 문자화가 적용될 수 있으며 새로운 어휘 항목은 문자화 이후에는 삽입되지 않는다. 두 접합점 표시인 PF와 LF는 접합점 표시는 합법적인 대상으로만 구성되어야 한다는 요건인 완전해석원리를 충족시켜야한다. 만약 접합점 표시가 합법적인 대상으로만 구성되어있으면 이는 표현계층에서 합치(converge)된다고 말한다. 만약 도출 D가 PF와 LF에서 둘 다 합치되면 도출 D는 합치된다고 하고 그렇지 않으면 파탄(crash)된다고 말한다. 도출 D는 PF에서 파탄될 수도 있고 LF에서 파탄될 수도 있으며 PF와 LF 모두에서 파탄된다고 할 수도 있다.

표현의 경제성은 접합 표현에서 비해석적 요소의 존재를 배제하는데 이는 완전해석원리로 실현된다. 완전해석원리란 접합점의 모든 요소들은 통사-외재적인지체계인 A-P와 C-I에 의미가 있고 읽을 수 있는 입력이 되어야만 한다. 접합점 표시에서 이러한 요건을 충족시키는 요소만이 합법적인 대상이 된다. 다시 말해 이러한 요건은 필수출력조건으로서 접합점 표현이 A-P와 C-I에 입력이 된다는 점을 가정하면 자연스러운 것 같다.

PF와 LF로 분산되는 접합점에 비변형 작용인 문자화가 수의적으로 적용되며 변형작용으로는 구조형성(structure building) 작용인 병합과 이동이 있다.

최소주의(Chomsky 1995)의 모델은 다음과 같다.

(4) 역 Y-모델(Inverted Y Model) (Chomsky 1995)

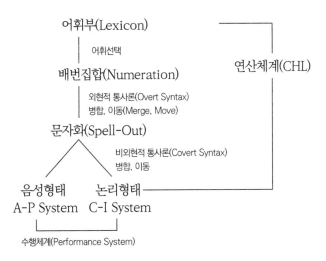

12.3 언어설계의 세 가지 요소

이 절에서는 Chomsky(2005)에서 새롭게 강조되는 최소주의 목표에 근본적으로 부합하는 생물언어학(biolinguistics)의 관점을 좀 더 자세히 살펴보고자 한다. 생물언어학적 관점은 정신(mind)을 18세기 과학자들이 보는 방식으로 이해하면서 언어가 정신을 구성하는 한 부분이라고 간주한다. Newton은 정신과 물질을 별개의 것으로 보았지만 18세기 과학자들은 정신이 두뇌와 같은 물질구조의 결과이므로 정신과 물질은 별개의 것이 아니라고 보았다. 생물학적 관점은 언어의 사용과 습득에 속하는 언어능력(language faculty)이라 불리는 인간 생물학의 구성요소에 관심을 집중한다.

언어능력이 다른 생물학적 체계가 가지고 있는 일반적인 특질도 가지고 있다는 전제하에 언어성장(language growth)에 관여하는 요소로 Chomsky(2005)는 다음의 세 가지 요소를 들었다.

첫 번째 요소는 유전적 능력이다. 유전적 능력은 모든 생물에 다 존재하는 것이다. 이는 주어진 환경을 언어학적 경험으로 해석해 주며 언어능력이 언어발달과정을 결정한다. 이런 유전적 요소들 중에서 일부 요소들은 유전적 시간성, 즉 생체시계(biological clock)를 가지고 있고 성숙해짐에 따라 사라지는 연상성의 제한성을 가지고 있을 수도 있다. 생체시계의 대표적인 예 중의 하나가 결정적 시기 가설(critical period hypothesis)이다. Wexler와 Culicover(1980) 그리고 Longa(2018)는 이를 "Lenneberg의 꿈"이라고 부르기도 한다.

두 번째 요소는 경험이다. 인간이 가진 다른 능력의 경우나 생물체 전반의 일반적 능력과 마찬가지로, 경험은 상당히 제한된 범위 내에서이긴 하지만 변화 가능성을 갖는 변이가 존재한다.

세 번째 요소는 언어능력에만 한정되지 않는 여타의 일반적 원리들을 들 수 있다. 이 세 번째 요소는 몇 가지 다른 하위 형태로 나뉜다. 첫째가 언어습득이나 다른 영역에 사용될 수 있는 자료 분석상의 일반원리이고, 둘째는 발생학적 제약조건이나 구조설계의 제약조건원리인데 이는 특수화 발현, 생물체의 형태, 언어처럼 전산적 의미를 지니는 효율적인 연산의 원리를 포함하는 광범위한 여러 가지 분야에 관여한다. 바로 이러한 하위 유형이야말로 언어의 특성이 모국어 습득이 가능하다는 사실을 알려 주는 요인으로 아주 중요한 의미를 지닌다.

언어이론을 결정하는 이러한 유전적 능력, 경험 그리고 일반적 원리라는 세 가지 요소의 관점에서 본다면, 원리와 매개변항과 같은 생성문법이론은 유전적 능력이 인간언어에만 고유하게 적용되는 것이 아니라 인간의 일반적인 인지원리에도 적용된다는 것, 즉 정보처리의 원리, 구조생성의 원리, 연산적 효율성 같은 일반적 사고 작용의 원리, 경험을 정보 처리하는 작용 등을 언어능력과 묶어 하나로 통합시켜 보게 하는 변화를 가져왔다. 이는 생물언어학, 언어의 본질과 사용, 심지어 언어의 진화에 이르는 본질적 질문에 대한 해답을 일부 제시하고 있다.

12.4 병합과 이동

12.4.1 확장조건, 병합과 이동

인간언어의 놀라운 사실 중의 하나가 언어의 무한성, 즉 회귀성(recursion)이다. 언어의 회귀성이 GB에서는 D-구조에서 설명이 되었으나 개념적 필연성과 실용적인 이유로 D-구조가 삭제된 최소주의에서는 언어의 회귀성은 병합(merge)이라는 운용에 기초한다.

구조의 형성은 세 가지 과정으로 이루어지는데 첫째, 다양한 요소를 묶는 일(combining), 둘째, 이러한 묶음에 표찰을 붙이는 일(labeling), 셋째 이러한 묶음에 선형적 순서(linear order)를 부여하는 일을 포함한다. 선형화의 문제는 14장 LCA에서 언급될 것이며 여기서는 어떻게 다양한 요소를 묶고 표지를 붙일 것인지와 관련하여 연산작용이 어떤 식으로 도출을 형성하는지를 보기 위하여 병합과 이동에 관해 살펴보고자 한다. D-구조 표시가 없음에도 불구하고 어휘부와 두 개의 연쇄적이며 형식적인 간단한 이분지 구조형성 작용은 있다. 이러한 연쇄작용의 하나가 병합인데, 이는 Chomsky(1957)에서 제안되고 후에 (비변형)구구조규칙 작용에 의해 대치되어 없어졌던 일반화 변형 (generalized transformation: GT)이 최소주의에서 부활된 것이다. 병합은 오직 두 개의 범주만을 연결하여 제 3의 범주를 형성하며 또 다른 연쇄작용은 이동이다. 단어들 자체가 상당히 기술적(descriptive)인데 병합은 두 개의 구성소를 취하여 다른 하나의 구성소를 만드는 운용인 반면 이동은 형성된 구성소를 변화시키지 않고 위치를 바꾸는 운용이다. 병합과 이동의 규칙은 엄격순환규칙을 준수하여 회귀적으로 적용되는데 확장조건(extension condition)에 의해 구성소 구조를 형성한다.

(5) 확장조건(Extension Condition)
외현적인 병합과 이동의 운용은 뿌리통사체(root syntactic objects)만을 목표로 한다.

도출은 어휘부에서 문자화까지 어휘항목을 선택하고 일반화 변형 또는 이동의 확장조건에 의해 구조가 형성된다는 확장의 개념을 설명하면 다음과 같다. 일반화 변형이 아래에서 위로 형성되는 하상(bottom to top)접근의 병합과정을 통하여 목표(target) 구조를 확장하는데 어휘부로부터 선택된 어휘는 X'-구조의 틀 안에서 병합되어 좀 더 큰 P-표지들로 바뀌는 것이다. 또한 이동은 지정어를 첨가하여 목표를 확장한다. 선택한 어휘를 목표의 지정어자리에 대치하고 뒤에 흔적인 복사를 남기는 것이 α-이동이다.

병합은 자유로이 일어나는 것이 아니고 어떤 자질이 만족될 때에 가능하다. Chomsky(2000)는 선택자(selector) 자질에 의해 병합이 촉발되는데 이는 일치(agree) 관계에서 만족된다.[63]

---

63) Chomsky(2000)는 병합과 일치는 자질에 의해 도출된다고 주장한다.

(6) 병합조건(Merge Condition)

α가 β의 자질을 점검할 수 있을 때 α와 β를 병합한다.

(Merge α and β if α can value a feature of β.)

병합과 이동에 의한 구조 확장의 예를 들어보면 아래와 같다.

(7) a. [$_{VP}$ Mary [$_v$ looked [$_{PP}$ at John]][64]

병합의 운용은 배번집합에서 *at*과 *John*을 선택하여 아래와 같은 병합을 만
든다.

b. {at, John}

c. {at {at, John} }

d.   at
         ╱   ╲
       at   John

(7b)는 통사체(syntactic object)의 일부가 되는 병합의 새로운 통사체이며
(7c)와 (7d)는 (7b)의 최대투사를 나타낸다. 여기서 중요한 것은 구성소가 핵과
관련된 특질을 갖는 표지인 *at*을 갖는다는 것이며 왜 *at*를 표지로 사용하는지의
이유가 아니다. 이제 (7c)에 차례로 *looked*와 *Mary*를 병합하면 아래 (7e)와
(7f)와 같이 나타난다.

e. looked, {looked, {at {at, John} } }

f. looked, {Mary,} } looked, {looked {at {at, John} } } } }

---

64) 예문출처: Hornstein et al. (2005)

이제 범주표지 없이 *at, looked, Mary*가 최대투사가 되는 (7)의 구조대신 설명의 편의상 범주표시를 붙인 병합과 이동을 통한 구조 확장을 아래 (8)과 같이 설명할 수도 있다.

(8) a. *The boy likes the girl.*

   b. [$_{NP}$ [$_N$ girl]] – (선택)

   c. [$_{DP}$ the [$_{NP}$ girl]] – (병합)

   d. [$_{VP}$ like [$_{DP}$ the girl]] – (병합)

   e. [$_{VP}$ [$_{DP}$ the boy [$_{V'}$ likes [$_{DP}$ the girl]]] – (병합)

   f. [$_{TP}$ e [$_{T'}$ T [$_{VP}$ [$_{DP}$ the boy][$_{V'}$ likes [$_{DP}$ the girl]]]]] – (병합)

   g. [$_{TP}$ [$_{DP}$ the boy][$_{T'}$ I [$_{VP}$ t$_{the\ boy}$ [$_{V'}$ likes [$_{DP}$ the girl .....]]]] –
      (*α*-이동)

따라서 구조 형성을 위한 확장조건은 다음과 같은 사실을 함축한다.

(9) 확장조건 (Chomsky 1995)
   ① 엄격순환(strict cycle) 조건 (Chomsky 1973)
   ② 보충어 위치로의 이동 금지: [$_{X'}$ X YP] → *[$_{X'}$ X YP ZP]
   ③ 부가구조의 비순환적 병합: [$_X$ [Y] X], [$_{XP}$ [YP] XP]

규칙적용은 작은 영역에서 먼저 일어나며 한번 규칙이 적용된 영역에는 다른 규칙이 다시 적용되지 않는다는 엄밀순환조건은 아래 (10)의 ⓑ처럼 '순환주기 안의 순환주기(cycle within cycle)'를 금지하며 일단 규칙 적용이 끝나면 뒤로 되돌아가지 않는다는 (10)의 ⓐ와 같은 개념을 함축한다.

(10)

보충어 위치로의 이동은 원리와 매개변항이론에서는 DS의 투사원리와 의미역 기준에 의해 금지되었으나 최소주의의 확장조건은 확장의 기본 개념에 따라 상위 절로의 이동만 가능하며 어휘삽입도 뿌리절(root clause)에서만 가능하므로 보충어 위치로의 이동은 금지된다. 부가어는 비순환적이므로 이미 완성된 순환주기로의 병합이 가능하다.

이제 아래 예문들의 *wh*-섬제약, 초인상, 핵 이동조건 등의 현상을 확장조건의 순환성으로 일관성 있게 설명해보겠다.

(11) *Wh*-섬 제약 (*wh*-island constraint)

　　a.*How does John wonder what Mary fixed?

　　b. [CP C [IP John wonder [CP C [IP Mary fixed what .... how.....

　　c. [CP how C [TP John wonder [CP C [TP Mary fixed what... thow...

　　d. [CP how C [TP John wonder [CP what C [TP Mary fixed twhat.. thwo....

　　　　　　　　　　　　　　　　　　　　　　*ⓐ

　　　　　　　ⓑ: cycle 완성

위의 예문 (11)에서 ⓑ의 순환주기가 이미 완성된 후에 ⓐ의 순환주기가 적용되었으므로 '순환주기안의 순환주기'를 금지하는 확장조건의 엄격순환에 의해 (11a)의 예문은 비문이 된다.

(12) 초인상 (super-raising)

　　a.*John seems it is certain to be here.

　　b. [TP T [VP seems [TP is certain [TP John to be here.....]]]

c. [TP John [T [seems [TP is certain [TP t_John to be here..]]]] (α-이동)

d. [TP John [T [seems [TP it is certain [TP t_John to be here..]]]] (GT)

위의 예문 (12c)에서 이미 이동이 일어난 (순환주기가 완성된) 후에 *it*-삽입이 일어난 (12d)는 순환조건을 어겨 비문이 된다.

(13) 핵이동제약 (head movement constraint)

　　a. *Be John will in his office?

　　b. [CP [TP John [T [VP be in his office....]]]]

　　c. [CP be [TP John [T [VP t_be in his office....]]]] (α-이동)

　　d. [CP be [TP John [T will [VP t_be in his office....]]]] (GT)

위의 예문 (13d)에서도 이미 이동이 일어난 후에 조동사 *will*의 삽입이 일어났으므로 순환 조건을 어겨 비문이 된다.

이제 병합과 이동의 관계를 경제원리의 관점에서 살펴보자.

(14) 병합우선원리 (Merge over Move)

　　a. There seems to be someone in the room.

　　b. *There seems someone to be in the room.

병합과 이동을 통해 구조의 확장이 일어나는데 이 두 가지 운용이 동일한 배번집합과 동일한 도출단계를 가질 때 (14)의 예문에서처럼 연산체계는 *someone*의 병합이 일어나는 (14a)가 *to*의 EPP-자질을 점검하기 위하여 이동을 해야 하는 (14b)보다 경제적이라는 것을 알 수 있다. 이러한 경우 Chomsky는 병합우선원리를 제안하는데 이는 이동이 병합보다 비용이 비싸다는 것이며 따라서 연산체계는 (14a)를 선호하고 (14b)를 비문으로 처리한다는 것이다.

12.4.2 이동과 국면

순환주기의 개념은 이후 최소주의에서 국면(phase)의 개념으로 바뀌었고 국면은 국소성, 순환성(cyclicity)과 관련이 있다. 순환가설은 경제성 원리에 기초한 것으로 국면이론의 관점에서 전환기를 제공한다.

초기 생성이론에서 TP와 DP를 이동의 순환절점(cyclic node)으로 가정하고 하위인접조건(subjacency)을 제안하였으나, Chomsky(1999)는 하위인접조건 대신에 국면이라는 새로운 개념을 제안하고 CP와 v*P가 국면이라고 주장하였다. 국면은 합치(convergence)와 명제(proposition)를 지칭하며 모든 비해석성자질들이 일치를 통해 점검된 후 남아있지 않은 완전합치구문(complete convergent construction)을 말한다. CP는 T의 시제(tense)와 C의 문장형태(force)을 포함하는 완전명제이고 v*P는 외재논항(external argument)을 포함하는 완전논항구조로 국면에 해당되고 TP는 국면이 아니고 외부논항이 없는 수동태, 비대격, 인상동사구는 약 국면(weak phase)이 된다.

12.5   최소주의와 X′-구조

(15)

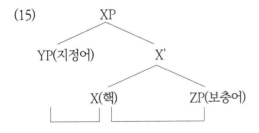

지정어-핵 관계   핵-보충어 관계   ➔ 핵심 국부적 관계

Chomsky (1993)는 두 핵심적인 국부적 관계로 지정어-핵 관계와 핵-보충어(head-complement) 관계를 들고 핵-보충어 관계가 좀 더 근본적이며 지정어-핵 관계는 여타관계라 했다.

최소주의 이론에서는 Pollock(1989)에서 더 나아가 AGRP를 AgrsP와 AgroP로 나누는 분석방법이 제시되었다. 그러나 Chomsky(1995)에서는 Agr을 없애는 분석방법(agrless approach)이 제안되기도 했다. 또한 Larson(1988)의 VP-외곽(shell)구조가 세 개의 논항을 가진 이중타동사외에도 동작동사의 경우에도 사용되었다. 그 결과 최소주의가 가정하고 있는 기본구구조는 아래 (16)과 같다.

(16)
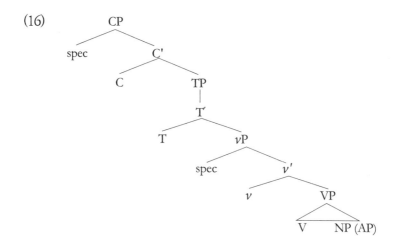

위의 (16)과 같은 구구조를 가정하고 구체적인 지정어-핵 일치 관계를 살펴보면 다음과 같다.

(17) 지정어-핵 일치 관계: 격과 ɸ-자질의 일치

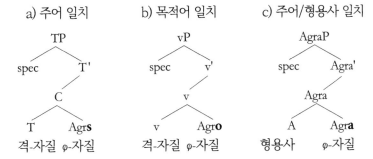

    a) 주어 일치   b) 목적어 일치   c) 주어/형용사 일치

주어 일치와 목적어 일치의 대표적인 예로는 영어의 주격, 목적격 점검의 관계를 들 수 있고 주어/형용사 일치의 예로는 불어의 주어/형용사 일치 관계를 들 수 있다.

(18) Jean(M) est intelligent(M)

      Marie(F) est intelligente(F)

원리와 매개변항이론에서 동사와 목적어와의 관계라든가 예외격 주어구문에서 중요한 역할을 하던 지배의 개념이 최소주의에서는 (17)과 같은 지정어-핵 일치 관계에 의해 대체되어 지배개념은 사라지게 되었다.

12.6   최소주의와 점검이론

최소주의 표시의 경제성은 접합면 표시에서 해석될 수 없는 요소들은 배제하는데 이는 완전해석원리로 실현된다. 접합면의 모든 요소들이 PF와 LF에서 합치되어야 한다. 최소주의는 도출이 합치되기 위해서는 비해석적 요소들은 점검되어야 한다는 점검이론(checking theory)을 제안한다. 연산체계의 궁극적인 핵심운용은 자질점검이라고 할 수 있다. 인간 언어의 비완벽성을 의미할 수도 있는 이동의 문법내의 부담을 최소화하는 수단으로 Chomsky(1995)는 점검을 위한 자질의 이동이라는 새로운 개념을 제안하고 있다. 이동에 의해 일치효과가 발생하도록 하는 것인데 그는 거의 모든 자질점검을 이동(외부병합)에 의해서 일어나도록 점검영역(checking domains)을 형식화했으며, 자질사이의 통사적 관계를 점검(checking)이라 부른다. Chomsky(1995)는 목표의 자질들은 점검되어야 하는 특질을 가지고 있고 이는 적절한 영역 안에서 일치자질(matching features)을 찾아야만 한다고 제안한다. 일단 완전해석조건하에서 비해석성 자질의 존재는 언어의 전치 또는 이동현상의 특질을 보여주며 비해석성 자질이란 완전성으로부터의 이탈을 의미한다. 따라서 비해석성 자질들이 삭제되기 위해서는 점검되어야 하는데 이때 어떤 두 요소 α와 β는 점검관계에 놓이게 된다. 점검은 α와 β가 서로 자질일치를 할 때에만 성공적이며 비해석적 자질의 삭제는 점검이 성공적일 때에만 가능하다.

최소주의 점검이론(checking theory) 점검영역(checking domain)을 살펴보기 위하여 아래와 같은 부가구조 안에서 관할과 내포의 정의를 통하여 점검영역과 보충어영역에 대하여 알아보자.

(19) 부가구조

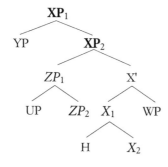

만약 α의 모든 요소(segment)가 β를 관할한다면 범주 α는 다른 범주 β를 관할(dominate)한다.

XP₂는 YP를 제외한 모든 범주들을 관할한다.
X는 H를 관할하지 않는다.

만약 α의 한 요소가 β를 관할한다면, 범주 α는 범주 β를 내포(contain)한다.
XP는 YP를 내포한다.
X는 H를 내포한다.

핵 범주 α의 영역은 α의 투사의 모든 요소들에 의해 내포되어지는 모든 범주들을 포함한다.

X의 영역은 YP, ZP, UP, WP 그리고 H를 포함한다.
WP는 X의 보충어 영역이다.
ZP, UP, YP는 지정어-핵 관계를 정의하는 X의 점검영역이다.

위와 같은 점검영역의 분석 하에서 지정어-핵 일치를 위한 점검영역의 예문은 아래와 같다.

(20) a. Who bought what?

b. $[_{CP}$ who $[_{C'}$ [+Q] $[_{TP}$ t_{who} bought what ....

c. LF: $[_{CP}$ [Spec **what** [**who**]]$[_{C'}$ [+Q] $[_{TP}$ t_{who} bought t_{what} ....

(i) UP 부가 구조 (수형도 (19)에서의 UP-X 지정어-핵 일치의 예):
영어의 다중 의문문

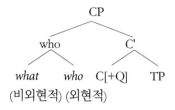

(ii) YP 부가 구조 (수형도 (19)에서의 YP-X 지정어–핵 일치의 예):

일본어의 다중 지정어 (Fukui 1992)

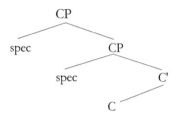

한편 (19)에서 H는 내부의 점검영역을 갖지 못하는데 이동한 핵은 기착지에 서는 영역을 갖지 못하며 오직 이동한 핵을 포함하는 연쇄만이 영역을 가질 수 있다. 따라서 핵 연쇄의 점검영역은 다음과 같다.

(21) a. John put the book on the shelf. (Chomsky 1993)

    b. $[vP_1$ $[DP_1$ John$][v'$ v_1 $[VP_2$ $[DP_2$ the book$][V'$ $[V_2$ put$]$ $[PP]$ .....

    c.

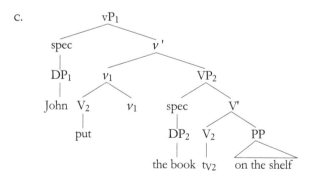

위의 예문 (19)에서 v_1의 영역은 DP_1, DP_2, 그리고 PP이나 핵연쇄$\{V_2, tv_2\}$의 점검영역은 DP_1이다.

12.7 최단거리이동과 최소연쇄

Chomsky(1993)의 최단거리 이동(Shortest Move Condition: SMC)이란 '이동한 범주는 성분통어하는 동일한 유형의 다른 범주를 가로지를 수 없다'는 조건을 말한다. 이는 Rizzi(1990)의 상대적 최소성(relativized minimality)의 개념과도 일치한다. 아래 예문을 살펴보자.

(22) Whom did John persuade t to visit whom?

(23) *Whom did John persuade **whom** to visit t? (우위조건 ⇒ SMC로 설명)

(24) *How does John wonder **what** Mary fixed t? (wh-섬 제약 ⇒ SMC로 설명)

(25) *John seems **it** is certain t to be here. (DP-인상 ⇒ SMC로 설명)

(26) *Be John **will** t in his office? (핵 이동 제약 ⇒ SMC로 설명)

(22)의 예문은 이동한 범주가 성분통어하는 어떠한 동일한 범주도 가로지르지 않으므로 SMC를 위배하지 않는 정문이나 (23)-(26)의 예문들은 모두 이동한 범주가 성분통어하는 동일한 범주를 가로지르므로 SMC를 위배하는 비문이다. SMC는 우위조건, *wh*-섬 제약, NP-인상, 핵 이동제약 등의 구문 중심의 개별적 제약을 일반화시킬 수 있다는 장점을 가지며 이는 최소주의의 계층, 도출과정, 제약 등을 포함하는 이론의 최소화와 경제성이라는 기본 맥락과도 일치

한다.

최단거리 이동과 관련하여 동일거리(equidistance)의 개념을 알아둘 필요가 있다.

(27) 동일거리조건(Equidistance Condition) (Chomsky 1999)
    HP의 주변 요소들은 탐색자 P로부터 동일거리에 있다.[65]

(28) John kicked the ball.

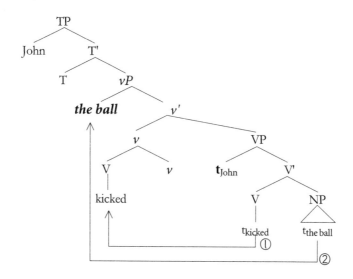

위의 ②의 이동은 동일한 범주 t_John를 가로지르므로 SMC를 위반하고 있다. 그러나 최소이론의 체계에서 ②의 이동은 허용되어야 하며 격점검을 통하여 (28)의 예문은 정문이 되어야 하는데 이러한 문제를 해결하기 위하여 (27)과 같은 동일거리 개념이 제시된다. 예를 들어 (28)의 구조에서 (27)의 동일거리 개념을 요약하면 다음과 같다.

---

65) The Equidistance Condition (Chomsky 2000)
   Terms of the edge of HP are equidistant from probe P.

핵 연쇄(V, tv)의 영역 ⇒ Spec(vP), Spec(VP), DP

(the ball, t$_{John}$, t$_{the\ ball}$)

Spec(vP)과 Spec(VP) ⇒ DP(t$_{the\ ball}$)로부터 동일거리

즉, DP가 이동하는 데 Spec(VP)는 동일거리 정의에 의해 SMC를 위배하지 않음

핵 연쇄 최소영역의 개념과 동일거리 개념은 목적어 상승은 주동사가 VP로부터 상승되어 나올 때에만 가능하다는 Holmberg의 일반화(Holmberg's generalization)와도 일치하는데 이는 만약 주동사가 VP로부터 상승되어 나오지 않는다면 Spec(vP)로의 직접 목적어 이동은 SMC의 위배를 야기할 것이기 때문이다.

최소연쇄조건(Minimal Link Condition: MLC)이란 동일한 단계를 갖는 주어진 두 개의 합치된 도출 가운데 좀 더 짧은 연쇄를 포함하는 도출이 좀 더 긴 연쇄를 포함하는 도출보다 선호됨을 말한다.[66] 최소연쇄란 최소단계(fewest steps)를 말하며 이는 좀 더 짧은 연쇄(도출의 최소화)를 갖는 도출을 선호한다는 경제조건의 하나이다. 고리가 짧은 것이 그렇지 못한 것보다 더 경제적이라는 원리이다. 최소연쇄조건을 위배하는 도출을 파탄에 이르게 된다. 따라서 α-이동은 MLC에 부합하는 연쇄를 창출하는 운용이다.

그런데 경제성 원리는 앞에서 제시된 것 같이 최단이동과 최소연쇄 둘 다를 함축하는데 이는 아래 (29)의 ①과 ②와 같은 상반된 문제를 야기한다. 단계의 수를 줄이면 최단거리를 위배하고 최단거리를 유지하려면 최소연쇄를 위배하는 모순에 빠진다.

---

66) MLC: K attracts a only if there is no b, b closer to K than a, such that K attracts b.

(29) a. John seems t' to be likely t to win.

                        ① (MLC 위배)

                        ② (SMC 위배)

Chomsky(1995:182)는 위와 같은 모순을 해결하기 위하여 α-이동이란 연속적인 각각의 단계 안에서 범주를 이동시키는 운용이라기보다는 연쇄형성(form chain)이라 불리는 연쇄들을 형성하는 하나의 운용으로 간주해야한다고 했다. 따라서 위의 예문 (29)의 ①은 하나의 연쇄 {John, t', t}를 형성하며 이는 두 단계가 아닌 한 단계로 간주된다.

이러한 정의하에 A-이동과 A'-이동의 상대적 최소성의 위배가 모두 MLC로 설명될 수 있다. Chomsky(1995)의 자질유인(attract-F)에 MLC를 통합하면 아래 예문 (30)과 (31)에서처럼 두 개의 요소가 유인에 경합이 붙을 때 가까운 요소가 이동하게 된다. MLC는 합치할 수 있는 도출 가운데 선택되는 경제조건이 아니라 이동 정의의 일부이며 따라서 이동의 경우 MLC는 위배되어서는 안 되는 조건이다.

(30) a. they remember [which book Q [John gave t to whom]]

     b. guess [Q' they remember [which book Q [John gave t to whom]]]

     c. ? guess [which book Q' [they remember [t' Q [to give t to whom]]]]

     d. * guess [to whom]1 Q' [they remember [which book]₂ Q [to give t1 t₂]]

(31) a. __ seems [that it was told John [that IP]]

     b. *John seems [that it was told t [that IP]]

1. *The boy likes the girl* 문장을 병합과 이동의 관점에서 단계별로 설명하시오.

2. 아래의 구조를 보면 동사가 T에 부가되는데 이는 확장조건을 위배한다. 확장조건에 부합하도록 이러한 부가이동을 설명하시오.[67]

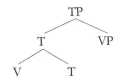

3. 아래 문장의 문법성을 병합우선원리(Merge over Move)로 설명하시오.
   a. There seems to be someone in the room.
   b. *There seems someone to be in the room.

---

67) 출처 : Hornstein et al.(2005:212)

4. 아래 문장의 비문성에 대한 이유를 설명하시오.

    a. *It$_i$ seems that [t$_i$ is certain [John to win]].

    b. *It seems John$_i$ is certain [t$_i$ to win]].

5. 아래 여러 구문들이 최소주의이론 안에서 어떻게 통합 분석될 수 있는지 설명
   하시오.

    a. *Whom did John persuade **whom** to visit t? (우위조건)

    b. *How does John wonder **what** Mary fixed t? (*wh*-섬 제약)

    c. *John seems **it** is certain t to be here. (DP-인상)

    d. *Be John **will** t in his office? (핵 이동 제약)

6. 최소연쇄조건(MLC)의 관점에서 아래 문장의 문법성을 설명하시오.

    a. Might he t be considering that issue?

    b. *Be he might t considering that issue?

    c. What did you say that John likes t?

    d. *What did you wonder why John likes t?

제13장 이동과 복사이론

13.1 복사이론의 장점

최소이론에서는 이동을 흔적이론(trace theory)이 아닌 복사이론(copy theory)으로 설명하고 있는데 이 복사이론이 어떻게 적용되고 있는지 살펴보자. 먼저 원리와 매개변항이론의 흔적이론과 최소이론의 복사이론을 비교하면 아래와 같다.

(1) 원리와 매개변항이론 ⇒ 흔적 이론
   a. What did John buy?
   b. SS: What did John buy [t]?

(2) 최소이론 ⇒ 복사 이론
   a. What did John buy?
   b. LF: [what] did John buy [what]
   c. PF: [what] did John buy

투사원리를 만족시키기 위해 동기 부여된 흔적이론은 Chomsky(1993)에 와서 복사이론으로 대치되었는데 이는 Chomsky(1965)의 표준이론(standard theory)의 복사 개념이 부활된 것으로 한 범주의 이동은 선행사와 동일한 특질을 갖는 이동된 요소의 복사를 뒤에 남기고 PF에서 삭제된다는 것이 이동의 복사이론이다. 즉 원리와 매개변항이론의 '흔적'의 개념으로 '복사'의 개념에 의해 대치되었다. 이 복사는 (2)에서 보듯이 PF에서는 삭제될 수 있으나 LF에서는 남는다고 가정한다.

핵 이동 중의 하나인 T-to-C 이동인 주어-조동사 도치와 복사이론을 살펴보면 핵의 자리에 있는 T가 C의 자리로 이동한 후 완전히 삭제된다면 핵인 T가 사라져 이는 모든 핵은 필수적이라는 핵 원리(Headedness Principle)와 모든 비종단 절점은 이분지라는 이분지 원리(binarity Principle)를 위배하게 된다.[68] 따라서 T는 이동 후 영 범주(null category)를 포함해야만 하는데 이것이 복사(copy)이다.

최소이론에서 이동 현상을 복사이론으로 설명한다면 이 복사이론이 어떻게 적용되고 있으며 이러한 복사이론의 장점은 무엇인지 살펴보자.

    (3) 복사이론의 장점
        ① 중의성 설명: 복사이론은 두 의미를 갖는 표현의 중의성을 명확하게 설명할 수 있다.
        ② 재구성(reconstruction)의 제거: 복사이론은 LF에서 적용되는 하강 규칙에 의존하지 않고도 재구성을 설명할 수 있다.
        ③ 관용어구 중의성 설명: 복사이론은 관용표현의 중의성을 명확히 설명할 수 있다.
        ④ 결속이론의 최소화: 복사이론은 결속이론이 LF 이전 단계에서 결정된다고 생각되던 결속의 사례들을 LF 단계로 통합하여 설명할 수 있다는 간결화의 장점을 갖는다. 이동의 복사이론은 결속이론을 포함하는 모든 통사원리들이 LF의 접합단계에서 적용된다는 일반화가 가능해지는데 이는 LF가 아닌

---

68) 통사구조 수형도의 모든 비종단절점은 핵의 투사이며 이분지 가지를 갖는다. (Radford 2009:124)

어떤 통사 계층도 가정하지 않는 최소주의의 당연한 귀결이기도 하다.

⑤ 양화사 인상(QR)의 제거: 복사이론은 QR에 의존하지 않고도 양화사 작용
역의 상호작용을 설명할 수 있다.

이제 다음 절들에서 위의 (3)에서 요약한 복사이론의 장점을 차례로 구체적
인 예를 들어 설명하겠다.

13.2 중의성

복사이론의 도출인 (2a)는 초기 작용역 위치에 운용자와 논항위치에 변수를
갖는 운용자-변항 연쇄를 포함하는 상세한 LF 도출로 다시 표시될 수 있는데
예문을 들어 설명하면 다음과 같다. LF 표시의 운용자-변항 연쇄는 다시 *wh*-운
용자의 국소적 이동과 *wh*-운용자의 삭제를 포함한다.

(4) LF 표현 : 복사 + 운용자-변항 연쇄(operator-variable link)

　　　운용자-변항 연쇄 ⇒ *wh*-운용자 국소적 이동 + *wh*-운용자 삭제

(5) a. Which book did Mary read?

　　 b. LF: [which book] did Mary read [which book] (→ 불완전한 LF 표시)

　　 c. [[which x][x book]] Mary read [[which x][x book]].

　　　　([which x] *wh*-운용자 이동)

　　　 cf. *which x* = 운용자　　*x book* = 한정어

　　 d. [[which x][x book]] Mary read [x].

　　　　(논항 위치의 [which x]와 'book' 삭제)

　　　　⇒ d에 가능한 답변: e.g. *War and Peace*

　　 e. [which x] Mary read [x book].

　　　　(운용자 위치의 한정어 [x book]의 생략과 논항 위치의 운용자 [which x]

생략 → 제자리 한정/DET에만 변항 부여)

⇒ e에 가능한 답변: e.g. *THAT* book

*what*은 *wh-at*의 복합형태로 *wh*-형태소는 운용자에 상응하며 형태소 *-at*는 한정어 'thing'에 상응한다고 가정하면 *wh*-운용자가 *wh*-구안에서 국소적으로 이동한다고 가정할 수 있다. (5d)와 (5e)에서 보듯이 논항 위치나 운용자 위치의 한정어 또는 운용자가 선택적으로 생략되면 각각 다른 의미를 갖게 되고 또한 상응하는 답변도 다르게 된다. 결과적으로 문장 (5a)의 중의성은 이동의 복사이론으로 자연스럽게 설명된다.

관용어구가 갖는 중의성 문제를 살펴보자. 원리와 매개변항이론 하에서는 관용어구는 'DS에 삽입되는 단일 어휘요소'로 이해되나 최소주의에서는 'LF에서 결정되는 인접한 요소'로 해석된다. 관용어구의 문제점은 이동에 의한 외현적인 변환인데 이러한 문제는 이동의 복사이론으로 해결한다.

(6) a. John wondered which picture of himself Bill took.

   b. John wondered [which picture of himself] Bill took [t] (이동 적용)

   → (6b)는 (i) 또는 (ii)와 같이 두 가지 면에서 중의적이다.

      (i) *himself*는 *John* 또는 *Bill*을 가리킨다.

      (ii) *take picture:*

         - *photograph* (인접해 있을 때 '사진 찍다'의 의미)

         - *pick up and walk away with* (인접 안 할 때 '사진을 가져가다'의 의미)

(7) a. John wondered which picture of himself Bill took.

   b. John wondered [which picture of himself] Bill took [which picture of himself]. (복사 적용)

   c. **John** wondered [[which x][x picture of **himself**]] Bill took [x].

   d. John wondered [which x] **Bill** took [x picture of **himself**].

이동의 복사이론 적용 후 (7c)에서처럼 논항 위치에서 선택적인 삭제 규칙이 적용되면 *John*과 *take picture*의 해석에 있어 *John*은 *Bill*과 동일지표 표시되는 것으로 *take picture*는 '사진을 가져가다'의 의미를 갖는 아래와 같은 단일한 해석만이 가능하다.

▶ *John = himself*
   (*John*이 *himself*는 성분통어하지만 *Bill*은 그렇지 않다.)
   pick up and walk away with (관용어구의 구성소가 인접 안 할 때)

위의 (7d)에서와 같이 복사 적용 후 선택적인 삭제규칙으로 운용자 위치의 한정어가 생략되면 아래와 같은 단일한 해석만이 가능하다.

▶ *Bill = himself* (*Bill*이 *himself*의 가장 가까운 성분통어 주어이다.)
   photograph (관용어구의 구성소가 인접할 때)

따라서 (7b)와 같이 이동이 적용된 후 중의적인 문장이 복사이론에서는 논항 또는 운용자 위치의 선택적인 삭제규칙 적용으로 중의적인 문장에 대한 명쾌한 설명을 제공한다.

13.3 재구성

최소주의는 하강이동을 제거한다. 재구성이란 외현적으로 이동한 *wh*-구가 LF에서 해석을 위해 원래의 위치로 되돌아가는 현상을 재구성이라 하는데 이는 LF 하강 규칙이다. 따라서 재구성의 운용이 갖는 문제점은 이동이 일반적인 상승이 아니라 하강이라는 점과 운용자-변항 연쇄가 분명하지 않다는 점이다.

이동의 복사이론은 문제점이 나타나는 전치사구 PP의 재구성을 제거할 수 있는데 아래 예문 (8)을 살펴보자.

(8) a. (guess) in which house John lived (?)

    a′ (guess) [in which house] John live [t]

    b. [[which x][x house]] John lived [in [x]]

      - 논항 위치의 한정어 생략, *house* (DP)에 변항 부여: 가능한 답변 *the old house* (비제한적 의미로 집의 종류 의미)

    c. [which x] John lived [in [x house]]

      - 운용자 위치의 한정어 생략, D에 변항 부여: 가능한 답변 *that (house)* (제한적 의미로 지시의미)

위의 예문 (8a)와 (8b)는 이동한 PP와 흔적의 연쇄가 운용자-변항 구문이 되지 못하는데 LF에서 합치를 이루는 정문이 되기 위해서는 (8a)는 (8b)나 (8c)와 같은 형태를 가져야 하고 이는 전치사구 PP 재구성을 포함한다. 이때 재구성은 어색한 하강규칙을 포함하며 작용역 위치의 운용자와 논항 위치의 변항을 갖는 운용자-변항 연쇄가 어떠한 결과를 갖는지는 분명하지 않다. Chomsky(1993)는 자연스럽지 못한 재구성은 위에서 논의된 바와 같이 해석규칙으로 강화된 이동의 복사규칙에서 완전히 제거될 수 있다고 주장한다. 이동의 복사이론 하에서 (8a)는 (9a)나 (9b)와 같은 도출을 갖는데 (9a)는 논항 위치의 복사로부터 한정어가 생략된 경우이고 반면 (9b)는 운용자 위치로부터 한정어가 생략된 경우이다.

(9) a. [which x][x house] John lived [in [x]]

     → ([[which x][x house]] [in [x]])

    b. [which x] John lived [in [x house]]

     → ([[which x] [in [x house]]])

13.4   A-연쇄

이 절에서는 A-연쇄에도 복사가 필요한가라는 질문을 해보자. 복사이론이 A-이동과 A'-이동을 통합적으로 설명할 수 있을까에 대한 답변은 긍정적인데, 이에 대한 논의를 위해 아래 예문을 살펴보자.

(10) a. John was killed.

　　 b. LF: [John] was killed [John]

　　　 PF: [John] was killed

A-연쇄에도 이동의 복사이론이 적용된다는 논쟁을 펼 수 있는데 증거로는 다음과 같은 관용어구를 예로 들 수 있다.

(11) a. Several pictures were taken.

　　 b. [several pictures] were *taken* [*several pictures*]

(12) a. The students asked which pictures of each other Mary took.

　　 b. the students asked [which pictures of each other] Mary took [which pictures of each other]

　　 c. the students asked [[which x][x pictures of each other]] Mary took [x]

　　 ▶ (뒤에 복사가 없는 경우) 관용어구 의미가 사라진다.

(13) a. The students asked which pictures of each other were taken.

　　 b. the students asked [CP [which pictures of each other]

　　　 [IP [which pictures of each other] were taken [which pictures of each other].

　　 c. the students asked [CP [which x][x pictures of each other]][IP [x] were taken [pictures of each other].

　　 ▶ (뒤에 복사가 있는 경우) 관용어구 의미가 유지된다.

위의 (13c)의 예문은 수동 내포문의 목적어 위치로부터 주어 위치로의 A-이동은 뒤에 복사를 남긴다는 증거가 된다.

13.5 결속이론 최소화

이동의 복사이론은 결속에 불가피하던 LF의 재구성을 없애고 LF의 이전 단계(즉, SS)에서 결정된다고 생각되던 결속의 사례들을 통합적으로 LF에서 설명할 수 있도록 한다. 결과적으로 이동의 복사이론은 모든 통사 원리들이 LF에서 적용된다는 일반화를 가능하게 한다.

원리와 매개변항 이론에서 결속은 재구성 이후에 적용되야만 한다는 주장을 뒷받침하는 예문을 살펴보자.

(14) a. Which picture of himself did John buy?

b. SS: [which picture of himself] did John buy [t]

c. LF: [Q [*John* bought [which picture of *himself*]]]

(14a)에서 *John*과 *himself*가 결속되어야만 하는 결속이론 A를 만족시키기 위해서는 이동 규칙과 LF에서의 재구성이 적용되어야 한다. 그러나 (14)의 예문에 복사이론을 적용하면 다음과 같이 재구성이 필요 없다. 복사이론을 적용할 경우 복사와 선택적 삭제에 의해 결속을 가능하게 만드는 *John*이 *himself*를 성분통어하는 (15c)와 같은 예문이 나타난다.

(15) a. [which pictures of himself] did John buy [which picture of himself]

b. [[which x][x picture of himself]] did John buy [[which x][x picture of himself]]

c. [which x] did John buy [x picture of himself]

이제 보충어구문인 동격절과 부가구문인 관계절을 비교 분석해보자.

(16) a. Which claim that John was asleep was he willing to discuss? (John ≠he)

   b. [which claim [that John was asleep]] was he willing to discuss [which claim [that John was asleep]].

동격절인 (16b)는 *he*와 *John*이 동지표 표시되지 않는 해석만이 가능한데 원리와 매개변항의 재구성하에서는 (16b)에서처럼 *he*가 John₁를 성분통어할 수 있으므로 서로 동지표 표시가 가능할 경우 결속 조건 C를 위배한다. 따라서 보충어절은 순환적으로(cyclically), 즉 *wh*-이동이 적용되기 전에 도입되어야만 한다는 조건이 필요하다. 즉 논항 위치가 보충어절을 포함하고 이동이 일어나기 전에 결속이론이 적용될 경우 *he*는 *John*를 성분통어하게 되므로 결속 조건 C를 위배하지 않기 위해서는 *he*와 *John*은 서로 다른 지표를 가져야만 한다.

동격절인 (16)과 비교하여 부가절인 관계절을 살펴보자.

(17) a. Which claim that John made was he willing to discuss?
   b. [which claim [that John made] was he willing to discuss?
   c. [which claim] was he willing to discuss [which claim]
   d. [which claim [that John made]] was he willing to discuss [which claim]

부가어는 순환적으로 도입되지 않는다. 부가어인 [*that John made*] 관계절은 비순환적으로(noncyclically) *wh*-이동 후에 도입될 수 있는데 이 경우 (17d)의 경우처럼 *he*는 *John*을 성분통어하지 않으므로 *he*와 *John*은 동지표표시될 수 있다. (17)은 비순환적 부가어라는 점에서 (16)의 순환적 보충어와 구별된다.

최소주의의 복사이론은 재구성을 불필요하게 하므로 재구성이 갖는 문제점을 동시에 제거하는 장점을 갖는다. 재구성하에서 결속이론 A와 C는 LF에서 (재구성 후에) 적용되며 결속이론 A의 어떤 경우는 SS에서 적용되었던 이전 연구에서 나타나는 적용 계층 이원화라는 문제를 해결한다.

아래 예문을 살펴보자.

(18) a. **John** wondered which picture of **himself Bill** saw.

    (중의적 *himself* ⇒ *John/Bill*)

  b. **John** wondered [$_{CP}$ [[which x][x picture of **himself**]][$_{TP}$ Bill saw [x].

  c. John wondered [$_{CP}$ [which x][$_{TP}$ **Bill** saw [x picture of **himself**].

    (*himself = Bill*의 해석을 위해 재구성 필요: 결속은 LF에서 적용)

(19) a. John wondered [CP [TP **who** saw **which** picture of **himself**].

    (중의적이지 않음 / *John* ≠ *himself*: *who*가 Spec(CP)로 이동하기 전 SS에서 결속이 적용)

위의 예문 (18)과 (19)에서 보듯이 정확한 해석을 위한 결속원리 적용은 각각 LF와 SS라는 다른 표시계층을 가정해야만 한다. 그러나 복사이론에서는 이러한 이원적인 문제가 발생하지 않는다. (18)의 중의적인 해석은 아래 (20)에서처럼 복사의 논항과 운용자 위치의 선택적인 한정어 삭제로 자연스럽게 설명된다.

(20) a. **John** wondered [$_{CP}$ [which x][x picture of **himself**]][$_{TP}$ Bill saw [x]].

  b. John wondered [$_{CP}$ [which x][$_{TP}$ **Bill** saw [x picture of **himself**].

또한 중의적인 표현을 갖지 않는 (19)의 경우는 아래 (21)에서처럼 제자리 *wh*의 경우 *wh*-형태소만 이동하며 이때 *wh*-형태소는 운용자에 해당한다는 가설을 채택한다. 내재적인 LF 이동이 없음에도 불구하고 어떻게 운용자가 직접목적어 위치의 변항과 연계될 수 있는지의 문제는 도출과정의 이동은 운용자와 직접목적어 위치의 변항을 연계한다는 설명으로 해결할 수 있다.

    (21) a. John wondered [$_{CP}$ [who] [$_{TP}$ [who] saw [which picture of himself].

        b. John wondered [$_{CP}$ [which y][who x] [$_{TP}$ [x person] saw [y picture of himself].

        c. John wondered [$_{CP}$ **[wh x, y]** [$_{TP}$ **[x person]** saw **[y picture** of himself].

(21b)의 경우 *wh*-운용자는 주어 변항과 목적어 변항 둘 다를 결속한다. 이는 비선택적 결속(unselective binding)이라고도 불리며 두 변항의 경우에 한정어는 흡수(absorption)라는 과정을 거쳐 두 변항이 아닌 단일 운용자 결속으로 논항위치의 변항과 연쇄된다.

제자리 *wh*로부터 *wh*-형태소/운용자를 이동하는 과정은 접어화(cliticization)라 불리는데 중의적인 해석을 갖는 분석에 대한 대안적인 방법의 하나인 접어화 과정을 설명해보자. *self*가 *John*과 *Bill*에 각각 접어화되면 *John*과 *Bill*은 각각 *himself*의 선행사가 될 수 있다.

    (22) a. John wondered which picture of himself Bill saw.

        b. John **self**-wondered [$_{CP}$ [which picture of [him t$_{self}$]

              [$_{TP}$ Bill saw [which picture of himself] .

        c. John wondered [$_{CP}$ [which picture of himself]

              [$_{TP}$ Bill **self**-saw [which picture of [him t$_{self}$] .

최소주의가 제안하는 복사이론에서는 다음과 같은 해석적 결속이론이 제안된다.

(23) a. 결속조건 A: α가 대용어라면, 이는 영역 안에서 성분통어하는 구와 동지시
되는 것으로 해석한다.

b. 결속조건 B: α가 대명사라면, 이는 영역 안에서 성분통어하는 구와 비동지
시 되는 것으로 해석한다.

c. 결속조건 C: α가 지시표현이라면, 이는 모든 성분통어하는 모든 구와 비동
지시 되는 것으로 해석한다.

13.6 양화사 인상

양화사 인상과 관련하여 Chomsky(1995)는 양화사이동은 내현적인 이동이
므로 자질의 이동으로 애해해야한다고 주장한다. Hornstein(1995, 1998)은
A-이동이 복사를 뒤에 남긴다는 사실이 양화사 인상(Quantifier Raising: QR)
에 의존하지 않고도 양화사 작용역의 중의성을 설명할 수 있다고 주장한다. 따라
서 양화사 인상이 복사이론에서는 불필요하게 되는데 이는 분명히 최소주의에
서는 바람직한 결과이다.

복사이론의 양화사 예문을 살펴보기 전에 원리와 매개변항 이론의 양화사 인
상의 예문을 살펴보자. 양화사가 TP에 부가되고 양화사가 복수인 경우는
(25b, c)의 경우처럼 TP에 부가되는 순서에 따라 *every*가 *some*보다 큰 작용역
(*every > some*)을 갖기도 하고, *some*이 *every*보다 큰 작용역(*some > every*)을
갖기도 한다.

(24) a. Mary attended every seminar.

b. [TP every seminar [TP Mary attended t]] (TP-부가)

(25) a. Someone attended every seminar.

b. [TP *every* seminar [TP *some*one [TP t attended t]]] (*every>some*)

c. [TP *some*one [TP *every* seminar [TP t attended t]]] (*some>every*)

이동의 복사이론이 어떤 식으로 양화사 인상규칙을 불필요하게 만드는지 아래 예문을 살펴보자. (26a)의 문장에 복사이론을 적용하면 (26b)가 되고 (26b)에 선택적 삭제를 적용하면 결과적으로 (26c, d, d')과 같은 해석이 나타난다.

(26) a. **Some**one attended **every** seminar.

    b. [**some**one] $_T$ [$_{vP}$ [**every** seminar] $_v$ [$_{VP}$ [**some**one]

    [$_{v'}$ attended [**every** seminar] ....

    삭제규칙 적용(→ 선택적 삭제에 의해 c 또는 d의 해석이 나타남)

    c. [e] $_T$ [$_{vP}$ [**every** seminar] $_v$ [$_{VP}$ [**some**one][$_{v'}$ attended [e] .

    (*every > some*)

    d. [e] $_T$ [$_{vP}$ [e] $_v$ [$_{VP}$ [**some**one][$_{v'}$ attended [**every** seminar].

    (*some > every*)

    d'. [**some**one] $_T$ [$_{vP}$ [**every** seminar] $_v$ [$_{VP}$ [e] [$_{v'}$ attended [e].

    (*some > every*)

양화사가 TP 부가에 의해 인상되는 양화사 인상에 의거하지 않고도 VP안의 주어가 주절의 주어자리로 이동한 후 남은 빈자리와 vP(Spec)자리로 목적어가 이동한 후 남은 빈자리에 복사규칙을 적용한 후 VP안의 주어와 목적어, 주절 주어와 vP(Spec)위치의 목적어 중 두 개를 선택적으로 생략함으로써 이중 양화사 구문의 작용역의 중의성(scope ambiguity)을 (26)에서처럼 복사이론으로 설명할 수 있다. A-연쇄에도 복사가 적용된다는 Hornstein의 주장대로 양화사 인상규칙을 최소이론에서는 제거할 수 있다.

또한 복사이론은 재구성을 제거하므로 양화사 하강(quantifier lowering)의 경우도 하강이동이라는 어색한 설명 대신에 복사이론으로 자연스럽게 설명할 수 있다. 아래 예문을 살펴보자.

(27) a. **Some**one seems (to Bill) to be reviewing **every** report.

    b. [**some**one] $_I$ [$_{VP}$ seems (to Bill) [$_{IP}$ [**some**one] to be

      [$_{VP}$ [**every** report] $_V$ [$_{VP}$ [someone][$_{V'}$ reviewing [**every** report]...

      삭제규칙 적용(→ 선택적 삭제에 의해 c 또는 d의 해석이 가능)

    c. [e] $_I$ [$_{VP}$ seems (to Bill) [$_{IP}$ [**some**one] to be

      [$_{VP}$ [**every** report] $_V$ [$_{VP}$ [e][$_{V'}$ reviewing [e]...... (*some > every*)

    d. [e] $_I$ [$_{VP}$ seems (to Bill) [$_{IP}$ [e] to be

      [$_{VP}$ [**every** report] $_V$ [$_{VP}$ [**some**one][$_{V'}$ reviewing [e].... (*every > some*)

이동의 복사이론에 적용되는 삭제규칙은 상당히 자유롭게 적용되는데 유일한 고려사항은 정확한 성분통어관계를 도출하여 양화사 사이에 적절한 작용역 관계를 이끌어 내는 것이다. 이때 제기될 수 있는 문제는 삭제 후 남아 있는 복사가 의미역을 가질 수 있도록 해주는 연쇄가 깨진다는 점이다. 이러한 문제를 해결하기 위해 Hornstein은 그의 기본 생각과 Chomsky의 생각을 결합하는 대안적인 분석을 제안하였다.

앞서 *wh*-구에 대한 Chomsky의 분석에서 *which book*과 같은 *wh*-구에 대한 LF 해석규칙이 [[*which x*][*x book*]]과 같은 표시를 도출하듯이 양화사 *every report*의 경우도 [[*every x*][*x report*]]로 도출될 수 있다. 이러한 인상을 유사양화사 인상(quasi QR)이라고 부르며 이러한 규칙이 (28a)와 (28b)와 같은 문장에서 (28c) 또는 (28d)와 같은 문장을 도출하는데 (28d)에서 운용자는 연쇄의 머리어 부분을, 변항은 의미역 위치를 차지하여 의미역 연쇄의 적절한 틀을 유지한다. (28d)에서 주절주어 *Mary*는 표현의 편의상 생략한다.

(28) a. Mary attended **every** seminar.

    b. Mary $_I$ [$_{VP}$ [**every** seminar] $_V$ [$_{VP}$ Mary [$_{V'}$ attended [**every** seminar]..

      유사 양화사 인상 (⇒ *wh*-형태소 이동 + 삭제규칙) 적용 →

c. Mary ₁ [vP [[**every x**][**x seminar**]] Agro

[vP Mary [v' attended [[**every x**][**x seminar**]] .....

d. [e] ₁ [vP [**every x**] v [vP Mary [v' attended [**x seminar**] .....

마지막으로 작용역의 중의성을 갖는 이중 양화사의 문장을 살펴보자.

(29) a. **Some**one attended **every** seminar.

b. [**some**one] ₁ [AgroP [**every** seminar] Agro

[vP [**some**one] [v' attended [**every** seminar]]....

→ 의사 양화사 규칙 적용

c. [[**some x**][**x person**]] ₁ [AgroP [[**every y**][**y seminar**]] Agro

[vP [[**some x**][**x person**]] [v' attended [[**every y**][**y seminar**]] ....

→ 삭제 적용

d. [**some** x] ₁ [AgroP [**every** y] Agro [vP [x person][v' attended

[y seminar].... (*some > every*)

e. [e] ₁ [AgroP [**every** y][Agro' [**some** x] Agro

[vP [x person] [v' attended [y seminar]... (*every > some*)

(29e)에서 운용자 일부분을 이동하는 과정을 LF 접어화(cliticization_LF)의 한 경우로 볼 수 있는데 운용자가 v에 접어화된 후 운용자는 기능 범주 영역에 그리고 변항은 의미역 영역에 한정어를 갖는 일관성을 유지한다.

1. 아래 등위접속의 문장들을 살펴보고 왜 이동을 복사와 삭제라는 두 하위운용을 포함하는 합성적 운용이라고 하는지 그 이유를 설명하시오.[69]

   a. He could have helped her or she could have helped him.

   b. He could have helped her or she ____ have helped him.

   c. Can its wheels ___ spin?

   d. *Can its wheels can spin?

   e. Did the kitchen light ___ flash?

   f. *Did the kitchen light did flash?

2. 아래 문장을 흔적이론과 복사이론의 관점에서 이동 전의 원래 위치에 흔적(t) 또는 복사(*which book*) 표시를 하고 복사이론이 갖는 장점 중의 하나를 설명하시오.

   a. Which book did Mary read?

---

69) 예문 출처 (Radford, 2009:125)

3. 아래 문장 (a)는 인상(raising)이 일어나는 이동구문이며, (b)는 동일명사구 삭제가 일어나는 통제(control)구문이다. 복사이론을 가정할 때 *someone*의 이동경로를 표시한 구조는 (a)'과 같다. (a)와 (b)구조의 차이를 비교하여 작용역의 중의성이 왜 (a)문장에만 나타나는지 설명하시오.

   a. Someone seemed to attend every seminar.

   a'. [*someone* [T [seem [*someone* [to [every seminar [*someone* [attend
       every seminar]]]]]

   b. Someone hoped to attend every seminar.

4. 보충어구문인 동격절과 부가구문인 관계절의 차이점을 비교 분석하시오.

   a. Which claim that John was asleep was he willing to discuss?
   b. Which claim that John made was he willing to discuss?

5. 이동의 복사이론이 어떤 식으로 양화사 인상규칙을 불필요하게 만드는지 아래 예문을 가지고 설명하시오.

   a. Someone attended every seminar.

14.1 필수구구조

　최소주의 관점에서 구구조에 대한 궁극적인 질문은 핵계층이론의 어떤 면, 어떤 정보가 경제성 조건을 위배하는 잉여적인가 하는 질문일 것이다. X'-구조의 특질 중 어느 특질이 자연언어의 구구조 특질을 반영하는지 알아볼 필요가 있다. Chomsky(1995)가 제안한 필수구구조(bare phrase structure)라고 알려진 최소주의 모델하의 필수구구조이론의 가정을 살펴보면 1970년대 이후 널리 채택되어 온 바 표시(bar notation)는 핵(X^0), 중간투사(X'), 최대투사(X'')와 같은 계층을 표시하는데 중간투사나 최대투사에 관한 정보는 핵의 자리에 들어가는 어휘항목의 일부가 아니다. 따라서 투사계층에 관한 정보를 포함하는 것은 중복된 정보라고 가정한다. 또한 X'-구조내의 지정어(specifier), 보충어(complement), 부가어(adjunct) 등은 모두 선택적인 요소이므로 이는 이론내적 근거를 갖는다. 이러한 정보는 개념적으로 필수적인 좀 더 일반적인 원칙인 내포성조건(inclusiveness condition)으로 예측 가능한 정보이기 때문에 이는 내포성조건을 위배하게 된다. 따라서 투사계층과 범주에 관한 정보는 잉여적이다. 잉여적 정보를 제거하고 최소주의 체계의 외부 출력은 어휘항목(어휘자질)의 특질을 제외한 어느 것도 포함하지 않는다는 (1)과 같은 내포성조건에 의하여 필수구구조를 형성한다.

(1) 내포성조건(Inclusiveness Condition) (Chomsky 1999:2)

통사연산의 과정 중에는 어떤 새로운 정보도 포함될 수 없다.[70]

그렇다면, 내포성조건의 위배를 피하는 한 방법은 X′구조에서 투사계층을 제거하여 아래와 같은 필수구구조를 만드는 것이다.[71]

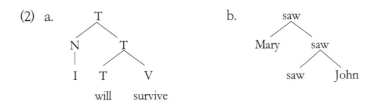

(2a)의 구조가 의미하는 것은 *will, will survive, I will survive*가 모두 시제 조동사 *will*의 투사로 모두가 시제표현이 되는 것이다. 투사계층에 관한 정보는 삭제되는데 왜냐하면 계층에 관한 정보는 예견이 가능한 상대적인 것으로 잉여적이기 때문이다. 즉, *will*이 최소투사이고 *will survive*는 *will*의 중간투사 그리고 *I will survive*는 *will*의 최대투사가 된다. 마찬가지로 *Survive, I will*의 동사구전치 예문에서 *survive*는 최소투사이자 최대투사 될 수 있다. 마찬가지로 (2b)의 경우는 범주정보도 삭제된 경우인데 *[saw John], [Mary saw John]* 구성소는 *saw*와 동일한 관련 요소라는 사실을 잘 나타낸다. 여기서 핵심적 필수요소는 구성소가 핵의 투사특질을 갖는 표지, *saw*를 갖는다는 것이며 왜 *saw*를 표지로 사용하는지의 이유가 아니다.

따라서 이때의 필수(bare)의 개념은 순수한 어휘 정보로만 구성된 필수출력조건을 만족시키는 필수구구조(bare phrase structure)이다. 이는 최소주의

---

70) No new information can be introduced in the course of the syntactic computation.

71) (2a)의 구조는 Radford(2009:65)에서 인용함.

의 목표에 부합하는데 최소주의는 개념적으로 필요한 최소한의 이론 기제만을 필요로 한다.

변형생성문법에서의 구구조규칙(PS rule)은 다시쓰기규칙으로 하향식(top-down processing) 접근규칙이며 GB의 원리와 매개변항이론에서는 X'-이론을 채택하여 하향식접근규칙을 사용했다. 최소주의 이론에서는 일반화 변형에 의한 구구조 형성에 선택(select), 병합(merge), 이동(move)의 방법이 사용되는데 이는 상향식(bottom-up processing)접근규칙이며 일반화 변형의 이분적 속성은 핵계층 구조가 이분지(binary branching)에만 국한된다는 것을 의미하기도 한다. 병합과 이동에 의한 문법범주의 인허는 도출적 관계이며 X'-구조에 근거한 필수구구조가 제안된다. Chomsky(1993)에 따르면 일반화 변형에 의한 구구조이거나 이동 규칙에 의해 변형된 구구조이거나 구구조를 형성해 가는 과정은 이전 이론과 약간의 차이는 있지만 여전히 핵계층이론의 역할은 동일하다고 할 수 있다.

이제 최소주의의 필수구구조가 형성되는 과정을 살펴보자. 최소주의는 배번집합이라는 개념을 도입하는데 배번집합이란 (LI, i)라는 짝들의 집합으로서 LI는 어휘항목(lexical item)을 나타내고 지표 i는 그 어휘항목이 연산에 참가하게 되는 숫자, 즉 그 문장에서 사용되는 빈도수를 나타낸다. 예를 들어, *COVID-19 is a novel severe acute respiratory illness*라는 문장에 사용되는 부정관사 *a*는 (a, 1)라는 짝으로 배번집합에 나타난다. 따라서 어휘범주들은 모든 형태소적 자질들을 지닌 채로 어휘부에서 선택되어 배번집합에 들어가게 된다. 즉, 선택의 과정은 어휘부로부터 자질 복합체의 형태로 항목을 선택하는 것이다.

연산체계는 배번집합의 어휘항목들을 선택하여 병합, 이동, 삭제 등의 통사적 운용들을 수행하게 된다. 배번집합에서 선택된 어휘항목은 병합의 과정에 의해서 구구조 표지로 병합되어지는데 병합은 a와 b 두 항목을 선택하여 새로운 항목 {a{a, b}}을 만든다. 이때 a는 새롭게 형성된 a가 a의 동질성을 그대로 갖고 있다는 점에서 투사(project)된다고 말해진다. 어휘항목이 근본적으로 자질의 덩어리라는 점에서 새로운 항목도 투사된 어휘항목의 자질을 갖는다고 가정된다. 예를 들어 a가 *the*이고 b가 *man*이라고 한다면 병합은 {the {the man}}이라는 새로운 항목을 형성하고 이는 아래 (3a)와 같은 필수구구조를 갖게 된다. 필수구구조가 범주표지를 가질 때 (3b)와 같고 이에 X′-구조를 적용하면 (3c)과 같다.

(3) a. 필수구구조

b. 필수구구조 + 범주표지

c. 필수구구조 + X′-구조

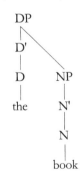

(3a, b)의 구조는 어휘항목의 최소투사, 중간투사, 최대투사를 포함하지 않는다는 점에서 (3c)의 구조와는 다르다. Chomsky(1995)는 Muysken(1982)의 주장대로 어휘항목의 투사는 내재적인 특질을 갖고 있는 것이 아니라 상대적인 범주 특질을 갖는다고 주장한다. 병합의 유무에 따라 새로운 투사가 형성되므로 독립적으로는 *the*는 D 또는 DP일 수 있고 *man*은 N 또는 NP일 수 있다.

상대적인 관계로 아래에서 위로 형성되는 필수구구조를 염두에 두고 *The man saw it*과 같은 문장의 구조를 살펴보면 아래와 같다.

(4)　a. 선택과 병합

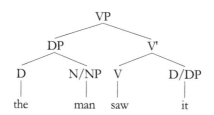

　　b. 이동

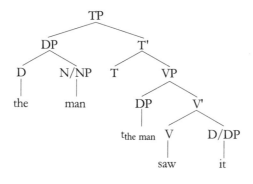

14.2　비능격 구조

　필수구구조이론은 자동사에 속하는 부류의 동사와 관련하여 문제점을 야기한다. 하나의 논항을 갖는 전통적인 자동사류(class of intransitives)는 두 부류로 다시 세분화 될 수 있는데 하나의 논항이 내재(internal)논항인 비대격(unaccusative)인 경우와 하나의 논항이 외재(external)논항인 비능격(unergative)인 경우로 나뉜다.

(5) 자동사(논항 1개) - ┌ ⓐ 비대격 – 1개 내재논항
                      └ ⓑ 비능격 – 1개 외재논항

먼저 비대격 동사의 예문을 원리와 매개변항이론에서 (예문 (6)) 그리고 필수구구조이론에서 (예문 (7)) 각각 어떤 식으로 분석되는지 살펴보자.

(6) a. The vase broke.

     b. DS: [$_{TP}$ e] I [$_{vP}$ [e] [$_{v'}$ broke [the vase] ....

     c. SS: [$_{TP}$ the vase] T [$_{vP}$ [e] [$_{v'}$ broke t$_{the\ vase}$] ....

(7) a. The vase broke.

     b. [$_{vP}$ [v broke] [$_{DP}$ the vase]]

     c. [$_{TP}$ T [$_{vP}$ [v broke] [$_{DP}$ the vase]]

     d. [$_{TP}$ [$_{DP}$ the vase] $_T$ [$_{vP}$ [v broke] [t$_{the\ vase}$]]]

동사가 내재논항에 대격(accusative)을 배당하지 못하고 내재논항이 주어 자리로 이동한 결과로 내재논항이 격을 받기 때문에 비대격 동사라 불리는데 원리와 매개변항이론의 분석과 필수구구조이론의 구조에서 *the vase*는 모두 내재논항으로 나타나므로 문제가 없다.

그러나 하나의 논항이 외재논항인 비능격의 경우는 원리와 매개변항이론의 구조에서는 하나의 논항이 외재논항으로 나타나지만 필수구구조이론에서는 비능격 동사의 한 논항이 외재논항이 아닌 내재논항으로 나타나 비대격 동사와 비능격 동사의 구분이 없어지는 문제점이 발생한다.

이제 비능격 예문을 원리와 매개변항이론에서 (예문 (8)) 그리고 필수구구조이론에서 (예문 (9)) 각각 살펴보자.

(8)   a. Mary laughed.

b. DS: $[_{TP}$ [e] T $[_{VP}$ [Mary] $[_{V'}$ laughed..........]

c. SS: $[_{TP}$ [Mary] T $[_{VP}$ $[t_{Mary}]$ $[_{V'}$ laughed ....

(9)   a. Mary laughed.

b. $[_{VP}$ [v laughed] $[_{DP}$ Mary]]

c. $[_{TP}$ T $[_{VP}$ [v laughed] $[_{DP}$ Mary]]

d. $[_{TP}$ $[_{DP}$ Mary] $[_{VP}$ [v laughed] $[t_{Mary}]]]$

위의 (8)과 (9)의 예문에서 보듯이 필수구구조이론에서는 비대격과 비능격 동사의 구별이 없다. 이러한 문제를 해결하기 위하여 Chomsky(1995)는 Hale & Keyser(1993)의 주장을 따라 비능격을 포함한 모든 동사들은 하나의 내재 논항을 갖는다고 주장했다. 예를 들면 *laugh, sneeze, neigh, dance*같은 동사들은 아래 (10)에서와 같은 [N+V]포합(incorporation)구조를 갖는다.

(10)   a. *laugh → make laughter*

b. N+V포합 구조

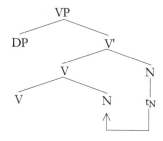

위와 같은 포합구조를 적용하여 필수구구조이론의 (10)의 문장을 다시 분석 하면 아래와 같다. (11)의 포합구조에서 비능격의 한 논항은 외재논항으로 나 타나므로 비대격 동사와의 구별이 가능해진다.

(11) a. Mary laughed.

   b. [$_{VP}$ [$_v$ [V] [N]] (= laugh)

   c. [$_{VP}$ [$_{DP}$ Mary] [$_{v'}$ [$_v$ laughed]]]

   d. [$_{TP}$ T [$_{VP}$ [$_{DP}$ Mary] [$_{v'}$ [$_v$ laughed] [N]]]]

   e. [$_{TP}$ [$_{DP}$ Mary] T [$_{VP}$ [t_{Mary}] [$_{v'}$ [$_v$ laughed] [N]]]]

원리와 매개변항이론에서 어순은 X'-이론과 핵 매개변항(head parameter)에 의해서 결정되었다. 필수구구조이론은 어떤 고정된 어순을 가정하고 있지 않으므로 {saw {saw it}}은 {saw {it saw}}와 동일하다. Chomsky(1995)는 어순이 LF에서 또는 LF까지의 연산 과정 중 어떤 역할을 한다는 증거가 없으며 PF에서 문자화의 결과에 적용되는 어순대응공리(Linear Correspondence Axiom: LCA)와 같은 어떤 장치에 의해서 어순이 고정된다고 주장하였다. 최소주의이론의 X'-이론에 대한 대안적인 방법의 하나가 병합을 이용하는 필수구구조인데 필수구구조이론은 고정된 선행어순을 갖는 것이 아니므로 계층관계와 선행어순에 공통관계를 부여하는 방법으로는 Kayne(1994)의 어순대응공리를 채택하였다.

그럼 여기서 어순대응공리에 대해 알아보자.

(12) 어순대응공리(LCA)

   d(A)는 T의 선형 순서이다 (d(A) is a linear ordering of T).

   d: 비종단절점 대 종단절점의 관할 관계

      (non-terminal-to-terminal dominance relation)

   A: 전자가 후자를 비대칭적으로 성분통어하는 모든 비종단 절점의 최대집합

   T: 종단 절점의 집합

(13) 비대칭 성분통어(asymmetric c-command)

α가 β를 성분통어하지만 β는 α를 성분통어하지 않을 때 α는 β를 비대칭 성분통어한다. (α asymmetrically c-commands β iff α c-commands β and β does not c-command α.)

(12)와 (13)의 정의를 묶어 주어진 두 개의 범주에서 다음과 같은 선행관계를 도출할 수 있다.

(14) 만약 α가 β를 비대칭적으로 성분통어하면 α는 β를 선행한다.

(α asymmetrically c-commands β then a precedes β.)

위의 비대칭 성분통어의 개념에서 알아둘 점은 성분통어 정의에서 기존의 '첫 번째 가지 절점(first branching node up)'의 개념을 사용하는 것이 아니라 '첫 번째 교점(first node up)'의 개념을 사용한다는 점이다. 예를 들면 아래 (16)에서 P의 성분통어를 위한 첫 번째 교점은 첫 번째 가지 절점인 L이 아닌 N이 된다.

(15)

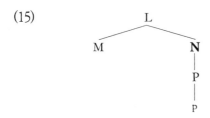

위의 정의를 토대로 LCA에 의한 어순의 예를 들면 아래와 같다.

(16)

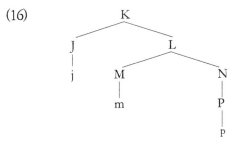

A: <J, M> <J, N> <J, P> <M, P>
d(A): <j, m> <j, p> <m, p> => {j, m, p}

LCA에 의해 (17a)와 같은 구조는 허용되나 두 개의 핵을 갖는 구조라든가 두 개의 최대투사를 갖는 (17b,c)와 같은 구조는 배제된다.

(17) a.

추가로 부가구조를 살펴보자.

(18)

위의 (18)의 구조에서 NP는 V를 비대칭 성분통어하고 VP는 N을 비대칭 성분통어한다. 따라서 LCA의 정의에 의하면 NP는 V를 선행하고 VP는 N을 선행하게 되어 (18)과 같은 구조는 잘못된 구조로 판명된다. LCA의 정의에 의한 주어는 구조적으로 (19b)와 같은 부가구조가 되어야 한다.

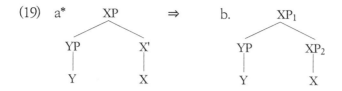

(19)과 같은 구조에서 요소(segment)와 범주(category)가 구별될 필요가 있으며 요소는 배제하는(exclude) 성분통어 개념이 필요하다. YP는 XP의 한 요소에 의해 관할되므로 XP는 YP를 배제하지 않는 반면 YP는 XP를 배제한다. XP_2는 (19b)에서 Y를 성분통어하지 못하는 반면 YP는 X를 성분통어하여 비대칭적 성분통어관계를 유도한다.

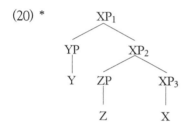

(20)과 같은 구조는 LCA에 의하여 잘못된 구조로 판명되는데 이는 지정어는 부가어로 가정되어 하나의 구는 오직 하나의 지정어만 가질 수 있으므로 최대투사에 오직 하나의 부가어만이 허용된다. 그렇다면 (21)과 같은 화제화 문장은 LCA 분석에서 어떤 구조를 가질 수 있는지 알아보자.

화제화 요소인 DP[+TOP]가 TP 위에 투사되는 영핵(null-head)의 투사인 XP에 부가되는 (21a)와 같은 구조가 LCA 분석에서 허용되는 화제화 구문의 구조이다.72)

---

72) 이 구조는 LCA의 구조이며 좀 더 일반적인 화제화 구조는 TP에 부가되는 구조이거나 독립적인 기능범주의 핵인 TOP이 최대범주로 투사하는 TopP 구조를 TP위에 갖는 구조이다.

(21) This, I do like.

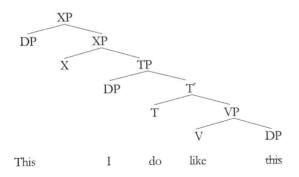

This   I   do   like   this

지금까지 최대투사의 부가구조를 살펴보았는데 이제 핵의 부가구조에 대해 알아보자. 접어가 두 개가 나타나는 아래와 같은 불어의 예문을 살펴보면 이중 접어구문의 분석은 핵의 이중부가는 불가능하므로 접어들이 구성소 덩어리를 형성하는 (22)와 같은 구조가 접어구문에 대한 허용구조이다.

(22) Jean vous le donnera.

Jean you_DAT it_ACC will-give

(23) a.

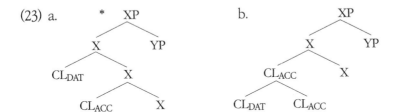

어순의 경우 논의를 벗어날 수 없는 Kayne의 LCA를 살펴보자.

첫째, Kayne은 모든 언어가 기저에서 SVO 어순이라고 가정한다. LCA의 결과 지정어-핵-보충어의 어순이 보편적인 결과이기 때문이다. 기본 SVO 어순에서 S위로 V의 이동이 일어나면 VSO 어순이 형성되고, V위로 O가 이동하면 SOV 어순이 나타난다.

둘째, Kayne은 또한 모든 언어가 기저에서 [C [TP]] 어순을 갖고 있다고 주장한다. 그렇다면 Q-요소가 문장 끝에 나타나는 일본어는 어떠한가? 아래 예문을 살펴보라. 의문 요소 Q가 문장의 맨 앞자리에 나타나지만 *wh*-구를 포함한 전체 TP가 Spec(CP)의 자리로 이동하면 아래 (24)와 같이 SS에서는 Q-요소가 문장 끝에 나타나는 정문이 된다.

(24) a. John-wa   nani-o   kaimasit ka?
        John-TOP what-ACC bought   Q
        'What did John buy?'

    b. [$_{CP}$ ka [$_{TP}$ John-wa nani-o kaimasita]].
          Q

    c. [$_{CP}$ [$_{TP}$ John-wa nani-o kaimasita] ka [$_{TP}$ t$_{IP}$] ......

    (Q-요소인 '-ka'는 C의 자리에 있고 부가된 CP의 SPEC자리로 TP 전체가 이동함)

셋째, 모든 언어는 기저에서 P-Obj의 어순을 갖는다. 아래 (25)의 구조처럼 전치사 위로 전치사의 목적어를 이동하면 Obj-P의 어순이 나타난다.

(25)

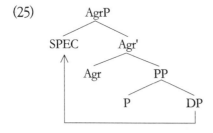

위의 (25)와 같은 구조를 지지하는 논거로는 P와 목적어 사이의 외현적 일치 현상이 전치사구보다는 후치사구 내에서 좀 더 많이 발견된다는 점이며 이러한

일치는 전치사구 바로 위의 Spec(AgrP)로의 PP 이동에 의해 실현된다고 가정된다.

우측부가의 전형적인 예는 중량명사구이동(heavy NP-shift)과 외치(extraposition)를 들 수 있는데 이러한 우측부가의 현상은 LCA와는 일치하지 않는다. 먼저 중량명사구이동을 살펴보자. 원리매개변항이론에서는 중량명사구이동은 VP 또는 TP에 대한 우측부가구조로 분석되었는데 Kayne의 LCA는 우측부가를 허용하지 않으므로 Larson(1988)의 VP-외곽(VP- shell) 좌측분석의 경우처럼 DP보다 상위위치로 PP를 왼쪽으로 상승 이동하는 뒤섞기규칙(scrambling)이 제안된다. 아래 예문을 비교 분석하라.

(26) a. John gave t_i to Bill [all his old linguistics books]$_i$. (우측 중량명사구이동)
   b. John gave [to Bill]$_i$ all his old linguistics books t_i (좌측 PP 뒤섞기규칙)

a. 우측부가

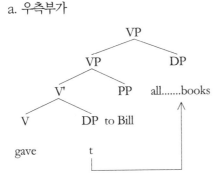

b. 좌측 PP 뒤섞기규칙

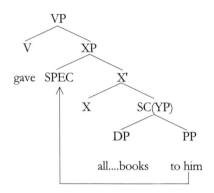

위의 (26b)와 같은 Kayne의 분석은 최대투사가 아닌 핵인 전치사 P의 뒤섞기 이동은 불가능하므로 아래 문장의 비문성을 다음과 같은 좌측 P 뒤섞기 이동의 불가능으로 설명할 수 있다는 장점을 갖는다.

(27) *John was talking [to]$_i$ about linguistics [t$_i$ one of my very oldest friends].

이제 또 다른 우측부가의 전형적인 예인 관계절을 갖는 외치를 살펴보자. 원리와 매개변항 이론에서는 외치는 관계절의 우측이동으로 분석되나 Kayne은 좌측이동인 관계절 고립(stranding)으로 분석한다.

(28) a. [Something t$_i$] just happened [that you should know about]$_i$.
　　　　　　　　　　　　　　　　　　　　　　　　(관계절의 우측부가)

b. [Something]$_i$ just happened [t$_i$ that you should know about].
　　　　　　　　　　　　　　　　　　　(관계절 핵의 좌측이동)

이제 기저 생성되는 부가를 살펴보면 전형적인 구문이 관계 명사절 구문인데 이를 원리와 매개변항이론의 분석과 Kayne의 LCA와 일치하는 외치에 대한 좌측이동 분석을 비교해 알아보자. 원리와 매개변항이론에서는 [Det N CP]의 어순을 갖는 영어는 관계절이 NP의 오른쪽에 부가된 (28a)와 같은 구조를 갖는다. (28a)는 LCA와는 일치하지 않는데 LCA와 일치하는 구조는 관계절 CP가 D의 보충어로 나타나는 구조로 아래 (29b)에서처럼 NP *picture of his mother*가 Spec(CP)로 상승하는 일반적인 좌측이동의 분석이다.

(29) The picture of his mother that Bill saw

　　a. P&P: X'-이론:

　　　　[DP the [NP [N' picture of his mother [CP that Bill saw] ....

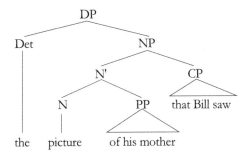

　　b. Kayne의 LCA:

　　　　[DP the [CP [picture of his mother [that [IP Bill saw tpicture of his mother..

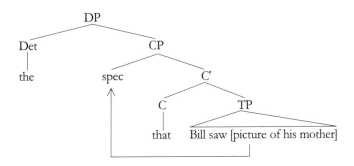

　결론적으로 Kayne의 LCA가 모든 통사계층에 관여한다는 주장이 필수구구조이론으로 연장되는 것은 아니다. 필수구구조이론에서 구구조가 LCA에 의해

결정되는 것이 아니기 때문이다. Chomsky (1995)는 LCA는 필수구구조이론에서는 PF에서만 적용된다고 가정했다. (30a)와 같은 구조는 필수구구조이론이 허용할 수 있는 구조이나 V와 D가 서로 성분통어하는 (30a)는 LCA가 적용되는 PF에서는 가능한 구조가 아니므로 Chomsky는 이러한 문제를 해결하기 위하여 D가 V로 포합의 과정을 위해 이동한다고 제안했다. 이러한 포합의 과정이 대명사류 목적어가 나타나는 (31)과 같은 문장의 문법적 대조를 설명할 수 있다. 즉 D의 포합을 위한 이동이 일어난 (31a)의 문장은 정문이며 포합을 위한 이동이 일어나지 않은 (31b)는 비문이다.

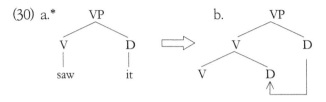

(30) a.* VP b. VP
V saw D it V D V D

(31) a. The man [v picked it] up.
　　 b.*The man picked up it.

요약하면 X'-이론에 대한 대안적인 이론으로 필수구구조이론과 비대칭 이론인 LCA가 제안되었는데 필수구구조이론은 구절표지를 도출하기 위하여 병합의 방법을 사용하며 비대칭 이론은 최소주의의 연산작용은 고정된 어순을 함축하는 것이 아니므로 어순을 결정짓는 한 방법으로 제안되었다. 구절표지를 결정짓는 연산방식이 동시에 어순을 결정하며 구절표지를 갖는 이러한 연산방식은 모든 통사계층에 적용된다고 가정할 수 있다.

　　Kayne은 LCA가 모든 통사표현에 관여하며 자동적으로 모든 통사표현은 종단 절점의 고정된 어순과 연관이 있다고 주장한다. 비대칭 성분통어의 개념을 활용하는 LCA는 X'-이론의 모든 효과를 도출하므로 구절 구조는 LCA에 의해 결정된다.

1. 아래 문장들을 최소주의 배번집합(LI, i)의 형태로 나타내시오.

    a. The student likes the English course.

    b. John loves Mary very much.

2. 투사정보가 삭제된 필수구구조 a를 투사정보와 범주정보도 삭제한 필수구
   구조 b로 바꾸시오.

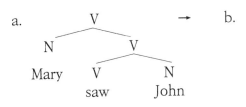

a. →   b.

3. LCA와 관련하여 어떠한 문제점이 있는지 다음의 구조를 분석하라.

a.   b.

4. 아래 문장에서 *John*과 *him*의 차이를 비교하고 이러한 차이가 선행성의 관점에서 분석할 수 있는지 설명하시오.73)

   (i) a. Mary called up John.

   　 b. Mary called John up.

   (ii) a. *Mary called up him.

   　 b. Mary called him up.

5. LCA가 허용하는 부가구조에서 아래와 같은 영어의 허사구문은 어떠한 구조를 갖는지 분석하라.

   a. *There* entered the room *a specialist in computer from Korea.*

   b. *There* visited us yesterday *a large group of people who travelled all over the world.*

---

73) 출처 : Hornstein et al.(2005:234)

제15장 │ 자질이론

15.1 범주와 자질

통사적 자질(feature)이란 무엇인가? 자질이란 기술하고자 하는 어휘범주 또는 표현에 대한 세부정보라고 할 수 있다. 직관적으로 말하면, 자질구조란, 기술하고자 하는 요소의 여러 가지 다양한 속성에 대해 일정한 평가 값을 매김으로써 그 요소를 표현하도록 해주는 일종의 정보체이다. 따라서 자질구조란 기술하고자 하는 요소에 대한 정보의 일부를 제공해 주는 것이라고 생각할 수 있다.

통사적 운용에 관여하는 자질들이 존재하고 이들 자질들은 조직적으로 언어의 설명력을 높인다. 따라서 언어의 분석과 기술에 있어 자질은 상당히 유용하므로 언어를 이해하기 위해 현대 언어학의 많은 연구는 자질정보를 활용하는데 문법에 따라서는 범주와 자질을 구별하지 않는 HPSG와 같은 문법도 있고 이 둘을 구별하는 문법도 있는데 최소주의 문법에서는 범주와 자질은 서로 구별된다. 범주와 자질을 구별하는 최소주의에서는 범주와 자질의 개념상의 차이를 제시하는데 범주는 통사적 위치에 따라 정의되지만 자질은 어떤 구조적 위치에 나타나는가의 위치와는 무관하다. 세분이 가능한 자질은 범주의 하위적 요소로서 범주적 특질을 구성하는 요소라고 정의된다. 자질이란 통사핵의 특징이며 핵의 자질들이란 다른 핵과의 관계를 이어주는 것이라는 점이 중요하며 언어이론의 직접적인 대상이 된다.

　최소주의에서 어휘범주들은 모든 형태소적 자질들을 지닌 채로 선택을 통해 배번집합에 들어가게 된다. 범주와 자질을 구별하는 최소주의에서는 N, A, V, P 등의 어휘범주와 C, T, D 등의 기능범주는 최대투사로 투사되는 투사성을 갖지만, 범주의 하위정보인 N 자질인, 수(number), 인칭(person), 성(gender), 격(NOM, ACC, DAT 등) 그리고 V 자질인 시제(TENSE/±PAST) 등의 자질은 투사성이 없다. 자질은 주로 이분지(binary) 체제를 가지고 있다. 예를 들면 *them*은 [+N, +ACC, +PL] 등의 자질을 갖고 *went*는 [+V, +PAST]의 자질을 갖는다.

　최소주의 이전부터 이러한 범주가 갖는 하위 자질은 일반화 또는 최소화에 기여하는데, 그 예를 들면 범주자질로 아래와 같은 Chomsky(1965, 1981)에서 제안한 [±N], [±V]가 있고, 이러한 이분지 자질들이 언어의 일반화를 설명하는 데 상당히 유용하게 사용된다. 예를 들면, 자질의 활용은 아래 (1)처럼 서술어를 설명할 때 동사와 형용사를 묶어 [+V]로 간단히 표기 할 수 있다. 또한 동사와 전치사가 영어의 격 배당자인데 자질을 활용하면 이 두 범주를 통합하여 [-N] 범주라고 일반화 또는 최소화가 가능해진다.

　(1)　명사　[+N, -V]　　　동사　[-N, +V]
　　　　형용사 [+N, +V]　　　전치사[-N, -V]

　최소주의는 자질을 언어의 최소 기본요소로 보고 문법의 운용요건을 자질로 보았다. 여기서 자질의 종류 및 형식자질을 살펴보자. 최소주의는 자질을 형식자질(formal features), 음운자질(phonological feature), 그리고 의미자질(semantic feature)의 세 가지로 구분하는데 음운자질은 음운형태(PF)에서 음성해석을 하는데 필요하고 의미자질은 주로 논리형태(LF)에서 의미해석을 하는데 필요하며 형식자질만이 배번집합에서 논리형태에 이르는 협의의 통사론에서 필요하다. 예를 들면 범주는 통사적 위치분포에 따라 결정되는 것이라면, 자질은 범주를 하위범주화하는 범주의 특성이라고 정의된다. 즉 형식자질이 연산체계 운용의 핵심적 요인이 된다. 형식자질은 주로 원리와 매개변항이론에서 통사적 요인으로 활용되기 시작한 굴절자질을 의미하는데 최소주의에서는 굴절자질이 핵심적 형식자질로서 연산체계의 협의통사론 운용의 주요 요인이 된다. 그러나 음운자질은 연산체계 과정 중에는 외현적이든 내현적이든 어떠한 작용에 의해서도 제거되지 않으며 오직 문자화(spell-out)에 의해서만 음성형태로 전환된다. 형식자질은 문자화 이후에도 LF 과정에 참여한다. 만약 음운자질이 LF 과정에 참여하면 이러한 도출은 완전해석원리를 어기게 되어 파탄(crash)이 일어나 비문이 된다.

연산체계의 핵심운용인 유인을 통한 자질점검은 형식자질(formal features: F-feature)의 점검이다. 예를 들면, *airplane*과 같은 어휘항목은 [±N]이나 [±plural]과 같은 형식자질을 갖는데 형식자질로는 다음과 같은 것이 있다 (Chomsky 1995: 277).

(2)　a. 범주자질 (categorial features)

　　　b. φ-자질 (φ-features)

　　　c. 격 자질(Case features)

　　　d. 강/약 자질(strong/weak features)

또한 어휘항목의 자질은 내재적인 고유자질(intrinsic feature)과 수의적 자질(optional feature)로 나뉘는데 고유자질이란 어휘부에 명시되는 속성이며 수의적 자질이란 어휘항목(LI)이 배번집합에 들어올 때 수의적으로 첨부되는 자질을 말한다. 예를 들어, 명사와 동사가 갖는 고유자질과 수의적 자질을 비교하면 다음과 같다.

(3) 고유자질: [N], 인칭(person), 성(gender)

　　　　[V], 격(Case)

　　수의적 자질: 수(number), 격(Case)

　　　　시제(tense), 일치자질(φ-features)

　　고유자질과 수의적 자질이 존재한다면 연산체계가 이러한 수의적 자질들을 사용할 수 있는 가능성은 어떻게 설명해야하는가? 어휘가 선택되어 배번집합 N을 형성하게 될 때 수의적으로 추가된다고 가정하는데 예를 들어, 명사 *book* 의 범주자질인 N은 내재적인 고유자질이다. 반면에 어휘의 격자질과 수와 같은 φ-자질은 수의적 자질이다.

　　자질체계에서 구별하는 자질로는 통사적 의존구조 또는 구성소를 형성하는 데 관여하는 자질구분도 있는데, 최소주의의 자질점검(feature checking)은 연산체계의 비해석성(-interpretable) 자질, 즉 [-해석적] 자질을 제거하려는 필요에 의해 촉발된다고 가정한다. 즉 이동의 촉발에 관여하는 자질로서는 해석성(interpretable) 자질, [+해석적] 자질과 비해석성(uninterpretable) 자질, [-해석적] 자질이 있고 자질점검의 운용에서 [-해석적] 자질은 삭제되어야만 한다. 즉 해석성의 문제가 자질을 해석 자질(iF)과 비해석 자질(uF)로 나눈다. 최소주의의 어휘항목은 완전히 굴절되어 입력되므로 형식자질이 [+해석적]일 때에만 가능하고 [-해석적]일 때는 완전해석원리(full interpretation)를 위해 반드시 생략되어야 한다. Chomsky(1995)는 합치되려면 격자질, 일치자질을 포함한 모든 형식자질은 어디에선가 점검되고 궁극적으로 [uF]가 삭제되어야만 한다는 접합면 조건을 가정한다.

　　또한 형식자질의 특성으로 강·약성(strong/weak)이라는 것이 있는데 어떤 형식자질은 강할 수도 있고 약할 수도 있어서, 자질의 강·약성에 따라 자질은 강자질(strong feature)과 약자질(weak feature)로도 나뉜다. 따라서 자질은 통사운용인 이동이나 일치에 결정적인 역할을 할 수 있어 언어 간의 변이로도 나타난다.

15.2 자질과 일치

최소주의적 관점에서 자질과 운용의 관계에 대해 살펴보자. 최소주의 연산체계는 범주가 아닌 자질이 이동하는 연산체계를 갖는다. 이러한 연산체계에 통사적 의존구조를 만들어 자질에 대한 일치를 점검(checking)하는 일치(Agree)라는 운용이 있다. 완전해석원리가 [-해석적] 형식자질은 삭제될 것을 요구하는데, 예를 들어, [인칭(person)]자질을 보면 [1인칭, 2인칭, 3인칭]과 같은 가치 값은 대명사와 연관이 있을 때만 관여하고 동사일 때는 무관한 자질이 된다. 통사운용은 특정한 개별 항목의 자질에 적용된다기보다는 자질의 어떤 부류에 적용되는 것으로 의존구조를 형성하는 일치의 운용은 [인칭]-[성]-[수]라는 자질의 부류에 적용되며 [과거]-[현재]-[미래] 등의 자질에는 적용되지 않는다.

일치라고 부르는 운용이 자질합치(feature matching)의 적절한 구조를 만들 때, 일치는 형태적 이유로 가치 값을 부여하고 동시에 LF에서 [-해석적] 자질을 삭제한다. 이러한 자질점검의 체계에서 외현적 이동은 강자질의 이동이며 반면 형식자질의 이동은 일치에 의해 대치되고 자질 이동에 대한 국소성(locality)과 최후수단(last resort)조건은 탐색(probe)과 목표(goal)의 합치(matching) 관계의 요건으로 바뀌었다. Chomsky(1995)는 목표의 자질들은 점검되어야 하는 특질을 가지고 있고 이는 적절한 영역 안에서 일치자질(matching features)을 찾아야만 한다고 제안한다. 일단 점검이 일어나면, 목표의 자질들은 삭제된다. 간단한 자질점검의 예를 들면 아래와 같다.[74]

(4) a.

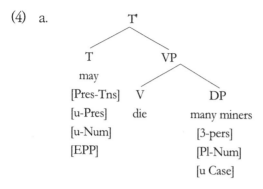

b.

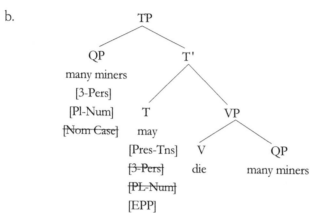

　　점검되지 않은 자질 F는 자질이동인 F-이동을 통하여 점검관계에 들어가는데 최소주의 점검이론(checking theory)의 핵심을 요약하면 다음과 같다.

(5)　a. 이동은 외현적으로 또는 비외현적으로 자질 점검의 필요에 의해서 발생한다. (이동은 형태적 동기를 가지며 자질점검은 이동에 의해서만 가능하다.)
　　　b. LF에서 모든 자질들은 점검되어야만 한다. 그렇지 않으면 도출은 파탄한다.
　　　c. 일단 자질이 점검되면 점검된 자질은 사라진다.

　　최소주의 이론에서의 어휘부는 원리매개변항이론의 어휘부와는 다른 입장

---

74) (4)a, b의 출처(Radford, 2009:276)

을 취한다. 원리매개변항이론에서 동사는 시제나 일치에 대해 비굴절 형태(bare form)로 어휘부로부터 삽입된다고 가정되는데 비굴절 동사는 (초기의 접사이동(affix hopping)에 비유되는) T로부터 V로의 핵 이동에 의해 굴절동사([T [V] T]로 전환된다. 즉 비굴절 동사의 굴절을 위한 통사적 이동에 의해 굴절 동사가 형성된다.

반면 강력 어휘주의적 가설(strong lexicalist hypothesis)을 채택하는 최소주의는 동사는 어휘부에서 굴절되며 비굴절 형태라기보다는 이미 굴절된 형태로 도출에 삽입된다. 비굴절 동사의 통사적 이동은 굴절 동사의 자질 점검과 점검된 자질의 삭제를 위한 것이다. 굴절 동사는 통사적 이동에 의해 PF 또는 LF에서 자질점검을 받고 삭제된다.

아래 기본 예문을 통해 점검 과정을 살펴보자.

(6) John hits the ball.

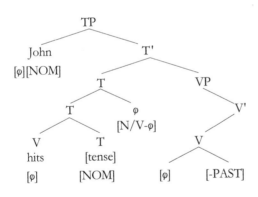

위의 기본 통사구조를 통해 구체적인 점검의 형태를 살펴보면 아래와 같다.

(7)   a) 동사는 동사-시제(V-to-T) 인상에 의해 도출된 핵-부가구조에서 φ-자질을 점검한다.

      b) DP주어는 Spec(TP)로 인상된 DP에 의해서 지정어-핵 일치관계로 자질을

점검한다.

 c) T는 핵-부가구조로 동사의 시제자질 φ를 점검한다.

 d) T는 지정어-핵 일치관계에서 주격자질을 점검한다.

 동사자질을 다른 어휘 범주로 일반화하여 [x [Y] X]와 [xP Spec [x' X]]의 점검영역 안에 일어나는 형태론적 점검자질을 어휘자질(lexical feature: L-features)이라 하며 점검영역에서 어휘자질과 어떤 국부적 관련성이 있을 때 L-관련성(L-related)이 있다고 한다. L-자질을 갖는 핵의 지정어는 협의의 L-관련성이라 하며 최대투사에 부가된 범주는 광의의 L-관련성이라 한다. 원리와 매개변항이론의 A-위치와 A'-위치의 구별은 최소주의에서 L-관련성과 L-비관련성의 차이로 비교될 수 있다.

15.3 자질과 이동

 인간 언어의 비완벽성을 의미할 수도 있는 이동의 문법내의 부담을 최소화하는 수단으로 Chomsky(1995)는 점검을 위한 자질의 이동이라는 새로운 개념을 제안한다. 이동에 의해 일치효과가 발생하도록 하는 것인데 Chomsky는 거의 모든 자질점검을 외부병합(external merge)이라고도 부르는 이동에 의해서 일어나도록 점검영역(checking domains)을 형식화했다.

 최소주의의 필수출력조건은 완전해석조건, 경제조건 등을 포함하는데 최소주의가 지향하는 경제원리는 다음의 조건들을 포함한다.

(8) a. 최단거리 이동(Shortest Move/Minimal Link Condition)

  b. 최소도출 이동(Shortest Derivation: Minimal Step Condition)

  c. 지연원리(Procrastinate)

  d. 이기원리(Greed)

최단거리 이동의 최단거리이동조건(SMC)과 최소연쇄조건(MLC)은 12장에서 논의되었으며 여기서는 일반적인 이동과 관련한 이동의 경제원리(Chomsky 1995)에 대해 살펴보겠다. 앞 장에서 논의한 점검이론의 한 결과로서 영어의 정형절을 도출하는 과정에 포함되는 것으로 알려진 영어의 주동사와 관련된 하강 이동은 더 이상 필요하지 않게 되었다. 영어의 주동사가 최소주의 경제원리 관점에서는 어떠한 이동을 하는지 이를 원리매개변항이론과 비교하여 살펴보자.

(9) a. 원리매개변항(P&P): T-하강(T-lowering)

　　 b. 최소주의(MP): 비외현적 동사 인상(covert verb raising)

(10) a. *John kisses [vP often Mary].

　　 b. John T [vP often [vP kisses Mary]].

　　　　　　　　　　　　　　　　　外현적 T-to-V 하강 (P&P)

　　　　　　　　　　　　　　　　　비외현적 V-to-T 인상 (MP)

　　 b'. [TP [John] [T' [kisses][T] T [[vP [Mary][v' [v] v [vP often [[vP............

(10b)와 같은 동사의 비외현적 V-to-T 인상을 좀 더 자세히 설명하면 (10b')에서처럼 주어는 자질점검을 위해 외현적으로 Spec(TP)로 이동하고 V는 비외현적으로 T로 이동한다. 동사와 직접 목적어는 VP안에 남아있고 문자화 이후 동사는 비외현적으로 T로 이동하여 자신의 V 자질을 점검하며 직접 목적어도 비외현적으로 Spec(vP)로 이동하여 DP 자질을 점검한다. 이때 우리는 이와 관련하여 다음과 같은 질문과 답변을 생각해 볼 수 있다.

질문1: 왜 영어의 주동사는 외현적으로 이동할 수 없는가?

답변1: 영어의 일치자질은 약자질(weak feature)이기 때문이다.

최소주의는 외현적 이동과 비외현적 이동을 구별하기 위하여 기능범주에 점검자질의 "강(strong)"과 "약(weak)"이라는 자질 구분을 사용한다. 원리와 매개변항이론하에서는 핵 매개변항(핵선행/핵후행 언어: VO/ OV)과 같은 방향성 매개변항(directionality parameter)을 사용하지만 최소주의는 기능 핵 자질의 매개변항, 즉 자질의 강/약과 같은 매개변항을 사용하는데 강자질은 외현적 이동을 유발하지만 약자질은 비외현적 이동을 유발한다. 아래 (11)에서 영어와 불어의 자질을 비교하여 두 언어 간의 자질 매개변항이 어떤 식으로 작용하는지 살펴보자.

(11) 자질 매개변항: 강/약 자질의 수의성과 통사적 결과

강/약 자질의 수의성	영어	불어
φ: V–자질	약	강
N–자질	약	약
T: V–자질	약	약
N–자질	강	강
C: [+WH]자질	강	강

통사적 결과	영어	불어
φ: V–자질	비외현적 V–인상	외현적 V–인상
T: N(D)–자질	EPP	EPP
C: [+WH]–자질	외현적 Wh–이동	외현적 Wh–이동

약자질은 PF에서 비가시적(invisible)이나 LF에서는 가시적(visible)이다. 따라서 약자질은 외현적 이동이 아닌 비외현적 이동을 유발한다. 만약 약자질이 외현적으로 점검되어 삭제되지 않는다 할지라도 PF에서는 약자질이 보이지 않으므로 PF에서 도출을 파탄시키지는 않는다. LF에서는 모든 자질들이 가시적이어서 강자질과 약자질을 구별하지 못하므로 약자질은 LF에서 비외현적으로 점검을 통하여 삭제되어야만 한다.

강자질은 PF에서 가시적이므로 즉, 발음되므로 비외현적 이동이 아닌 외현적 이동을 유발한다. 만약 강자질들이 외현적으로 점검되어 삭제되지 않는다면 이는 PF에서의 도출을 파탄시키게 될 것인데 왜냐하면 PF에서 강자질은 가시적이기 때문이다. 따라서 강자질은 문자화이전에 점검되어 삭제되어야만 한다.

(12)

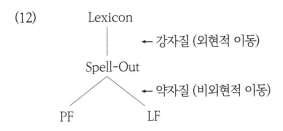

우리는 다시 여기서 다음과 같은 질문과 답변을 생각해 볼 수 있다.

질문2: 무엇이 영어의 주동사가 외현적으로 이동하는 것을 금지하는가?
답변2: 경제원리인 지연원리에 의해서 외현적 이동이 금지된다.

앞서 질문1이 내부적 요인에 대한 질문이라면 질문2는 외부적 요인에 대한 질문이다. 원리매개변항이론의 최후수단(last resort)원리로서의 이동이 최소주의에서는 경제원리인 지연원리로 나타나는데 지연원리란 비외현적 LF운용이 외현적 운용보다 비용이 적게 들기 때문에 이동은 최대한 LF로 지연시켜야 한다는 원리이다.[75] 다음의 예문을 살펴보자.

---

75) 이후 지연원리는 비외현적 이동이 외현적 이동보다 비용이 적게 들기 때문에 병합(merge)이 F-유인 (Attract- F)보다 더 경제적인 개념으로 발전하였다.

(13) a. There is likely [to be someone in the garden]. (비외현적 이동)

　　 b. *There is likely [someone to be t in the garden]. (외현적 이동)

(13a)에서 *someone*은 LF에서 비외현적 이동을 한 것이고 (13b)의 *someone*은 외현적 이동을 한 것이다. 따라서 LF이동이 경제적이므로 외현적 이동보다 LF 이동이 우선한다는 지연원리에 따라 이동을 최대한 지연시킨 (13a)는 정문이고 지연원리를 어긴 (13b)는 비문이다.

이제 영어의 주동사와 비교하여 영어의 조동사 이동을 살펴보자.

(14) a. John *is* [often in the garden].

　　 b. John *has* [completely lost his mind].

영어의 주동사는 비외현적 이동을 하나 조동사는 외현적 이동을 하는 대조를 보이는데 이에 대한 질문과 답변은 다음과 같다.

질문3: 영어의 조동사는 왜 외현적 이동을 허용하는가?

답변3: 조동사는 의미역(θ-role)을 배당하지 않으며 의미적으로 허구이므로 LF에서 비가시적이다. 조동사는 자리매김의 역할을 할 뿐 기껏해야 "아주 가벼운" 경동사이다. 따라서 조동사는 LF에서의 이동에 의해 영향을 받지 않는다. 만약 조동사가 외현적으로 이동하지 않는다면 비외현적으로도 이동할 수 없으므로 LF에서 도출을 파탄시키게 될 것이다.

이제 경제원리의 하나인 이기원리(greed)에 대해 살펴보자. 이기원리란 이동의 이기적 특질을 말하며 이기원리는 다음과 같이 정의된다.

(15) 이기원리

　　만약 이동이 일어나지 않으면 α의 형태적 특질이 도출에서 만족되지 못할 경우
　　에만 α를 인상하라 (Move raises α if morphological properties of α
　　itself would not otherwise be satisfied in the derivation (Chomsky
　　1995:261)).

위에서 정의된 이기원리의 관점에서 아래 예문을 살펴보자. (16b)의 경우는 *a
strange man*이 *to*에 의해 격을 점검받으므로 점검을 위해 이동할 필요가 없다.
따라서 이기원리에 의해 아래 (16b)는 비문이 된다.

(16)　a. There is [a strange man] in the garden.

　　　*b. There seems [to [a strange man]][that it is raining outside]

이제 영어의 비외현적 이동과는 달리 외현적 이동을 하는 불어의 주동사 이
동을 살펴보고 영어와 불어의 주동사의 대조현상을 살펴보자.

(17) a. Jean embrasse [souvent Marie].

　　　Jean kisses　　　often　　Marie.

　　 b. *Jean souvent embrasse Marie.

　　　Jean often　　kisses　　Marie.

우리는 다음과 같은 질문과 답변들을 생각해볼 수 있다.

질문4: 왜 불어의 주동사는 외현적 이동을 하는가?

답변4: 불어의 일치자질은 강자질이다. 불어의 동사자질은 강자질이므로 문자
　　　화이전에 점검되어야만 하고 그렇지 않으면 그들은 PF에서 도출을 파탄
　　　시킨다.

질문5: 무엇이 불어의 주동사의 외현적 이동을 허용하는가?

답변5: 합치를 위해 이동이 필요하므로 이 경우에 지연원리는 적용되지 않는다.

영어의 비외현적 이동과 대조를 이루는 불어의 외현적 주동사의 이동과 관련하여 불어의 비정형절에 나타나는 비정형 주동사들에 대해서도 알아보자. 불어의 비정형 주동사들은 VP 위의 v 위치로 외현적인 단거리 이동(short movement)을 한다고 가정되는데 이 이동은 (18b)에서처럼 수의적이어서 동사구 부사가 비정형 주동사의 앞에 나타날 수 도 있다.

(18) a. paraitre souvent triste ....

　　　　to appear often　 sad

　　 b. Souvent　paraitre triste ....

　　　　often　 to appear sad

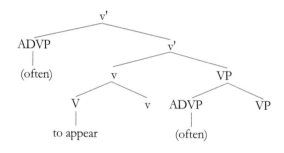

위의 자료를 기초로 영어와 불어의 V 자질을 요약하면 다음과 같다.

(19) V: ⎡ V-자질: 강자질 또는 약자질

　　　　　 (외현적 또는 비외현적 단거리 이동 ⇒ 불어)

　　　　 ⎣ N-자질: 약자질 (DP_{ACC}의 비외현적 이동 ⇒ 영어/불어)

자질의 관점에서 외현적·비외현적 *wh*-이동을 살펴보면, 영어는 *wh*-의문문에서 wh-구를 외현적으로 이동하지만 일본어는 wh-구를 제자리에 두어 비외현적 이동이 일어나며 불어는 외현적 이동과 제자리 의문문인 비외현적 이동을 선택적으로 가질 수 있다. 일본어와 불어의 예문은 다음과 같다.

(20) John-wa nani-o   kaimasita ka?
        TOP   what-ACC   bought   Q
     'What did John buy?'

(21) a. Tu as   vu   qui?
        you have seen who
        'Who have you seen?'

     b. Qui as-tu   vu?
        who have-you seen
        'Who have you seen?'

　Wh-구는 일반적으로 Spec(CP)로 이동한다고 가정되는데 만약 모든 이동이 형태론적 자질을 점검하기 위하여 일어난다면 Spec(CP)로의 이동 또한 어떤 관련 자질을 점검하기 위한 것이 되어야 할 것이다. Chomsky (1993)는 Spec(CP)로의 이동은 자질점검을 위한 것이며 관련된 자질은 C와 wh-구 양쪽에 구현되는 [Q]이다. [Q]-자질의 점검영역은 CP의 지정어-핵 일치 관계이며 Spec(CP)는 부가된 wh-구를 포함한다. 따라서 점검이론에서는 C의 [Q]자질을 점검하기 위하여 적어도 하나의 wh-구가 외현적 이동이든 비외현적 이동이든 지정어 자리로 이동해야 할 것을 요구한다. 즉, 모든 wh-구는 LF에서 [Q]-자질을 점검하기 위하여 Spec(CP)에 있어야 한다.
　그렇다면 영어와 일본어, 그리고 불어의 wh-의문문의 변이는 점검이론에서는 C의 [Q]-자질이 강자질, 약자질, 또는 강·약의 선택적 자질인가의 차이에 있다. 영어의 Q-자질은 강자질이므로 외현적 이동이 일어나고 일본어의 Q-자질은 약자질이므로 비외현적 이동이 일어나며 불어는 강·약의 선택적 자질에 의해 외현적·비외현적 이동이 모두 일어난다.

그러나 Chomsky(1933)는 Watanabe(1991)의 주장을 따라 C의 [Q]-자질은 모든 언어에서 강자질이라고 주장했다. Watanabe(1991)는 일본어는 영 *wh*-운용자(null wh-operator)가 외현적으로 이동하는 외현적 *wh*-이동을 한다고 주장하는데 영 *wh*-운용자의 이동이 하위인접조건(subjacency)을 준수한다는 예를 일본어에서도 외현적 *wh*-이동이 있다는 증거로 들고 있다.

(22) a. John-wa [nani-o   katta   hito]-o   sagasite iru no?
           TOP   what ACC bought personACC looking-for   Q
      'What is John looking for the person who bought?'
    b. ?John-wa [Mary-ga   nani-o katta [ka dooka]] siritagatte iru no?
           TOP   NOM whatACC bought whether   want-to-know Q
      'What does John want to know whether Mary bought?'

위의 (22a)는 복합명사구제약(CNPC)을 위배하는 문장이고 (22b)는 *wh*-섬제약을 위배하는 문장으로 둘 다 하위인접조건 위배에 포함되는데 일본어가 영 *wh*-운용자의 외현적 이동을 갖는다는 Watanabe의 주장이 옳다면 왜 (22a)가 하위인접조건을 위배하지 않는 정문인가라는 질문을 던질 수 있다. 이 질문에 Watanabe는 Spec(CP)로 이동한 것은 전체 복합명사구의 동반이동(pied-piping)이 일어났기 때문이라고 답변한다. 즉 (22a)에서 *nani-o*만 이동하는 것이 아니라 [*nani-o katta hito*]-*o*의 전체 복합 명사구가 지정어 자리로 이동하기 때문에 하위인접조건의 위배가 일어나지 않는다. 이는 영어의 *Which book of Mary's did John buy?*과 같은 문장에서 [*which book of Mary's*] 복합명사구 전체가 동반이동하는 것에 비유할 수 있다.

앞 절에서는 *wh*-구가 이동하는 지정어-핵 영역에서의 C-의 자질 점검을 살펴보았다. 여기서는 C가 핵-부가 영역에서도 자질 점검을 할 수 있는가를 알아보자. C로의 T 인상은 아래 (23)과 같은 [c [c[T [V] T] C] 핵-부가 점검 영역을 형성하고 동사가 두 번째 위치에 나타난다. 이 자질은 *wh*-구에 덧붙여 화제화/초점구에도 해당되는 일반적인 운용자로 가정되는데 이는 의문문의 운용자 자질은 T뿐만 아니라 C에도 나타남을 함축한다. C와 관련된 운용자 자질은 강자질이며 보문소 *that*과는 양립할 수 없다. 또한 독일어에서 보이는 동사가 두 번째 나타나는 유형의 언어에서는 보문소 *that*과는 양립할 수 없으므로 삽입절에서는 나타나지 않으며 주절에서만 의무적이다.

(23)

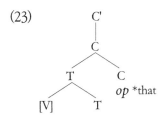

T로부터 C로의 인상은 C자질을 강하게 만들어 동사가 두 번째 오는 현상을 만들고 Spec(CP)로의 운용자 이동이 뒤따르는데 이러한 영어의 현상은 다음과 같은 도치구문에서 찾아볼 수 있다.

(24) a. *Never have* I seen anything like that.

b. *Rarely in my life have* I been attracted to any woman, before or since.

c. *Hardly had* he started his speech when he was interrupted.

15.4 자질과 허사구문

15.4.1 허사 *there*-구문

논항구조와 통사구조의 불일치뿐만 아니라 수일치와 이동, 논항이동 등을 보여주는 허사(expletive/pleonastic/dummy)구문은 생성문법의 중요한 연구 분야이다. 허사구문은 크게 존재구문(existential construction)이라고도 불리는 *there*-구문과 *it*-구문으로 나누어 생각해 볼 수 있다. 먼저 *there*-구문을 살펴보자.

(25) a. There is/*are a strange man in the garden.

b. There are/*is strange men in the garden.

c. A strange man is in the garden.

d. I saw a strange man in the garden.

위의 문장에서 허사 *there*는 다음과 같은 4 가지 특질을 갖는다. 첫째, 허사는 의미가 없다. 둘째, 허사는 관련논항과 형식적 관련이 없다. 셋째 동사일치는 허사가 아닌 관련논항과 일어난다. 관련논항이 주어자리를 차지하는 상응구문이 존재한다.

이러한 특질을 갖는 허사 *there*-구문을 최소주의에서 어떻게 분석하는지 주로 Chomsky의 이론을 중심으로 살펴보고자 한다. 위의 예문(25a)을 최소주의 자질점검의 관점에서 보면, 관련논항인 *a strange man*의 자질점검의 문제는 주어자리에 나타나는 *there*의 격자질 유무를 포함한 통사적 자질 분석과 함께 주된 이론적 쟁점을 이루고 있다. 허사, 관련논항, T의 일치(φ)-자질, EPP-자질, 격자질과 같은 비해석성 자질들이 어떤 방법으로 삭제되는 가의 문제가 허사구문에 대한 최소주의 자질점검의 핵심이다.

허사주어의 존재는 EPP 자질점검에 의한 것인데 Chomsky에 의하면 EPP

는 T의 형태적 특질로 축약될 수 있고 EPP는 T의 DP-자질이 강자질인가 약자질인가의 차이로 설명할 수 있다. 그렇다면 여기서 허사주어가 어떤 DP-자질을 점검하는가의 질문을 던질 수 있는데 (25a)에서 보이는 허사주어의 비주격 형태는 [[T] φ]이 격자질은 점검하지 않고 φ-자질만을 점검한다는 암시를 준다. Chomsky(1993, 1995)는 허사 *there*는 격자질과 일치(φ)-자질이 없으며 EPP를 충족시키는 D-자질만을 갖고 있다고 주장한다. [[T] φ]은 허사주어와 일치하는 3인칭 단수 자질을 점검하며 [[T] φ]의 격자질은 주어의 LF인상과 허사주어로의 부가에 의해서 점검된다. 이때 허사주어는 LF-접사와 같은 역할을 한다. 이는 *There is a strange man in the garden*의 문장에서 *a strange man*이 *there*에 격자질을 점검하기 위해 LF 부가되는 초기 최소주의 허사분석인 Chomsky의 *there*-부가분석 또는 LF-부가분석이다.

(26) a. Spell-Out: [$_{TP}$ [EXP] [.............. [$_{vP}$ [SUBJ] ....
  b. LF: [$_{TP}$ [[SUBJ] [EXP] [$_{T}$ .... [$_{vP}$ ....

관련논항 이동요건 중의 하나인 논항의 격점검조건을 보완하여 Chomsky(1995)는 허사 *there*를 어떤 것에 부가되어야만 하는 논리형태 접사 (an LF affix)로 간주하였다. 따라서 접사적 본질을 갖고 있는 *there*는 LF의 형태소 요건에 의해서 논항이 부가되어야 하는데 아래 예문 (27)에서 관련논항 *a strange man*은 *to*에 의해서 격을 점검받으므로 이기조건에 의해서 이동이 필요 없게 되어 아래 문장은 파탄(crash)되고, 따라서 비문이 되는 것이다.

(27) *There seems to [a strange man] [that it is raining outside].

이러한 *there*-구문에 대한 Chomsky(2000)의 장거리 일치분석을 앞서 논의한 내용과 비교하여 분석해 보자. Chomsky(2000)의 최소주의 분석은 자질점검과정인 일치분석은 탐색자와 목표사이의 장거리 일치관계와 관련논항과는 무관한 허사 *there*의 순수병합이라는 독립적인 두 관계로 요약할 수 있다.

(28) a. T-관련논항 장거리 일치: T(탐색자) vs 관련논항(목표)
    b. *there*와 T 병합: *there*(탐색자) vs T(목표)

Chomksy(2000)는 허사구문분석을 위해 허사와는 무관한 자질만을 포함하는 T-관련논항관계인 장거리 일치를 주장하였다. 관련논항이 이동 없이 제자리에서 자질점검이 가능하다면 관련논항의 자질점검이 최소조건에도 부합된다. 허사구문의 T는 탐색자로 탐색의 영역, 즉 T의 자매관계 안에서 목표로 관련논항 DP를 선택하는데, 이때 관련논항은 해석성 φ-자질과 EPP 자질을 갖는다. 탐색자 T는 목표인 관련논항과 자질일치가 일어나며 결과적으로 T의 비해석성 자질이 삭제되는데 이때 관련논항의 비해석성 격자질도 동반 삭제된다. 격자질은 φ-자질이 나타날 수 있는 곳에만 나타나므로 격자질을 φ-자질의 일부로 보아 격자질이 φ-자질 삭제에 무임승차하여 동반삭제가 가능하다고 본다. 한편, 가정된 형식적 특질에 의하여 격을 받을 필요가 없는 허사 *there*는 일치자질로 [인칭] 자질만을 갖는 결함적(defective) 범주로 T에 순수 병합되어 Spec(TP)의 자리에 나타나고 그 결과로 T의 비해석성 EPP 자질을 만족시킨다고 Chomksy(2000)는 주장한다. 순수병합될 수 있는 요소는 탐색자만이 가능하므로 허사 *there*가 T에 순수병합되기 위해서는 X^0 범주인 탐색자가 되고 X^0의 영역인 T'안에서 목표로 T를 선택한다. 즉 *there*가 탐색자가 되고 T가 목표가 되는 것이다. T의 비해석성 일치자질은 관련논항의 일치로 이미 삭제되었으므로 허사 *there*가 갖고 있는 비해석성 [일치] 자질은 삭제되지 못하여 파탄이 될 수도 있으므로 비해석성 불완전자질은 일치 후 자살적 이기성에 의해 자동 삭제된다고 가정한다. 그러나 Kim(2005)은 이러한 장거리 일치분석은 허사를 관련논항과는 독립적으로 중개적인 T와의 관계로 분석하고 있으나 T가 경우에 따라 목표가 되기도 하고 탐색자가 되기도 한다는 문제점을 안고 있으며, *there*의 비해석성 자질점검이 불가하므로 가정한 자살적 이기성의 분석 또한 설명력이 부족하다고 지적한다.

15.4.2 허사 *it*-구문

영어에는 *there*와 함께 *it*이 때로는 그 자체의 의미를 갖지 않는 허사로 쓰인다. 대명사 *it*은 3인칭 단수 중성명사를 가리키지만 특별한 지시성을 갖지 않는 *it*이 있는데 이를 허사 *it*라고 한다. 아래 (29a, b, c)처럼 Jesperson(1935)은 이러한 *it*을 비지칭(unspecified) *it*, 숙어적 표현의 *it*, 그리고 예비의 (preparatory) *it*로 나누어 설명하였다. Jesperson이 예비의 *it*라고 분류한 것이 현재영어(Present Day English)의 대표적인 허사 *it*이다.

(29) a. *It* rains.
     b. Let's make a day of *it*.
     c. *It* is necessary that you exert yourself.

순수허사인 *there*는 격과 ∅-자질이 모두 결여되어 있어 관련논항이 필요하고, 허사 *there*는 관련논항이 이동하여 자질점검을 해야 하지만, 허사 *it*은 격과 ∅-자질을 지니고 있으므로 관련논항의 이동이 필요 없다. 순수허사 *there*는 관련논항과의 관계를 밝히는 데 초점을 두고 있다면, 허사 *it*과 관련된 가장 중요한 질문은 왜 의미가 없는 허사 *it*이 필요한가의 질문이다. 이러한 질문에 대한 대표적인 주장의 하나는 영어의 정형절은 시제가 나타나므로 외현적 주어가 반드시 나타나야 한다는 확대투사원리(Extended Projection Principle: EPP)를 만족시켜야 한다는 것이다.

아래 예문 (30)을 살펴보자.

(30) a. That the fatality figures of COVID-19 are significantly greater than

those of the annual flu is now evident. (*that*-절 이동)

b. It is now evident that the fatality figures of COVID-19 are significantly greater than those of the annual flu. (*it*-병합)

c. ＿＿ is now evident [that the fatality figures of COVID-19 are significantly greater than those of the annual ...flu.]

(30c)와 같은 기저 구조의 비어있는 시제절 주어자리는 EPP자질을 만족시키기 위해 외현적 주어가 나타야야 하는데 이를 위한 방법에는 두 가지가 있는데 하나는 시제절 주어자리가 비어있고 이 빈자리로 *that*-절이 시제절 주어자리로 이동했다고 보는 이동분석(movement analysis)이고 또 다른 분석은 *that*-절이 제자리에 남아있고 이동이 일어나지 않을 때 EPP자질을 만족시키기 위해 허사 *it*을 병합하는 방법이 있다.

그렇다면, 허사 *it*-구문은 위에서 논의한 *there* 구문과는 다른 현상을 보이는데 허사 *it*-구문을 최소주의 관점에서 살펴보자. 심층구조와 표층구조의 구분이 없어진 최소주의에서는 (30a)와 (30b)는 서로 다른 배번집합에서 출발한 서로 다른 문장으로 볼 수 있다. 위의 두 문장의 차이는 주어자리에 *that*-절이 이동(외부병합)하느냐 아니면 *it*이 (내부)병합하느냐의 차이인데 지배결속이론에서의 분석은 *it*이 심층구조에는 없다가 삽입되는 것이고 최소주의 이론에서는 (30a)의 문장은 배번집합에 *it*이 없고 (30b)의 문장의 경우에는 *it*이 포함되어 있다는 것이다. 따라서 이는 외부병합(이동)과 내부병합의 차이이며 후자의 경우 허사 *it*은 시제절 주어자리에서 T의 EPP자질을 점검한다. 또한 최소주의 틀에서는 심층구조가 없기 때문에 각 국면(phase)마다 구조가 형성되고 집합의 모든 구성원이 구조에 참여하면 도출이 끝나게 된다.

1. 아래 문장을 살펴보고 왜 (b)의 문장은 정문이나 (c)의 문장은 비문인지를 설명하시오

    a. [to be [a student in the library].

    b. There₍ᵢ₎ seems [tᵢ to be [a student in the library]].

    c. *There seems [a studentᵢ to be [tᵢ in the library]].

2. 아래 문장에서 왜 (b)의 문장이 비문인지 그 이유를 설명하시오.

    a. There is likely [to be someone in the park]. (비외현적 이동)

    b. *There is likely [someone to be t in the park]. (외현적 이동)

3. T-to-C 이동의 관점에서 아래 문장의 구조를 설명하시오.

    a. No other colleagues would he turn to. (예문출처: Radford 2009:278)

4. 외현적 이동 없이 자질 일치가 가능할 수 있는지 아래 문장으로 설명하시오.

    a. *There seems to be many students in the library.

    b. *There seem to be a student in the library.

5. 아래 문장이 왜 비문이 되는지 그 이유를 설명하시오.

    a. *There seems [to a strange man] [that it is raining outside].

b. *It seems [to be [many people in the room]].

6. 영어의 전형적인 허사구문은 비대격/능격동사만을 허용한다. 아래 문장이
   왜 비문이 되는지 그 이유를 설명하시오.

   a. *There finished someone the assignment completely.

7. 아래 문장을 보고 격과 $\emptyset$-자질의 관점에서 관련논항과 허사 *there*의 관계를
   설명하시오. 또한 허사 *it*과 *that*-절의 관계를 설명하시오.

   a. There exist/*exists no good solutions to this problem.

   b. It seems/*seem equally unlikely at this point that the president
      will be reelected.

Bibliography

Aarts, B. 2008. *English Syntax and Argumentation*. Palgrave.

Abney, S. 1987. The English noun phrase in its sentential aspect. Ph.D. dissertation, MIT.

Adger, D. 2003. *Core Syntax: A Minimalist Approach*. Oxford University Press. Baker, M. C. 1988. *Incorporation: A Theory of Grammatical Function Changing*. Chicago: The University of Chicago Press.

Boecks, C. 2012. *Island*. MIT Press. Cambridge.

Bouchard, D. 1984. *On the Content of Empty Categories*. Dordrecht: Foris.

Chomsky, N. 1957. *Syntactic Structures*. The Hague: Mouton.

Chomsky, N. 1965. *Aspects of the Theory of Syntax*. Cambridge: Cambridge University Press.

Chomsky, N. 1972. *Language and Mind*. New York: Harcout, Brace, Jovanovitch. (expanded version of 1968 edition)

Chomsky, N. 1973. Conditions on transformations. In S. R. Anderson and P. Kiparsky (eds.), *A Festschrift for Morris Halle*. New York: Holt, Rinehart & Winston.

Chomsky, N. 1977. On wh-movement. In P. Culicover, T. Wasow, and A. Akmajian, (eds.), *Formal Syntax*. New York: Academic Press.

Chomsky, N. 1981. *Lectures on Government and Binding*. Dordrecht: Foris.

Chomsky, N. 1982. *Some Concepts and Consequences of the Theory of Government and Binding*. Linguistic Inquiry Monograph 6. Cambridge, MA: Massachusetts Institute of Technology Press.

Chomsky, N. 1986a. *Knowledge of Language: Its Nature, Origin and Use*. New York: Praeger.

Chomsky, N. 1986b. *Barriers*. Linguistic Inquiry Monograph 11. Cambridge, MA: Massachusetts Institute of Technology Press.

Chomsky, N. 1991. Some notes on economy of representation and derivation. In R. Fredin (ed.), *Principles and Parameters in Comparative Grammar*. Cambridge, MA: Massachusetts Institute of Technology Press, 417-54.

Chomsky, N. 1993. A Minimalist Program for Linguistic Theory. In K. Hale and J. Keyser (eds.), *The View from Building* 20. Cambridge, MA: Massachusetts Institute of Technology Press.

Chomsky, N. 1995. *The Minimalist Program*. Cambridge, MA: Massachusetts Institute of Technology Press.

Chomsky, N. 1998. Minimalist issues: The framework. *MIT Occasional Papers in Linguistics*, 15. Cambridge, Massachusetts.

Chomsky, N. 1999. Derivation by phase. *MIT Occasional Papers in Linguistics*. 18. MIT.

Chomsky, N. 2000. Minimalist inquiries. In *Step by Step: Essays on Minimalism in Honor of Howard Lasnik*. (ed.), Martin, R., D. Michaels, and J. Uriagereka, 89-155. Cambridge, Mass.: MIT Press.

Chomsky, N. 2004. Beyond explanatory adequacy. In *Structures and Beyond*. The cartography of syntactic structures, (ed.), Adriana Belletti, 104-131. Oxford: Oxford University Press.

Chomsky, N. 2005. Three factors in language design. *Linguistic Inquiry* 36:1-22.

Chomsky, N. 2006. Biolinguistic explorations: Design, development, evolution. Ms., MIT.

Chomsky, N. 2007. Approaching UG from below. In *Interfaces+recursion=language? Chomsky's minimalism and the view from syntax-semantics.* (eds.), U. Sauerland and H.-M. Gartner, 1-30. Berlin: Mouton de Gruyter.

Chomsky, N. 2008. On phases. In *Foundational Issues in Linguistic Theory: Essays in Honor of Jean-Roger Vergnaud.* eds. Freiden, R., C.P. Otero, and M.L. Zubizarreta. 133-166. Cambridge, MA.: MIT Press.

Culicover, P. 1997. *Principles and Parameters: An Introduction to Syntactic Theory.* Oxford: Oxford University Press.

Emonds, J. 1976. *A Transformational Approach to English Syntax.* Academic Press.

Fukui, N. 1992. The principles & parameters approach. A Comparative Syntax of English and Japanese. Ms., University of California at Irvine.

Haegeman, L. 1994. *Introduction to Government and Binding Theory.* Cambridge, Massachusetts: Blackwell Publishers.

Hale, K. and J. Keyser. 1993. On argument structure and the lexical expression of syntactic relations. In K. Hale and J. Keyser (eds.), *The View from Building* 20. Cambridge, MA: Massachusetts Institute of Technology Press.

Hong, S. 1985. A and A' binding in Korean and English: Government and binding parameters. Ph. D. Dissertation, University of Connecticut.

Hornstein, N. 1995. *Logical Form: From GB to Minimalism.* Oxford and Cambridge, MA: Blackwell.

Hornstein, N. 1998. Movement and chains. *Syntax* 1:99-127.

Hornstein, N. 1999. Movement and control. *Linguistic Inquiry* 30:69-96.

Hornstein, N, J. Nunes, and K. Grohmann. 2005. *Understanding Minimalism.* Cambridge, Cambridge University Press.

Huang, C.-T. J. 1982. Logical relations in Chinese and the theory of grammar. PhD dissertation, MIT.

Jesperson, O. 1935. *Essentials of English Grammar*. London: George Allen and Unwin.

Kayne, R. S. 1994. *The Antisymmetry of Syntax*. Cambridge, MA: Massachusetts Institute of Technology Press.

Kim, Y. 2005. Tense and case in the expletive constructions. *The Journal of Studies in Language* 21:67-86.

Koopman, H. and D. Sportiche. 1982. Variables and the bijection principle. *Linguistic Review* 2:139-160.

Larson, R. K. 1988. On the double object construction. *Linguistic Inquiry* 19:335-91.

Lasnik, H. 1992. *Move α: Conditions on Its Application and Output*. Cambridge, Massachusetts: Massachusetts Institute of Technology Press.

Lasnik, H. 2000. *Syntactic Structures Revistied: Contemporary Lectures on Classic Transformational Theory*. Cambridge, Massachusetts: Massachusetts Institute of Technology Press.

Lasnik, H. and M. Saito. 1984. On the nature of proper government. *Linguistic Inquiry* 14:235-89.

Longa, B. 2018. That was not 'Lenneberg's dream. *Historiographia Linguistica* 45 (1-2):179-210. DOI: 10.1075/hl.00020.lon.

McCawley, J. 1988. The syntactic phenomena of English. Chicago: University of Chicago Press.

Montellbeti, M. 1984. After binding. Ph. D. Dissertation, MIT.

Muysken, P. 1982. Parameterising the notion 'head'. *Journal of Linguistic Research* 2:57-75.

Ouhalla, J. 1999. *Introducing Transformational Grammar: From Rules and Principles and Parameters*. New York: Oxford University Press.

Pollock, J.-Y. 1989. Verb movement, UG and the structure of IP. *Linguistic Inquiry* 20:365-424.

Postal, P. M. 1974. *On Raising*. Cambridge, MA: Massachusetts Institute of Technology Press.

Radford, A. 1981. *Transformational Syntax*. Cambridge University Press.

Radford, A. 1988. *Transformational Grammar: A First Course*. Cambridge University Press.

Radford, A. 1997. *Syntactic Theory and the Structure of English*. Cambridge University Press.

Radford, A. 2009. *An Introduction to English Sentence Structure*. Cambridge University Press, New York.

Radford, A. 2018. *Colloquial English*. Cambridge University Press.

Rizzi, L. 1990. *Relativized Minimality*. Cambridge, MA: Massachusetts Institute of Technology Press.

Rizzi, L. and U. Shlonsky. 2005. Strategies of subject extraction. Ms., Universities of Siena and Geneva.

Ross, J. 1967. Constraints in variables in syntax. Ph.D. dissertation, MIT.

Safir, K. 1984. Multiple variable binding. *Linguistic Inquiry* 15:603-638.

Sportiche, D., H. Koopman, and E. Stabler. 2014. *An Introduction to Syntactic Analysis and Theory*. Blackwell.

Sproat, R. 1985. Welsh syntax and VSO structure. *Natural Language and Linguistic Theory* 3:173-216.

Thornton, R. 1995. Referentiality and wh-movement in child English: Juvenile D-linkuency. *Language Acquisition* 4:139-175.

Watanabe, A. 1991. Wh-in-situ, subjacency, and chain formation. Ms., Massachusetts Institute of Technology.

Wexler, R. and P. Culicover. 1980. *Formal Principle and Language Acquisition*. Cambridge, MA: MIT Press.

APPENDIX

찾아보기

한글색인

홍성심
충남대학교 영어영문학과 졸업
University of Connecticut 언어학 석사
University of Connecticut 언어학 박사
현재 충남대학교 인문대학 영어영문학과 교수

김양순
한국외국어대학교 영어과 졸업
University of Wisconsin-Madison 언어학 석사
University of Wisconsin-Madison 언어학 박사
현재 한밭대학교 인문사회대학 영어영문학과 교수

김연승
서울대학교 사범대학 영어교육학과 졸업
서울대학교 대학원 영어영문학과 문학석사
서울대학교 대학원 영어영문학과 문학박사
현재 공주대학교 인문사회과학대학 영어영문학과 교수

최소주의 통사론
X^0부터 CP까지

ⓒ 홍성심·김양순·김연승, 2020

1판 1쇄 발행_2020년 11월 25일
1판 2쇄 발행_2021년 12월 20일

지은이_홍성심·김양순·김연승
펴낸이_홍정표
펴낸곳_글로벌콘텐츠
등록_제25100-2008-000024호

공급처_(주)글로벌콘텐츠출판그룹
　　　대표_홍정표　이사_김미미　편집_하선연 최한나 권군오 문방희　기획·마케팅_김수경 이종훈 홍민지
　　　주소_서울특별시 강동구 풍성로 87-6
　　　전화_02) 488-3280　팩스_02) 488-3281
　　　홈페이지_http://www.gcbook.co.kr
　　　이메일_edit@gcbook.co.kr

값 20,000원
ISBN 979-11-5852-298-8 93740